Lehrlings-
ausbildung
in Österreich

Piskaty/Riemer/Steinringer
(Herausgeber)

Lehrlingsausbildung in Österreich

Im Auftrag des ibw
Institut für Bildungsforschung der Wirtschaft

Orac

Redaktion Dr. Monika Keminger

ISBN 3-7015-0037-1
Copyright © 1985 by Verlag Orac, Wien
Alle Rechte vorbehalten
Schutzumschlag: Thomas Frik
Lektorat: Barbara Köszegi
Technik: Imprima W. Menches
Satz: Bernhard Computertext, Wien
Druck- und Bindearbeiten: Wiener Verlag, Himberg bei Wien

INHALTSVERZEICHNIS

5

VORWORT

Im Dezember 1985 wird das ibw 10 Jahre alt. In diesen 10 Jahren hat es die Landschaft der Berufsbildungsforschung in Österreich ganz wesentlich geprägt. Gemäß seinem statutarischen Auftrag hat das ibw in diesen 10 Jahren versucht, praxisnahe und praxisrelevante Forschungsarbeiten, sei es als Eigenforschung, sei es in enger Kooperation mit Forschern und Institutionen, durchzuführen. Ein Rückblick auf 10 Jahre ibw gibt uns den Mut, auch den künftigen Anforderungen einer im raschen technisch-wissenschaftlichen Wandel begriffenen Wirtschaftswelt optimistisch entgegenzusehen.

Eine der Zielsetzungen des ibw ist es, dort aktiv zu werden, wo entsprechende Unterlagen fehlen. Wir haben festgestellt, daß es in Österreich kein Werk gibt, das über den Bereich der dualen Ausbildung (Lehrlingsausbildung) konzentriert Aufschluß gibt. Diese Lücke wollen wir mit der vorliegenden Publikation schließen und freuen uns, daß wir zu diesem 10-Jahres-Jubiläum so viele mit Fragen der Berufsausbildung seit langem befaßte Autoren aus Theorie und Praxis gewinnen konnten.

Wir hoffen, daß das vorliegende Buch dem betrieblichen Praktiker ebenso wie dem Bildungspolitiker, dem Ausbilder ebenso wie dem Verwaltungsbeamten eine nützliche Informationsquelle sein kann!

ibw-Institut für Bildungsforschung der Wirtschaft

Der Präsident   Der Vizepräsident

(Schönbichler)   (Heiss)

Die Stellung der Bundeswirtschaftskammer zur dualen Berufsausbildung

Karl Kehrer

Die Lehrlingsausbildung ist zusammen mit der beruflichen Erwachsenenbildung der einzige Bereich des österreichischen Bildungswesens, der zum überwiegenden Teil von den Betrieben – der Wirtschaft – selbst getragen wird. Fragt man daher nach der Haltung der Interessenvertretung der gewerblichen Wirtschaft zu diesem „ihrem" Bildungssystem, so ist die Antwort rasch gegeben: ein uneingeschränktes Ja zum System der dualen Ausbildung, wie es sich in Mitteleuropa entwickelt und bewährt hat; zur tragenden Rolle der Betriebe in der Ausbildung, aber auch in deren Finanzierung; zur Mithilfe der Handelskammerorganisation bei der Verwirklichung des umfassenden Bildungsauftrages der Wirtschaft, sei es durch die Verwaltung (Lehrlingsstellen), sei es aber auch durch die Bereitstellung von Ausbildungshilfen (wie diese etwa das ibw seit Jahren erfolgreich leistet) oder aber durch das Angebot zahlreicher, die Ausbildungsleistung der Betriebe fördernder Kurse, wie sie österreichweit von den Wirtschaftsförderungsinstituten veranstaltet werden (Vorbereitung auf die Lehrabschlußprüfung, Fachkurse, Ausbilderschulung).

Die duale Ausbildung führt ihre historischen Wurzeln auf die Ausbildungsleistungen des Handwerks im Mittelalter zurück. Betrachtet man die geschichtliche Entwicklung, so zeigt sich aber auch, daß – wie für Wirtschaftsbetriebe nicht weiter verwunderlich – dieses Ausbildungssystem äußert flexibel auf alle neuen Erfordernisse reagiert hat. Ganz wichtig in diesem Zusammenhang ist die auf Initiative betroffener Wirtschaftskreise erfolgte Einrichtung der Berufsschule als „zweites Bein" der dualen Ausbildung mit einem Bildungsauftrag, der vor allem in Richtung Förderung und Unterstützung der betrieblichen Ausbildungsleistungen geht und sicherstellen soll, daß wichtige theoretische Grundlagen in Ergänzung zur betrieblichen Ausbildung vermittelt werden. Eine wichtige Weiterentwicklung des Systems war auch die Einführung einer verpflichtenden pädagogischen Grundschulung der betrieblichen Ausbilder, und schließlich sind auch Ansätze der Ergänzung des dualen Systems durch zwischenbetriebliche Ausbildungsmaßnahmen in Österreich nicht zu übersehen.

Das alles zeigt, daß dieses System nicht nur ein historisch gewachsenes, sondern nach wie vor ein überaus lebendiges und anpassungsfähiges, den Erfordernissen des „Jetzt" entsprechendes Ausbildungswesen darstellt.

Die Bundeswirtschaftskammer war daher auch allen Wünschen nach Neuerungen dann aufgeschlossen, wenn in diesen Anregungen die Chance einer wirtschaftsadäquaten Evolution lag. Daher wird man auch in unseren programmatischen Äußerungen vergeblich apodiktische Erklärungen, eine Schwarzweißmalerei suchen: So sind wir beispielsweise dort zu Gesprächen über eine Verlängerung der Berufsschulzeit bereit, wo dies den Bedürfnissen der betrieblichen Ausbildung entspricht, so hat die gewerbliche Wirtschaft selbst Initiativen zu zwischenbetrieblichen Ausbildungsmaßnahmen in unterschiedlichsten organisatorischen Ausprägungen ergriffen und auch für die Finanzierung solcher Maßnahmen gesorgt.

Allerdings endet unsere Gesprächsbereitschaft dort, wo es um den Kern der dualen Ausbildung geht: Weder würden wir einem System zustimmen, in dem der nicht-betriebliche Ausbildungsteil dominiert, noch können wir uns mit dem Gedanken überbetrieblicher Finanzierungsformen anfreunden. Wir sind auch für ein Minimum an Bürokratie bei der Verwaltung eines solchen wirtschaftsnahen Systems und halten daher die gefundenen Formen der Administration mit weitreichender Mitsprachemöglichkeit aller sachlich Interessierten für zweckentsprechend.

Die Erfolge der letzten Jahre bestärken uns in dieser Haltung: Es ist unbestreitbar, daß jene Staaten, in denen die duale Ausbildung eine besonders bedeutsame Rolle im Bildungssystem spielt, auch Länder mit vergleichsweise geringeren Problemen der Jugendarbeitslosigkeit sind. Wenn es auch manchmal Übergangsschwierigkeiten nach Absolvierung der Lehre ins weitere Berufsleben gibt, sind diese doch viel weniger gravierend als jene, denen Schul- und Hochschulabsolventen gegenüberstehen.

Insofern ist neben der bildungsmäßigen auch die beschäftigungspolitische Leistung des Systems der Lehrlingsausbildung beeindruckend. Dieses System bietet die Gewähr, daß es mit den Anforderungen der neuen Technologien Schritt hält und uns eine gute Ausbildungsbasis für die Bewältigung der Anforderungen der Zukunft bieten wird.

Lehrlingsausbildung aus der Sicht der Bildungspolitik der Vereinigung Österreichischer Industrieller

Herbert Krejci

Die Vereinigung Österreichischer Industrieller bekennt sich schon seit Jahren zur Bedeutung des menschlichen Kapitals eines Landes, das eine nicht minder pflegliche Behandlung verdient wie das materielle. Damit ist auch die Einstellung zur Lehrlingsausbildung umrissen.

Der Lehrlingsausbildung im Rahmen unseres bewährten dualen Systems – international anerkannt, nachgeahmt und doch nicht erreicht – kommt eine wichtige Funktion für die Wettbewerbsfähigkeit unserer Industrie zu. Sie ist ein Bildungsweg, der für das hohe Niveau des Humankapitals in unserem Lande und dessen anerkannte Facharbeitertradition mitverantwortlich zeichnet.

Die Industriellenvereinigung bekennt sich eindeutig zu diesem bewährten Ausbildungssystem, das von vielen überwiegend praktisch begabten und interessierten jungen Menschen – rund 50% der Pflichtschulabsolventen – gewählt wird und einen eigenständigen Bildungs- und Berufsweg bietet.

Die Industriellenvereinigung erkennt aber auch die Notwendigkeit einer weiteren behutsamen Verbesserung und Entwicklung wie auch Förderung unserer Berufsausbildung: Die volle Anerkennung im Rahmen des österreichischen Bildungswesens ist noch nicht gelungen. Eine verbesserte Anpassung der Ausbildung, der Inhalte, auch durch Schaffung neuer Berufe, an neue Anforderungen, etwa im Hinblick auf neue Techniken, ist notwendig. Vor allem aber sollen begabten Lehrlingen Möglichkeiten zur besonderen Förderung und Herausforderung geboten werden. Die Einbindung neuer Inhalte wie Englisch oder EDV wird berufsspezifisch zu überlegen sein, um sicherzustellen, daß der Betrieb nach wie vor über die für eine gute Ausbildung notwendige Zeit verfügt.

Die Industriellenvereinigung tritt aber allen Bestrebungen entschieden entgegen, die auf eine Verschulung eines bewährten praktischen Bildungswesens, auf eine grundlegende Systemveränderung abzielen (wie auf eine Auflösung innerwirtschaftlicher Finanzierungsformen, eine undifferenzierte Verlängerung der Berufsschulzeit auf Kosten der betrieblichen Ausbildung, die Schaffung staatlicher Lehrwerkstätten oder neue Formen der Bürokratisierung der Berufsausbildung).

Rund 40% der industriellen Unternehmen bilden junge Menschen aus, einerseits, um einen qualifizierten Nachwuchs für das Unternehmen sicherzustellen, andererseits aber auch, um einen Beitrag zur Erziehung und Bildung junger Menschen zu leisten.

Die Erfahrungen der letzten Jahre, die Anerkennung der hohen Qualität der industriellen Ausbildung haben gezeigt, daß der eingeschlagene Weg der Industrie auf Basis dieses dualen Berufsausbildungssystems richtig ist.

Der Mangel an qualifizierten Fachkräften in Industrie und Gewerbe einerseits, die Beschäftigungsprobleme von Maturanten und Akademikern andererseits zeigen die Bedeutung, die diesem Bildungsweg zukommt. Das duale System hat sich auch dabei bewährt, um Probleme der Jugendbeschäftigung in Grenzen zu halten.

Die Kernaussagen des von der Industriellenvereinigung erstellten „Bildungskonzeptes '80" zur Berufsausbildung haben nach wie vor Gültigkeit:

Eine enge und gute Zusammenarbeit zwischen den beiden Trägern des dualen Systems — Betrieb und Berufsschule — ist wesentlich für sein Funktionieren. Hiebei müssen Schwergewicht und Hauptverantwortung im Interesse eines abgerundeten und praxisorientierten Bildungsweges hinsichtlich der Fachausbildung, der Persönlichkeitsbildung und Sozialisation im Betrieb liegen.

Die betriebliche Berufsausbildung ist von der Wirtschaft als echte Bildungsaufgabe aufzufassen, zu behandeln und verantwortungsvoll weiter zu entwickeln. Sie vermittelt nicht nur unmittelbare Arbeitserfahrung in einer Vielzahl von Situationen der Wirklichkeit des Wirtschaftslebens, sie bietet auch unmittelbare Einsicht in soziale, technische und organisatorische Entwicklungen, sie gewöhnt an verantwortliches Handeln und Verhalten in der Gruppe und in der Gesamtheit der Arbeits- und Wirtschaftswelt.

Die ständige Verbesserung der Ausbildung wird der Industriellenvereinigung immer ein Anliegen von hoher Priorität bleiben.

Lehrlingsausbildung aus der Sicht der Bildungspolitik des ÖGB

Friedrich Verzetnitsch

In einem Jahr der Jubiläen und der Rückschau auf die vergangenen 40 Jahre zur Lehrlingsausbildung aus der Sicht der Bildungspolitik des ÖGB Stellung zu nehmen, heißt, einige grundsätzliche Bemerkungen mit der möglichen Entwicklung in der Zukunft zu verbinden.

Die vom ÖGB erhobene Forderung nach gleichen Chancen im Bildungssystem und nach Bildungsmöglichkeiten bis zum 18. Lebensjahr heißt nicht, daß alle Jugendlichen ihre Erfahrungen ausschließlich im Klassenzimmer einer Schule sammeln sollen. Die rein schulische Bildung soll realitätsbezogener für alle Schüler sein. Der Weg, allen jungen Menschen die Möglichkeit zu mehr und besserer Bildung zu geben, führt nicht nur über den Ausbau von allgemeinbildenden und berufsbildenden höheren Schulen, er führt auch über die Verbindung von beruflichem und allgemeinem Lernen. Daher sollen, nach Auffassung des ÖGB, alle Bildungswege spezifische Berufsqualifikationen beinhalten. Haben im Alter von 18 Jahren alle Jugendlichen eine spezifische Berufsqualifikation, so wird dies die Beschäftigungsmöglichkeiten der Jugendlichen wesentlich verbessern. Es geht im besonderen auch um die Beachtung des Grundsatzes des lebenslangen Lernens. Dabei wird der beruflichen Bildung in Schule und Betrieb, nämlich unserem dualen Lehrlingsausbildungssystem, auch in Zukunft wesentliche Bedeutung zukommen. Auch wenn es noch unterschiedliche Aussagen darüber gibt, wie in Zukunft die Lehrlingsausbildung gestaltet werden muß, um den Anforderungen gerecht zu werden, gibt es niemanden, der das System der Lehrlingsausbildung als überholt ansieht. Die weitere Existenz wird jedoch davon abhängen, ob es gelingt, die Inhalte der Lehrlingsausbildung, nämlich die fachtheoretischen, allgemeinbildenden und fachpraktischen Fächer rascher als bisher an die Bedürfnisse anzupassen und dabei nicht immer nur die kurzfristige Verwertbarkeit der Bildung im Auge zu haben. Lehrlingsausbildung ist nach wie vor, nach Auffassung des ÖGB, der Einstieg in ein lebenslanges Lernen, die schulische und die betriebliche Bildung sollen einander daher im Rahmen der dualen Ausbildung sinnvoll ergänzen. Die Schwerpunkte der Berufsschule sind Fachtheorie und Allgemeinbildung, aber auch, aufgrund der in Österreich vorhandenen Betriebsstruktur, eine notwendige Ergänzung zur Fachpraxis. Liegen die Schwerpunkte des Lehrbetriebes vor allem in der Fachpraxis, so wird jedoch auch in den Betrieben Fachtheorie und Allgemeinbildung vermittelt. Daher ist die Abstimmung zwischen den Inhalten der Lehrpläne der Berufsschulen und den Inhalten der Berufsbilder weiterhin in verbessertem Maß anzustreben. Die Berufsschule soll dabei berufliche und Allgemeinbildung vermitteln; das heißt Praxisbezug verbunden mit technisch-wirtschaftlicher Grundschulung, Persönlichkeitsentfaltung und somit konkrete Allgemeinbildung. Aber auch die Vermittlung der sogenannten neuen Kulturtechnik „Informatik" ist für alle Berufe notwendig. Dies erfordert nach Auffassung des ÖGB neben einer laufenden Überprüfung der Bildungsinhalte sicherlich auch eine Erweiterung der Berufsschulzeit. Die Lehrlingsausbildung und damit die berufliche Erstqualifikation darf sich nicht nur auf jene Fähigkeiten richten, die im jeweiligen Lehrbetrieb gebraucht werden, wie dies leider in der Praxis oft der Fall ist. Aus bildungspolitischen und arbeitsmarktpolitischen Notwendigkeiten, die in der Zukunft einen wesentlich umfassender ausgebildeten „Facharbeiter" benötigen, müssen Jugendliche stufenweise auf ein breites Feld beruflicher Möglichkeiten vorbereitet werden. Durchlässigkeit zwischen verschiedenen Bildungsgängen und Mobilität zwischen den verschiedenen Berufen gewinnen zunehmend an Bedeutung. Das ist vor allem bei der beruflichen Erstqualifikation verstärkt zu berücksichtigen.

Forderungen zur Verbesserung der Lehrlingsbildung

Um die Beschäftigungsaussichten der Jugendlichen zu verbessern, muß das betriebliche Bildungsangebot quantitativ und qualitativ erweitert werden. Dazu gehört unter anderem die gegenseitige Anerkennung von schulischer Bildung und Lehrlingsbildung; die Verbindung von Berufsbildung und Allgemeinbildung; die verstärkte Förderung der politischen Bildung sowie gleiche Chancen im Bildungssystem, um einem hohen Ausbildungsstand gerecht zu werden.

Den Gewerkschaften geht es aber auch um eine verstärkte Mitwirkung und Kontrolle bei der beruflichen Bildung. Breite berufliche Erstqualifikation zur Sicherung der beruflichen Mobilität ist, wie schon vorhin erwähnt, eine Notwendigkeit unserer Zeit. Die Verlängerung der Berufsschulzeit unter Ausnutzung und Erweiterung der derzeitigen gesetzlichen Möglichkeiten könnten ein Weg dazu sein. Es geht aber auch darum, Fremdsprachen und Leibesübungen als Pflichtgegenstände in der Berufsschule vorzusehen. Die Überprüfung der Inhalte der einzelnen Lehrpläne der Berufsschulen und der Berufsbilder (Erweiterung sowie Neuorientierung des Berufsschulunterrichtes unter Berücksichtigung neuer Technologien, neuer Produktionsverfahren usw.) sowie die zeitliche und inhaltliche Abstimmung der Lehrpläne und der Berufsschule mit den Berufsbildern müssen ständig vorangetrieben werden. Zur Weiterentwicklung unseres bewährten dualen Bildungssystems gehört auch der Ausbau von Überleitungslehrgängen sowie die Aufnahme weiterer Bildungsinhalte in die Lehrausbildung (darunter verstehen wir mehr Allgemeinbildung z. B. Gesprächsführung, Problemlösung, Kommunikationstraining, Konfliktlösung). Auch auf die ständige Einbeziehung der technologischen Entwicklung ist besonderes Augenmerk zu legen, geht es doch darum, junge Fachkräfte heranzubilden, die über die im unmittelbaren Lehrbetrieb geforderten Fertigkeiten und Kenntnisse jene beruflichen Erstqualifikationen erlangen, die für die Weiterentwicklung unserer Wirtschaft notwendig sind. Aber auch die weitere Verbesserung der Aus- und Weiterbildung von Ausbildern soll nicht vergessen werden. Neben dieser nur schwerpunktmäßig erfolgten Aufgliederung von Schwerpunkten der Lehrlingsausbildung soll die Finanzierungsfrage nicht unerwähnt bleiben, rückt sie doch immer mehr in den Mittelpunkt der Diskussion um das duale Berufsbildungssystem. Der ÖGB vertritt die Auffassung, daß die Errichtung eines Berufsbildungsfonds wesentlich zur Beseitigung des nach Wirtschaftszweigen und Betriebsgrößen unterschiedlichen Bildungsengagements der Betriebe beitragen könnte. Alle Betriebe oder Einrichtungen, die Nutznießer der beruflichen Bildung sind, sollen dem Fonds umlagepflichtig sein. Die Verbesserung der Lehrlingsausbildung hängt wesentlich von den Finanzierungsmöglichkeiten ab. Ein Berufsbildungsfonds kann Kostenunterschiede zwischen ausbildenden Betrieben und nichtausbildenden Betrieben ausgleichen und zur qualitativen Verbesserung bzw. zusätzlichen Schaffung von besonderen selbständigen Bildungseinrichtungen beitragen.

Die Weiterentwicklung der Lehrlingsausbildung wird jedoch wesentlich davon abhängen, ob es uns gelingt, genügend Menschen dazu zu motivieren, die Lehrlingsausbildung nicht als finanziellen Anreiz für eine billige Arbeitskraft zu betrachten, sondern darin den Grundstein für die Zukunft unserer Wirtschaft und die Entwicklung junger Menschen als wesentlichen Bestandteil unserer Gesellschaft anzusehen. Nehmen wir das Wort dual ernst, dann müssen wir uns auch bemühen, den jungen Menschen neben der betrieblichen Praxis auch das notwendige theoretische Wissen zu vermitteln. In diesem Sinn brauchen wir, auch aus der Sicht des ÖGB, in Zukunft die „duale Lehrlingsausbildung in Österreich".

Der rechtliche Rahmen der betrieblichen Berufsausbildung

Gottfried Winkler[*]

EINLEITUNG

Rund fünfzig von hundert Jugendlichen, die ihre allgemeine Schulpflicht[1] in Österreich absolviert haben[2], erfahren ihre weitere berufliche Ausbildung in einem formellen betrieblichen Ausbildungsverhältnis im Rahmen des sog. „dualen Berufsausbildungssystems"[3]. Dieser Bildungsweg ist dadurch charakterisiert, daß die Erlernung eines Berufes in einem unmittelbaren sachlichen Zusammenhang mit dessen Ausübung erfolgt, wobei jedoch bestimmte Ausbildungsfunktionen ausgegliedert und an einen zweiten „Lernort" übertragen werden, in welchem vor allem die theoretische Seite der einschlägigen Ausbildung abgedeckt wird. Im speziellen Fall der dualen betrieblichen Berufsausbildung handelt es sich bei dem einen Lernort eben um den Betrieb, beim anderen um die „Berufsschule"[4]. Trotz des begriffswesentlichen Pra-

---

[*] Der Autor stützt sich weitestgehend auf seinen Beitrag über „Ordnungsfragen der betrieblichen Berufsausbildung", in: WENGER-FS (1983) 911.

[1] Grundsätzlich geregelt in den §§ 2 und 3 Schulpflichtgesetz BGBl 1962/241 idF zuletzt BGBl 1982/366.

[2] Hinsichtlich des angesprochenen Zahlenverhältnisses siehe CLEMENT – AHAMMER – KALUZA, Bildungsexpansion und Arbeitsmarkt (1980), insb. 84 ff.

[3] Zum Begriff vgl. etwa Walter KINSCHER, Berufsausbildung (1979) III; Josef SCHERMAIER, Die österreichische Berufsschule der Gegenwart (1981) 131 ff. mwN.

[4] SCHERMAIER (FN 3) 131 ff. u. passim.

xisbezuges dieser Ausbildung ist sie ein „formeller" Bildungsweg, dessen Inhalt und Gang eine über die individuellen Vertragsbeziehungen zwischen Ausbildendem und Auszubildendem weit hinausreichende ordnende Gestaltung durch den Gesetzgeber erfahren haben. Die bedeutendsten Erscheinungsformen einer solchen „dualen" Ausbildung sind in Österreich zweifellos die „gewerbliche" Berufsausbildung, die ihre rechtliche Regelung im Berufsausbildungsgesetz[5] (BAG) und in den auf seiner Grundlage im Verordnungswege erlassenen Ausbildungsvorschriften und Prüfungsordnungen einerseits und den einschlägigen schulrechtlichen Bestimmungen[6] andererseits gefunden hat, sowie die land- und forstwirtschaftliche Berufsausbildung entsprechend dem Land- und Forstwirtschaftlichen Berufsausbildungsgesetz[7] bzw. den korrespondierenden schulrechtlichen Vorschriften[8]. (Ende 1984 standen rund 172.000 Lehrlinge in einer Ausbildung gemäß dem BAG; in der Land- und Forstwirtschaft waren es rund 7.000[9].) Es gibt auch noch andere Ausbildungsgänge mit Anklängen an ein duales System, wie etwa die Ausbildung zum Krankenpflegefachdienst[10]; ihre zahlenmäßige Bedeutung ist gegenüber den beiden genannten Systemen vergleichsweise gering.

Allein diese zahlenmäßige Bedeutung der in Frage stehenden Berufsausbildung erklärt das vielfältige Regelungsinteresse des Staates: Fragen der Gestaltung des Rechtsverhältnisses, in dessen Rahmen die Ausbildung stattfindet; des persönlichen Schutzes der Auszubildenden, insbesondere wenn es sich um Jugendliche handelt; von Inhalt und Form der Ausbildung und der Gewährlei-

---

5   BG v. 26. März 1969, BGBl 142, über die Berufsausbildung von Lehrlingen (BAG) idF zuletzt BGBl 1978/232 (zu beachten ist auch das BG v. 17. Juni 1982, BGBl 316, über Maßnahmen im Bereiche der Berufsausbildung).

6   §§ 46 ff. SchOG, BGBl 1962/242 idF zuletzt BGBl 1982/365; §§ 20 ff. Schulpflichtgesetz.

7   BG v. 16. Juli 1952, BGBl 177, betreffend die Grundsätze für die Berufsausbildung der Arbeiter in der Land- und Forstwirtschaft (land- und forstwirtschaftliches Berufsausbildungsgesetz) idF zuletzt BGBl 1977/144.

8   BG v. 29. April 1975, BGBl 319, betreffend die Grundsätze für land- und forstwirtschaftliche Berufsschulen; hinsichtlich der einschlägigen Landesgesetze siehe die Übersicht bei Leo KÖVESI − Felix JONAK, Das österreichische Schulrecht[2] (1983) 353.

9   Lehrlingsstatistik 1984 der Bundeskammer der gewerblichen Wirtschaft; Auskunft der NÖ Landwirtschaftskammer.

10 BG v. 22. März 1961, BGBl 102, betreffend die Regelung des Krankenpflegefachdienstes, der medizinisch-technischen Dienste und der Sanitätshilfsdienste.

stung des Ausbildungserfolges; der Abgrenzung und Abstimmung der Ausbildung im Betrieb und in der Berufsschule; der Überprüfung des Ausbildungserfolges; der Einbindung dieses Bildungsweges in das übrige Bildungssystem im Sinne gegenseitiger Durchlässigkeit[11]; schließlich − und von ganz besonderer Bedeutung im modernen Leistungs- und Lenkungsstaat − der Instrumentalisierung dieses Bildungsbereiches im Dienste gesamtgesellschaftlicher Ordnungs- und Ablaufkonzeptionen[12].

Verfassungsrechtliche Rahmenbedingungen, denen sich dieses staatliche Regelungsinteresse in Österreich gegenübersieht, sind vor allem die Verteilung der Kompetenz zwischen den Gebietskörperschaften, insbesondere zwischen Bund und Ländern, sowie die Grundrechte[13].

DIE „GEWERBLICHE" BERUFSAUSBILDUNG

Um die rechtlichen Ordnungsprobleme der Institution „betriebliche Berufsausbildung" anschaulich zu machen, ist es zunächst erforderlich, die wichtigsten rechtlich relevanten Aspekte kurz vorzustellen: Diese reichen − wie bereits angedeutet − von der Regelung des Rechtsverhältnisses zwischen Ausbildendem (Lehrberechtigtem) und Auszubildendem (Lehrling) einschließlich der persönlichen Voraussetzungen auf beiden Seiten bis hin zur Berufsausbildungsverwaltung und zum Verwaltungsstrafrecht. Sitz der rechtlichen Regelung der meisten hier genannten Aspekte ist das BAG aus dem Jahre 1969[14].

Das Lehrverhältnis

Grundlage der Ausbildung eines Lehrlings in einem Ausbildungsbetrieb ist der zwischen dem Lehrling und dem Lehrberechtigten abgeschlossene Lehrvertrag (§ 12 BAG). Charakteristisch für die-

---

[11] Vgl. etwa die Regelungen des § 28 BAG (Ersatz der Lehrabschlußprüfung und der Lehrzeit aufgrund schulmäßiger Ausbildung) auf der einen und des Art. II § 3 der 5. SchOG-Nov. BGBl 1975/323 (Aufbaulehrgänge) auf der anderen Seite.

[12] Vgl. Hans Peter IPSEN, Planungselemente im Recht der wirtschaftlichen Berufsausbildung, in: Planung III, hrsg. v. Joseph H. KAISER (1968) 273.

[13] Diese verfassungsrechtlichen Aspekte werden im vorliegenden Zusammenhang nicht weiter verfolgt. Siehe dazu den einleitend zitierten Beitrag des Autors.

[14] Siehe Anmerkung 5.

sen Vertrag ist die weitgehende Beschränkung der Vertragsfreiheit. Diese Beschränkungen manifestieren sich zunächst formal im Schriftformgebot des § 12 Abs. 1 BAG (abgeschwächt durch § 12 Abs. 6) und erstrecken sich von der normierten Vertragszeit (Lehrzeitdauer gemäß § 6 iVm § 13 BAG) bis zur inhaltlichen Determinierung des vertraglichen Synallagmas, da die Ausbildungsvorschriften im Wege der §§ 9 und 10 BAG auf die gegenseitigen vertraglichen Verpflichtungen einwirken[15].

Die persönlichen Voraussetzungen des Abschlusses eines Lehrvertrages sind ebenfalls vor allem auf seiten des Lehrberechtigten (Lehrberechtigten- und Ausbilderqualifikationen gemäß §§ 2 ff BAG – insbesondere das Erfordernis der einschlägigen Gewerbeberechtigung) gegenüber dem allgemeinen Vertragsrecht strenger gefaßt. Dazu kommen noch sachliche Kriterien, die der Lehrbetrieb für die Zulässigkeit des Abschlusses eines Lehrvertrages erfüllen muß (§ 2 Abs. 6 BAG). Diese sachlichen Anforderungen an den Lehrbetrieb stehen in engem Zusammenhang mit dem folgenden Regelungsaspekt, denn sie werden inhaltlich in erster Linie durch die „Berufsbilder" bestimmt, welche die im Lehrbetrieb in dem jeweiligen Lehrberuf zu vermittelnden Kenntnisse und Fertigkeiten zum Gegenstand haben.

Die Ausbildungsvorschriften im weiteren Sinn

In der Bestimmung jener Tätigkeiten, die geeignet sind, Gegenstand eines Lehrberufes im Sinne des BAG zu sein und dementsprechend im rechtlichen Rahmen des dualen Ausbildungssystems erlernt zu werden, manifestiert sich der rechtspolitische Schwerpunkt des gesamten Regelungskomplexes (§§ 5 ff. BAG). Dabei werden als Lehrberufe zunächst und grundsätzlich solche Tätigkeiten erfaßt, die alle oder einzelne Teile einer den Bestimmungen der GewO 1973[16] unterliegenden Beschäftigung oder mehrerer solcher Beschäftigungen zum Gegenstand haben; die geeignet sind, im Wirtschaftsleben den Gegenstand eines Berufes zu bilden und deren sachgemäße Erlernung mindestens 2 Jahre erfordert (§ 5 Abs. 1 BAG). Der historisch vorgeformte Zusammenhang der Berufsausbildung mit den Bedingungen des Gewerbeantrittes und

---

15 Vgl. zur hier einschlägigen Problematik der Einwirkung verwaltungsrechtlicher Normen auf das individuelle Vertragsverhältnis zuletzt Walter SCHWARZ – Günther LÖSCHNIGG, Arbeitsrecht² (1983) 36, 234 ff.
16 BGBl 1974/50 idF zuletzt BGBl 1981/619.

der Gewerbeausübung zeigt sich auch in § 5 Abs. 2 BAG, welcher normiert, daß die in § 94 GewO 1973 angeführten Handwerke sowie jene Gewerbe, deren Ausübung gemäß § 22 GewO 1973 den Nachweis einer erfolgreich abgelegten Lehrabschlußprüfung voraussetzen, jedenfalls Lehrberufe sind[17].

Als Lehrberufe werden aber auch ferner solche Tätigkeiten bestimmt (§ 5 Abs. 3 BAG), die − ohne der GewO 1973 unterliegende Beschäftigungen zum Gegenstand zu haben − hinsichtlich der Berufsausbildung der Gesetzgebung und Vollziehung des Bundes unterliegen; bei denen die Ausbildung in der Form der Lehrlingsausbildung im Hinblick auf die für diese Tätigkeiten erforderlichen Fertigkeiten und Kenntnisse zweckmäßig ist und die ansonsten der Lehrberufsdefinition des § 5 Abs. 1 BAG entsprechen[18].

Die konkrete Festlegung der Lehrberufe erfolgt gemäß § 7 Abs. 1 BAG in der vom BMHGI im Verordnungswege erlassenen „Lehrberufsliste". In dieser Lehrberufsliste sind außerdem für jeden Lehrberuf die jeweilige Dauer der Lehrzeit, die zu diesem Lehrberuf „verwandten" Lehrberufe und das Ausmaß der Anrechnung von Lehrzeiten solcher verwandter Lehrberufe bestimmt.

Für jeden dieser Lehrberufe ist ebenfalls im Verordnungswege durch den BMHGI in den Ausbildungsvorschriften im eigentlichen Sinne des § 8 BAG eine nähere Bestimmung von Inhalt, Gang und betrieblichen Bedingungen der Ausbildung zu treffen: Gemäß § 8 Abs. 2 BAG haben die Ausbildungsvorschriften „Berufsbilder" zu enthalten, welche − nach Lehrjahren gegliedert − die für den Lehrberuf wesentlichen Fertigkeiten und Kenntnisse als Ausbildungsinhalt anführen; gemäß § 8 Abs. 3 ist ebenfalls für jeden Lehrberuf zur Sicherung einer sachgemäßen Ausbildung der Lehrlinge ein zahlenmäßiges Verhältnis zwischen den jeweils auszubildenden Lehrlingen und den im Betrieb beschäftigten, fachlich einschlägig ausgebildeten Personen bzw. den bestellten Ausbildern[19] vorzusehen („Verhältniszahlen"). Diese Ausbil-

---

[17] Der Zusammenhang hinsichtlich der Handwerke spiegelt sich vor allem in den in § 18 Abs. 3 GewO festgelegten Zulassungsbedingungen zur Meisterprüfung wider. Dazu und zum Konnex der Lehrabschlußprüfung mit den Antrittsvoraussetzungen der gebundenen und konzessionierten Gewerbe siehe KINSCHER, Berufsausbildung III, 38 Anmerkung 3 zu § 5 Abs. 2.

[18] Das ist das Erfordernis der Eignung als Gegenstand eines „Berufes im Wirtschaftsleben" und der mindestens zweijährigen Ausbildungsdauer.

[19] § 3 BAG.

dungsvorschriften bestimmen zum einen die Voraussetzungen der Eintragung des Lehrvertrages (§ 20 Abs. 3 lit. a BAG) und damit dessen gültigen Zustandekommens und zum anderen − wie bereits erwähnt − einen wesentlichen Teil des lehrvertraglichen Synallagmas.

Das Prüfungswesen

Gesetzlicher Zweck des Lehrverhältnisses ist die Erreichung des Ausbildungszieles, nämlich die Aneignung der für den „Lehrberuf erforderlichen Fertigkeiten und Kenntnisse" und der Befähigung zur fachgerechten Ausführung der dem „Lehrberuf eigentümlichen Tätigkeiten" sowie die Ermöglichung des Nachweises dieser Fähigkeiten durch Ablegung der Lehrabschlußprüfung (§§ 9 Abs. 1, 10 Abs. 1, 21 Abs. 1 BAG). Den Lehrling trifft zwar keine Verpflichtung zur Ablegung der Lehrabschlußprüfung; zumindest mittelbar ist sie jedoch Ausbildungsziel[20]. Diesem rechtlichen Zweck dient die Regelung des Prüfungswesens im Rahmen der §§ 21 ff. BAG. Jedoch nicht nur der enge Zusammenhang mit dem Lehrverhältnis bestimmt die rechtlichen Dimensionen der Lehrabschlußprüfung, sondern darüber hinaus vor allem auch die bereits beschriebene − historisch gewordene − Einbindung der Lehrabschlußprüfung in die Regelung der „Antrittsvoraussetzungen" der GewO 1973. Bildungs- und gewerbepolitische Zielsetzungen formen hier somit den allgemeinen rechtspolitischen Hintergrund der in Frage stehenden Institution, zu denen sich über die Anrechnung von Lehrzeiten verwandter Lehrberufe arbeitsmarktpolitische (wenn schon nicht explizite Ziele, so doch) Effekte im Hinblick auf die Mobilität der Ausgebildeten gesellen[21]. Der bildungspolitische Aspekt der Lehrabschlußprüfung wird besonders in jenen Bestimmungen deutlich, die ein Antreten zur Lehrabschlußprüfung auch ohne Absolvierung wenigstens von Teilen einer formellen Lehrlingsausbildung ermöglichen[22].

---

20 Gottfried WINKLER, Die arbeitsrechtlichen Neuerungen der BAG-Nov. 1978, ZAS 1978, 169 (173 f.) mwH.

21 Siehe insbesondere die „Zusatzprüfungen" gemäß § 27 BAG.

22 Auf diese Zielsetzungen im Hinblick auf den Ausbau eines „zweiten Bildungsweges" weisen die EB RV 876 BlgNr. 11. GP, 45, ausdrücklich hin.

Die Berufsschulpflicht

Die Verknüpfung der betrieblichen Berufsausbildung mit dem übrigen Bildungswesen wird u. a. auch in dem bereits einleitend erwähnten Umstand deutlich, daß die Eingehung eines Lehrverhältnisses im Sinne des BAG tatbestandlich für die Auslösung einer besonderen, vom Lebensalter unabhängigen Schulpflicht wirkt[23]. Diese beginnt grundsätzlich mit dem Eintritt in ein Lehrverhältnis (oder in ein Ausbildungsverhältnis gemäß § 30 BAG) und dauert bis zu dessen Ende, längstens aber bis zum erfolgreichen Abschluß der letzten lehrplanmäßig vorgesehenen Schulstufe der in Betracht kommenden Berufsschule. Dieser Berufsschulpflicht des Lehrlings entsprechen normierte Verpflichtungen des Lehrberechtigten und des Lehrlings aus dem Lehrverhältnis (§§ 9 Abs. 5 und 6, 10 Abs. 3 BAG).

Die Berufsschule hat die Aufgabe, in einem berufsbegleitenden, fachlich einschlägigen Unterricht den berufsschulpflichtigen Personen die grundlegenden theoretischen Kenntnisse zu vermitteln, die betriebliche Ausbildung zu fördern und zu ergänzen sowie ihre Allgemeinbildung zu erweitern[24]. Sie ist insofern und aufgrund der Lehrplangestaltung gemäß § 47 Abs. 1 Z. 3 SchOG akzessorisch zum Lehrverhältnis bzw. zum jeweiligen Lehrberuf; in ihrer Ausbildungsfunktion im Rahmen des dualen Ausbildungssystems jedoch eine selbständige Komponente. Ihren schulrechtlichen, insbesondere schulverfassungsrechtlichen Problemstellungen wird im vorliegenden Zusammenhang nicht weiter nachgegangen.

Die Berufsausbildungsverwaltung

Soweit nicht − über das Lehrvertragsrecht − Gerichte, insbesondere Arbeitsgerichte, mit der Vollziehung des Berufsausbildungsrechtes betraut sind, sieht das BAG eine besondere, historisch gewordene Behördenorganisation und -zuständigkeit vor. Gemäß § 19 Abs. 1 leg. cit. ist nämlich im übertragenen Wirkungsbereich der Landeskammern der gewerblichen Wirtschaft[25] (pro Bundesland) je eine Lehrlingsstelle errichtet, welche die Verwaltung in erster Instanz führt. Sachlich in Betracht kommende Oberbehörden

---

[23]   §§ 20 ff. Schulpflichtgesetz.
[24]   Aufgabe der Berufsschule gemäß § 46 SchOG.
[25]   Vgl. dazu insbesondere Karl KORINEK, Wirtschaftliche Selbstverwaltung (1970) 134 ff. u. passim.

und im Sinne des Art. 103 Abs. 4 B-VG im Instanzenzug übergeordnete Behörden der Lehrlingsstellen sind gemäß § 19 Abs. 8 BAG die Landeshauptmänner und über diesen der BMHGI. Sofern Berufungen gegen Entscheidungen der Lehrlingsstelle nicht überhaupt für unzulässig erklärt sind (z. B. gemäß § 8 Abs. 4 und 5 BAG), endet der Instanzenzug gegen Entscheidungen der Lehrlingsstelle dementsprechend beim Landeshauptmann[26].

Für die Durchführung der Lehrabschlußprüfungen sind von den Lehrlingsstellen − für jeden Lehrberuf − Prüfungskommissionen zu errichten, die aus einem Vorsitzenden und zwei Beisitzern bestehen (§§ 22 BAG).

Bei jeder Lehrlingsstelle ist weiters ein Landes-Berufsausbildungsbeirat errichtet, der aus je zwei Arbeitnehmer- und zwei Arbeitgebervertretern besteht und dem im wesentlichen gutachtliche und beratende Funktion zukommt (§ 31 a BAG). Dieser Landes-Berufsausbildungsbeirat hat auf Bundesebene sein Gegenstück im Bundes-Berufsausbildungsbeirat, der gemäß § 31 BAG bei der Bundeskammer der gewerblichen Wirtschaft eingerichtet ist und aus je sechs Arbeitgeber- und Arbeitnehmervertretern mit beschließender und zwei Vertretern der Berufsschullehrer mit beratender Stimme zusammengesetzt ist. Diesem Beirat kommen im wesentlichen Anhörungs- und Begutachtungsfunktionen gegenüber dem BMHGI zu, obwohl er nicht − dem Behördenaufbau entsprechend − bei diesem eingerichtet ist.

Die Verfolgung der Verwaltungsstraftatbestände gemäß § 32 BAG ist den Bezirksverwaltungsbehörden übertragen.

---

[26]   KINSCHER (Anmerkung 3) 97.

Der Weg zum Berufsausbildungsgesetz

Walter Kinscher

Ausgangslage

Nach dem Ende des Zweiten Weltkrieges und nach der Wiedererrichtung Österreichs ergab sich auf dem Rechtsgebiet der betrieblichen Lehrlingsausbildung eine Situation, die dadurch gekennzeichnet war, daß österreichisches Recht und nach dem Umbruch im Jahre 1938 eingeführte reichsdeutsche Vorschriften nebeneinander galten. Beim österreichischen Recht handelte es sich im wesentlichen um Bestimmungen der Gewerbeordnung, die auf die Reform des Jahres 1907 zurückgingen und bis 1938 nur kleine Änderungen erfuhren, und bei den reichsdeutschen Vorschriften insbesondere um Bestimmungen über die Ausbildung auf dem Gebiete der Industrie. Es ist verständlich, daß die Bestrebungen der österreichischen Verwaltung, bei der gegebenen Rechtslage eine zweckentsprechende Praxis zu entwickeln, dort ihre Grenze finden mußte, wo Maßnahmen nur praeter oder contra legem hätten erfolgen können. Der Gesetzgeber hat im Rahmen der Gewerberechtsnovelle 1952, durch die auf gewerberechtlichem Gebiete die letzten reichsrechtlichen Vorschriften ersetzt und den freien Wettbewerb fördernde Maßnahmen wie z. B. auch die Aufhebung des Untersagungsgesetzes ergriffen wurden, für den Bereich der Lehrlingsausbildung nur Regelungen über die Kaufmannsgehilfenprüfung und ihre Prüfungsvorschriften sowie – wie es im Art. XXXIII im Rahmen der Übergangsbestimmungen der Gewerberechtsnovelle 1952 ausdrücklich heißt „bis zur Neugestaltung des Rechtsgebietes zur gewerblichen Berufsausbildung" – einige Sofortmaßnahmen getroffen, ohne jedoch einen Beitrag zur Entwirrung der Rechtslage zu leisten. Damals dachte man nicht, daß die Einlösung der Verheißung der Neugestaltung dieses Rechtsgebietes noch über eineinhalb Jahrzehnte dauern würde.

Reformvorschläge

Es ist verständlich, daß bei der dargestellten Situation an der Lehrlingsausbildung interessierte Kreise Vorschläge für eine Neuregelung dieses Rechtsgebietes erstattet haben. So wurde im Rahmen der Bundeswirtschaftskammer bereits im Jahre 1949 der Entwurf eines gewerblichen Berufsausbildungsgesetzes ausgearbeitet und kammerintern diskutiert. Ende 1951 veröffentlichte der Österreichische Gewerkschaftsbund, Jugendabteilung, den Entwurf zu einem Berufsausbildungsgesetz, der in Zusammenarbeit mit dem Österreichischen Arbeiterkammertag ausgearbeitet worden war. Im Jahre 1952 hat die Bundeswirtschaftskammer den Entwurf eines Bundesgesetzes über die Änderung und Ergänzung der Zusatzbestimmungen für Lehrlinge im VI. Hauptstück der Gewerbeordnung kammerintern zur Erörterung gestellt. Der vom Österreichischen Gewerkschaftsbund veröffentlichte Entwurf war Grundlage für Initiativanträge sozialistischer Abgeordneter in den Jahren 1955, 1957 und 1959. Schließlich veröffentlichte das Institut für Sozialpolitik und Sozialreform („Kummer-Institut") im Frühjahr 1964 den Entwurf eines Bundes-Berufsausbildungsgesetzes.

Das damalige Bundesministerium für Handel und Wiederaufbau arbeitete in den Jahren 1953 und 1954 Entwürfe eines Bundesgesetzes, mit dem die Bestimmungen der Gewerbeordnung über das gewerbliche Lehrlingswesen geändert und ergänzt werden (Lehrlingsnovelle), als Besprechungsgrundlage für Verhandlungen aus. Im Jahre 1955 wurde der Entwurf eines Bundesgesetzes, mit dem die Bestimmungen der Gewerbeordnung über die gewerbliche Berufsausbildung geändert und ergänzt werden, dem Begutachtungsverfahren zugeleitet. Das Bundesministerium unternahm im Jahr 1961 einen weiteren Versuch für eine neue Regelung der Rechtsmaterie und stellte den Entwurf eines Bundesgesetzes über die gewerbliche Berufsausbildung in einem allgemeinen Begutachtungsverfahren zur Erörterung. Auch bei diesem Entwurf gelang es wegen der im Begutachtungsverfahren aufgetretenen verschiedenartigen Ansichten nicht, in der Folgezeit eine Regierungsvorlage zu erstellen.

Regierungsvorlage (876 der Beilagen zu den Stenographischen Protokollen des Nationalrates, XI. Gesetzgebungsperiode)

Anläßlich einer vom Bundesministerium für Handel und Wiederaufbau in Verfolg der Bemühungen zur Klärung grundsätzlicher

Fragen dieses Rechtsgebietes anberaumten Besprechung erklärten sich im November 1964 die Vertreter der Sozialpartner bereit, zu versuchen, über die grundsätzlichen Fragen, die bei der Ausarbeitung eines neuen Entwurfes für ein Berufsausbildungsgesetz zu berücksichtigen sind, eine übereinstimmende Meinung zu erzielen. Nach sehr intensiven, fast eineinhalb Jahre dauernden Gesprächen gaben im April 1966 der Österreichische Arbeiterkammertag, der Österreichische Gewerkschaftsbund und die Bundeswirtschaftskammer dem Bundesministerium die in einigen wichtigen grundsätzlichen Fragen erzielte Übereinstimmung der Meinung bekannt. Unter Berücksichtigung dieser übereinstimmenden Meinung der Sozialpartner und unter Bedachtnahme auf die Entwicklung des betrieblichen Ausbildungswesens in anderen europäischen Staaten arbeitete das Bundesministerium einen neuen Entwurf für ein Berufsausbildungsgesetz aus und stellte diesen in einem breit angelegten Begutachtungsverfahren im Jänner 1967 zur Erörterung. Nach Auswertung des Begutachtungsverfahrens und nach Durchführung von sehr eingehenden Besprechungen, insbesondere mit Vertretern der Sozialpartner, wurde der ausgesandte Entwurf nochmals gründlich überarbeitet und sodann als Regierungsvorlage am 14. Mai 1968 dem Nationalrat zugeleitet. Diese Regierungsvorlage wurde von einem eigens hiefür eingesetzten Unterausschuß des Handelsausschusses in sieben Sitzungen beraten. Nach Annahme der vom Unterausschuß vorgeschlagenen Änderungen durch den Handelsausschuß wurde das Berufsausbildungsgesetz vom Plenum des Nationalrates am 26. März 1969 beschlossen, sodann im Bundesrat behandelt und am 16. Mai 1969 unter Nr. 142 im Bundesgesetzblatt kundgemacht; es ist am 1. Jänner 1970 in Kraft getreten.

Wesentliche Neuerungen des Berufsausbildungsgesetzes

Der Geltungsbereich des Berufsausbildungsgesetzes erstreckt sich nicht nur auf die Lehrberufe der gewerblichen Wirtschaft, er erfaßt auch Lehrberufe für Beschäftigungen, die der Gesetzgebung und Vollziehung des Bundes unterliegen, wie z. B. die Schiffahrt, das Post-, Telegraphen- und Fernsprechwesen, das Geld-, Kredit- und Versicherungswesen.

Durch die Schaffung der Lehrberufsliste erfolgt eine taxative Aufzählung der Lehrberufe unter Angabe der Dauer der Lehrzeit, der verwandten Lehrberufe und des Ausmaßes der Verwandtschaft. Durch die Festlegung der Verwandtschaft von Lehrberufen wird dem Grundsatz der möglichsten beruflichen Mobilität Rechnung getragen. Da es sich bei der Lehrberufsliste um eine Verordnung des Handelsministeriums handelt, kann diese besser den technischen, wirtschaftlichen und beruflichen Entwicklungen angepaßt werden. Damit wird die notwendige Klarheit über die Lehrberufe geschaffen und die Gefahr einer mangelnden Flexibilität im Falle einer Aufzählung der Lehrberufe im Gesetz selbst vermieden.

Es werden durch die für jeden Lehrberuf durch Ministerialverordnung zu erlassenden Ausbildungsvorschriften einerseits das Berufsbild (dieses enthält die wesentlichen Kenntnisse und Fertigkeiten des Lehrberufes) und andererseits Verhältniszahlen (Höchstzahl der in einem Lehrberuf auszubildenden Lehrlinge im Verhältnis zur Zahl der fachlich einschlägig ausgebildeten Personen) festgelegt. Damit wird ein entscheidender Beitrag zur Verbesserung der Ausbildung geleistet.

Auch das Prüfungswesen wird nunmehr bundeseinheitlich geregelt. Durch die Erlassung von Lehrabschlußprüfungsordnungen im Verordnungswege und die Festlegung der Verpflichtung der Lehrlingsstellen, die Mitglieder der Lehrabschlußprüfungskommissionen bei der einschlägigen Handhabung der Prüfungsbestimmungen zu unterstützen, wird eine möglichst bundeseinheitliche Prüfungsgestaltung gewährleistet. Es wird auch durch eine eigene Bestimmung die Möglichkeit geschaffen, den erfolgreichen Berufsschulbesuch beim Ausmaß der Lehrabschlußprüfung zu berücksichtigen; in der Folgezeit wird in allen Lehrabschlußprüfungsordnungen vorgesehen, daß sämtliche Gegenstände der theoretischen Prüfung nicht zu prüfen sind, wenn der Prüfungswerber die Erreichung des Lehrzieles der letzten Klasse der Berufsschule nachweist.

Um dem Grundsatz der beruflichen Mobilität gerecht zu werden, wird die Ablegung von Zusatzprüfungen für verwandte Lehrberufe ermöglicht, wenn eine Lehrabschlußprüfung bereits abgelegt wurde. Es werden bei dieser „verkleinerten Lehrabschlußprüfung" nur noch die Gegenstände geprüft, die bei der bereits abgelegten Lehrabschlußprüfung noch nicht geprüft wurden. Das Ausmaß dieser Zusatzprüfungen wird in den Lehrabschlußprüfungsordnungen festgelegt.

Die Verordnungsermächtigung für die Festlegung des Ersatzes der Lehrabschlußprüfung und der Lehrzeit aufgrund schulmäßiger Ausbildung hat einerseits die bisherige Regelung von diesen „gewerberechtlichen Begünstigungen" auf eine neue Basis gestellt und vereinheitlicht sowie andererseits die Möglichkeit des teilweisen Ersatzes der Lehrzeit durch Schulbesuch neu geschaffen. Dadurch wird der Übergang von Schülern von Vollzeitschulen in die Lehrlingsausbildung im Sinne des Grundsatzes der Durchlässigkeit der Bildungssysteme wesentlich erleichtert. Außerdem erfolgt die Gleichstellung der mit Öffentlichkeitsrecht ausgestatteten Schulen, in denen aufgrund ordnungsgemäß kundgemachter Lehrpläne unterrichtet wird, mit den öffentlichen Schulen.

Das Berufsausbildungsgesetz geht nicht mehr vom Begriffsmerkmal des Gewerbeinhabers als Lehrherrn (seit 1978 Lehrberechtigter) aus und kennt auch nicht die Notwendigkeit der Erlassung von Gleichhaltungsverordnungen, sondern führt neben den Gewerbetreibenden andere Personen oder Institutionen an, die bei Vorliegen bestimmter Voraussetzungen Lehrherrnqualifikation besitzen; es handelt sich hiebei beispielsweise um die Österreichischen Bundesbahnen, die Post- und Telegraphenverwaltung, die Elektrizitätsversorgungsunternehmen, die Verwaltungsstellen von Gebietskörperschaften.

Die in größeren Betrieben schon üblich gewesene Heranziehung von Ausbildern wird nunmehr gesetzlich geregelt und der Lehrherr verpflichtet, in bestimmten Fällen Ausbilder zu bestellen. Der Ausbilder muß die für die Ausbildung von Lehrlingen erforderlichen fachlichen Kenntnisse besitzen und darf wegen Vorstrafen nicht von der Ausbildung von Lehrlingen ausgeschlossen sein.

Die verwaltungsmäßige Durchführung des Berufsausbildungsgesetzes wird auf eine gesicherte rechtliche Basis gestellt; es werden kraft gesetzlicher Bestimmungen Lehrlingsstellen im übertragenen Wirkungsbereich der Landeskammern der gewerblichen Wirtschaft und bestimmter Gliederungen dieser Kammern errichtet. Gleichzeitig wird durch eine Novellierung des Einführungsgesetzes zu den Verwaltungsverfahrensgesetzen festgelegt, daß diese Lehrlingsstellen das allgemeine Verwaltungsverfahrensgesetz (AVG) anzuwenden haben. Diesen Lehrlingsstellen kommt im wesentlichen die Aufgabe zu, das Eintragungsverfahren der Lehrverträge und die Zulassung zur Lehrabschlußprüfung durchzuführen, die Durchführung der Lehrabschlußprüfungen zu organisieren, die Lehrlingsausbildung zu überwachen, zwischenbetriebliche Ausbildungsmaßnahmen zu fördern und die Lehrlinge in Angelegenheiten der Berufsausbildung zu betreuen. Den Kammern für Arbeiter und Angestellte wird ein Mitwirkungsrecht eingeräumt, um ihnen zu erleichtern, den ihnen im Arbeiterkammergesetz übertragenen Aufgaben nachzukommen. Im Sinne des Grundsatzes des Föderalismus wird die Abkürzung des Instanzenzuges auf zwei Instanzen im Rahmen der in der mittelbaren Bundesverwaltung durchzuführenden Vollziehung des Berufsausbildungsgesetzes festgelegt.

Es wird ein Berufsausbildungsbeirat eingerichtet. Die Anregung hiezu ging von den Sozialpartnern im Rahmen der erzielten Übereinstimmung über wichtige grundsätzliche Fragen aus und entspricht dem in verschiedenen Dokumenten, so auch in der Empfehlung Nr. 117 der Internationalen Arbeitsorganisation betreffend die berufliche Ausbildung, zum Ausdruck kommenden Grundsatz der Mitwirkung der Arbeitgeber- und der Arbeitnehmervertretungen bei der Gestaltung der Berufsausbildung. Dem Berufsausbildungsbeirat gehören je sechs aufgrund von Vorschlägen der Bundeswirtschaftskammer und des Österreichischen Arbeiterkammertages vom Handelsminister bestellte Mitglieder an. Den Vorsitz führt ein Mitglied, das aus dem Kreis der von der Bundeswirtschaftskammer vorgeschlagenen Mitglieder zu entnehmen ist und das vom Handelsminister bestellt wird. Dem Berufsausbildungsbeirat obliegt insbesondere die Erstattung von Gutachten für die Erlassung der im Berufsausbildungsgesetz vorgesehenen Verordnungen, er faßt seine Beschlüsse mit Stimmeneinhelligkeit, Minoritätsvoten von mindestens vier Beiratsmitgliedern sind möglich. Die Bürogeschäfte werden von der Bundeswirtschaftskammer geführt. Der Handelsminister hat auf das Gutachten des Berufsausbildungsbeirates bei seiner weiteren Vorgangsweise Bedacht zu nehmen.

Weiterentwicklung des Berufsausbildungsgesetzes

Im Rahmen der Neuregelung einiger Rechtsgebiete, nämlich des Arbeitsverfassungsrechtes, des Entgeltfortzahlungsgesetzes und des neuen Strafgesetzbuches waren entsprechende Anpassungen des Berufsausbildungsgesetzes notwendig.

Mitte der siebziger Jahre wurden von verschiedenen Seiten Vorschläge für eine Verbesserung der Lehrlingsausbildung und der damit zusammenhängenden Notwendigkeit der Änderung des Berufsausbildungsgesetzes erstattet. So veröffentlichte die Gewerkschaftsjugend die im Rahmen der „Aktion 75" gemachten Vorschläge zur gesetzlichen Neuordnung der beruflichen Bildung. Die Bundeswirtschaftskammer publizierte Ende 1974 „Vorschläge für die Lehrlingsausbildung in Österreich" und befaßte sich in ihrem

1975 erschienenen Bildungsprogramm auch mit der Lehrlingsausbildung in Betrieb und Schule; im gleichen Jahr erschien auch das bildungspolitische Konzept der Österreichischen Industriellenvereinigung. Das Bundesministerium für Handel, Gewerbe und Industrie erstellte eine „Punktation über Probleme, die bei einer Reform des Berufsausbildungsrechtes gelöst werden müssen". Diese war die Grundlage für die Arbeiten eines von Bundesminister Dr. Staribacher eingesetzten Komitees zur Erarbeitung der Grundlagen für eine Reform des Berufsausbildungsrechtes, dem Vertreter der Sozialpartner und des Handelsministeriums angehörten. Unter Zugrundelegung des Ergebnisses der Arbeiten dieses Komitees stellte das Handelsministerium im Juli 1977 den Entwurf einer Berufsausbildungsgesetz-Novelle 1978 in einem allgemeinen Begutachtungsverfahren zur Erörterung. Nach Auswertung des Begutachtungsverfahrens wurde der überarbeitete Entwurf der Berufsausbildungsgesetz-Novelle 1978 am 22. 11. 1977 als Regierungsvorlage dem Nationalrat zugeleitet. Diese Regierungsvorlage wurde nach Behandlung im Handelsausschuß mit einigen Abänderungen am 1. 3. 1978 vom Plenum des Nationalrates beschlossen. Die Kundmachung der Berufsausbildungsgesetz-Novelle 1978 erfolgte erst am 2. 6. 1978 unter Nr. 232 im Bundesgesetzblatt, weil im Hinblick auf die Neuorganisation der Lehrlingsstellen und die Errichtung von Landes-Berufsausbildungsbeiräten als beratende Hilfsorgane auf Grund des Art. 102 B-VG die Einholung der Zustimmung sämtlicher Bundesländer erforderlich war.

Als wesentliche Änderungen sind anzuführen:
- Eine Neuregelung der Lehrberechtigten- und Ausbilderqualifikation insbesondere durch die Einführung des Erfordernisses der erfolgreichen Ablegung der Ausbilderprüfung;
- die Einführung des Erfordernisses der Durchführung eines Feststellungsverfahrens und der Erlassung eines Feststellungsbescheides über das Vorliegen der Voraussetzung, ob der Betrieb oder die Werkstätte so eingerichtet ist und geführt wird, daß den Lehrlingen die für die praktische Erlernung im Lehrberuf nötigen Fertigkeiten und Kenntnisse vermittelt werden können, für das erstmalige Ausbilden von Lehrlingen;
- die Notwendigkeit der Aufgliederung der Berufsbilder auf die einzelnen Lehrjahre;
- die Ermöglichung von Ausbildungsversuchen – hievon wurde allerdings bisher nicht Gebrauch gemacht;

- die Möglichkeit der bescheidmäßigen Erhöhung oder Herabsetzung der Lehrlingshöchstzahlen;
- die Möglichkeit der bescheidmäßigen Anrechnung von Schulbesuch auf die für den Lehrberuf festgesetzte Lehrzeit;
- eine Neuordnung der Lehrlingsstellen dadurch, daß nunmehr nur noch die Lehrlingsstelle im übertragenen Wirkungsbereich der Landeskammer der gewerblichen Wirtschaft errichtet ist und die Lehrlingsstellen bestimmter Gliederungen der Landeskammern zu bestehen aufhören;
- der Ausbau der Rechte der Kammern für Arbeiter und Angestellte betreffend Anhörung, Parteistellung, Berufungsrecht und Beschwerdeberechtigung an den Verwaltungsgerichtshof;
- die Errichtung von Landes-Berufsausbildungsbeiräten bei den neu errichteten Lehrlingsstellen als beratende Hilfsorgane.

Das duale System — der österreichische Weg einer praxisnahen Ausbildung Jugendlicher

Gerhard Riemer

Das Bildungswesen ist das Fundament für eine sich weiter entwickelnde Gesellschaft, um das Kapital an intellektuellen, fachlichen und moralischen Ressourcen zu schaffen, auf dem Österreichs Wirtschaft und Gesellschaft auch in Zukunft aufbauen muß. Der wirtschaftliche Wohlstand und das hohe Maß an sozialer Sicherheit in unserem Lande stehen und fallen mit der internationalen Wettbewerbsfähigkeit unserer Wirtschaft.

In den nächsten Jahren und Jahrzehnten gilt es, den teils gravierenden Wandel, etwa der industriellen Produktion, die Internationalisierung der Märkte, den Einbau der neuen Techniken mit all den damit verbundenen Strukturveränderungen zu bewältigen. Dies wird besonders von den Haltungen und Einstellungen, von der Qualität der Mitarbeiter in unseren Betrieben, aber auch von den Absolventen unseres Bildungswesens, die direkt oder indirekt die wirtschaftliche Entwicklung mitgestalten, abhängen.

Die Investitionen in das „Humankapital", die Bemühungen um einen qualifizierten, engagierten Nachwuchs, um eine Jugend, die darauf vorzubereiten ist, sich bietende Chancen zu nutzen, Probleme aufzugreifen und auch zu lösen, werden für die weitere Entwicklung unseres Landes eine entscheidende Rolle spielen.

Berufsausbildung und Jugendbeschäftigung

Bei der Behandlung von Bildungsfragen wird viel zu oft übersehen — es sei denn in den letzten Jahren in Verbindung mit Problemen der Jugendbeschäftigung —, daß die österreichische Wirtschaft einen großen Teil der Bildungs- und Ausbildungsaufgaben in Eigenverantwortung direkt trägt und zu einem guten Teil finanziert.

So auch die duale Berufsausbildung, die Lehrlingsausbildung — das Nebeneinander von betrieblicher Ausbildung und Berufsschule –, die mit Erfolg qualifizierte Fachkräfte für Produktion und Dienstleistung hervorgebracht hat und für die bereits traditionell gute Facharbeiterqualität verantwortlich zeichnet. Dieses Ausbildungssystem – vom Ausland anerkannt und vielfach angestrebt – ist ein Garant für den qualifizierten Nachwuchs an Fachkräften und daher neben dem sozialen Frieden mit ein Grund für das Interesse ausländischer Unternehmen, sich in Österreich niederzulassen.

Dank der Ausbildungsbereitschaft vieler Unternehmen ist es in den vergangenen Jahren, trotz schwieriger Rahmenbedingungen gelungen, auch die starken Geburtenjahrgänge weitgehend unterzubringen, die Jugendarbeitslosigkeit lange nahezu zu vermeiden bzw. in erträglichen Grenzen zu halten.

Probleme gibt es hier vor allem mit den 19- bis 25jährigen und weniger bei den 15- bis unter 19jährigen (Juni 1985: arbeitslose Jugendliche 15 bis 25 Jahre: 27.057, davon 15 bis 19 Jahre: 4.323). Dies beweist, daß unser Berufsausbildungssystem auch einen beachtlichen Beitrag zur Jugendbeschäftigung, der auch bei internationalen Tagungen immer wieder besonders betont wird, leistet.

Lehrlingsausbildung: Chance und Herausforderung

Dieses Ausbildungssystem reicht historisch bis zur Lehrlingsausbildung des alten Handwerks zurück und umfaßt heute fast alle Bereiche der österreichischen Wirtschaft.

Das große Interesse der Jugend, eine Lehrlingsausbildung in einem Unternehmen zu beginnen, ist der beste Beweis für die Attraktivität der dualen Berufsausbildung: Nahezu 50 % der 15- bis 17jährigen Jugendlichen wählen diesen praxisbezogenen Bildungsweg, und ein hoher Prozentsatz (knapp 90 %) schließt die Ausbildung erfolgreich ab.

Dies ist verständlich, denn dieser Bildungsweg bietet Jugendlichen mit Interesse an überwiegend praktischer Betätigung, mit praktischen Fähigkeiten und Begabungen, gute Bildungs- und Berufschancen. Qualifizierten Facharbeitern und Meistern eröffnen sich – vielfach verbunden mit weiterführenden Bildungsanstrengungen – gute Aufstiegsmöglichkeiten im Betrieb, aber auch die Chance, in weiterführende Schulen einzusteigen.

Während viele Bereiche in Industrie und Gewerbe einen Mangel an qualifizierten Facharbeitern, Fachkräften und Meistern beklagen, stehen auf der anderen Seite zunehmende Beschäftigungsschwierigkeiten von Maturanten und Akademikern.

Engagement der Unternehmen

Die Erfolge der Lehrlingsausbildung und ihre Anerkennung als tragendes Element im österreichischen Bildungswesen sind besonders auf das Engagement vieler Unternehmer und Unternehmen zurückzuführen, die seit vielen Jahren um die Ausbildung der Jugend bemüht sind.

Sicher bilden viele Unternehmen Lehrlinge aus, um den qualifizierten Nachwuchs primär für das eigene Unternehmen, aber auch für die Gesamtwirtschaft zu sichern, aber zweifellos auch, um einen Beitrag zur Erziehung und Bildung junger Menschen zu leisten. Diese Unternehmen nutzen bewußt die Chancen und Möglichkeiten, die in eigenen Bildungsaktivitäten liegen, und zeichnen für die Qualität und Ergebnisse dieser Ausbildung selbst verantwortlich.

Bisher hat die duale Berufsausbildung bewiesen, daß ein System der Selbstinitiative und des freiwilligen Engagements der Wirtschaft und der Unternehmen mehr Erfolg verspricht als staatliche Eingriffe und auch in wirtschaftlich schwierigen Zeiten funktioniert. Das Verantwortungsbewußtsein vieler Unternehmen, die Einsicht in die Notwendigkeit einer „Ausbildung auf Vorrat", um neue Chancen eines Wirtschaftsaufschwunges mit qualifizierten Mitarbeitern nützen zu können, haben erst den hohen Lehrlingsstand auch in Rezessionsjahren ermöglicht.

Die Wirtschaft übernimmt in diesem Bereich jedoch auch wichtige Aufgaben, die in anderen Ländern zu einem großen Teil vom Staat, oft auch mit gesonderten Förderungsaktivitäten, durchgeführt und finanziert werden. Die Finanzierung der betrieblichen Ausbildung erfolgt innerwirtschaftlich in Eigenverantwortung der ausbildenden Unternehmen, die bewußt, besonders auch in der Industrie, große finanzielle Aufwendungen tätigen.

Vorrang für Ausbildungsqualität

Die Qualität der Lehrlingsausbildung hängt sowohl von der Ausbildung im Betrieb, vom Unterricht in der Berufsschule, vom Zusammenwirken der beiden Lernorte und natürlich auch vom Lehrling selbst ab.

Die nahezu permanente, vielfach gesellschaftspolitisch verbrämte Diskussion um den Stellenwert der betrieblichen Ausbildung bzw. der Berufsschule sollte berücksichtigen, daß Hauptverantwortung und Schwergewicht in der dualen Berufsausbildung im Interesse eines abgerundeten und praxisorientierten Bildungsweges hinsichtlich der Fachausbildung, der Persönlichkeitsbildung und Sozialisation im Betrieb liegen müssen. Die Berufsschule hat ihren Schwerpunkt in der begleitenden Vermittlung der Fachtheorie und führt die Allgemeinbildung weiter. Eine unspezifische Ausweitung der Berufsschulzeit zu Lasten des betriebspraktischen Teiles der Ausbildung sollte gerade im Hinblick auf verunglückte Bestimmungen des Kinder- und Jugendschutzgesetzes, auf die Tendenzen der Arbeitszeitverkürzung und im Sinne einer qualitativ hochstehenden praktischen Berufsausbildung nicht erfolgen. Das Unternehmen ist für die Erfüllung der Ausbildungsvorschriften, für die Erreichung des vorgegebenen Ausbildungszieles verantwortlich. Dafür ist jedoch ein Mindestmaß an Ausbildungszeit erforderlich.

Die Schule vermag in manchen Bereichen ein breiteres theoretisches Wissensangebot zu vermitteln, die Erkenntnisse, die aus dem unmittelbaren Miterleben im Betriebs- und Arbeitsablauf erfolgen, kann sie jedoch nicht weitergeben.

Mittels einer verbesserten Abstimmung zwischen Berufsschule und Betrieb, betrieblicher Ausbildung und Berufsschulunterricht, durch verstärkte Kontakte zwischen Lehrer und Ausbilder kann die Ausbildungsqualität sicherlich weiter verbessert werden. Besondere Bedeutung kommt dieser Zusammenarbeit beim Einbau neuer Inhalte, etwa der neuen Techniken in die Berufsausbildung zu.

Die betriebliche Praxis

Die Vorteile der dualen Lehrlingsausbildung zeigen sich vor allem in der Praxis.

Im kleineren Gewerbe-, Handels- oder Industriebetrieb steht der unmittelbare Praxisbezug, das „learning by doing" unter unmittelbarer Anleitung des Unternehmers, Meisters oder Facharbeiters, auf der Basis der Ausbildungsvorschriften im Vordergrund, während im größeren Industriebetrieb in Lehrwerkstätten und Lehrecken das Lernen und Erfahren unter fachkundiger Anleitung von Ausbildern vorherrscht.

Das Ineinandergreifen von Bildungs- und Beschäftigungssystem, von Ausbildung, Bildung und praktischer Arbeit, die Verbindung der Ausbildungsarbeit mit der technischen Entwicklung des Unternehmens ermöglicht die unmittelbare Weitergabe von technischen Neuerungen aus dem betrieblichen und dem Produktionsbereich unmittelbar an die Ausbildung und damit deren laufende Aktualisierung. Natürlich bedeutet dies eine gewisse Spezialisierung auf besondere betriebliche Anforderungen – soweit dies die Ausbildungsvorschriften zulassen –, aber den Lehrlingen werden bereits in jungen Jahren über spezifische Fachkenntnisse hinaus Schlüsselqualifikationen wie Lernfähigkeit, Zusammenarbeit, Einblick in Zusammenhänge im Rahmen der praktischen Tätigkeit vermittelt.

Das Zusammenspiel von Theorie und Praxis ermöglicht auch die unmittelbare Anwendung des Gelernten, das direkte Erlebnis des Erfolges, die Erfahrung aus Mißerfolgen.

Und neben dem Ausbildungs- und Bildungsaspekt wird dem jungen Menschen der direkte Einstieg in die Arbeitswelt und damit ein Arbeitsplatz geboten.

Dieses „Arbeiten im Rahmen der Ausbildung" ist Teil der Berufsbildung im Lehrbetrieb und Voraussetzung für die fachlich-praktischen Kenntnisse und Fertigkeiten.

Behutsame Weiterentwicklung unseres dualen Systems

Zweifellos ist unser Lehrlingsausbildungssystem in der Lage, auf neue Anforderungen mit neuen Inhalten und neuen Berufsbildern zu reagieren, wobei die Vielfalt der Bereiche, Unternehmen, Branchen und Berufe auch Unterschiede in der Reaktionsgeschwindigkeit erklärt. Konkrete Beispiele beweisen dies: etwa der Bereich der Meß- und Regeltechnik, die Druckereibranche oder die Schaffung neuer Berufe, wie z.B. des Anlagenmonteurs.

Es wird sicher aber auch notwendig sein, ergänzt durch verstärkte wissenschaftliche Berufsbildungsforschung, zu überlegen, ob und wie weit die heute in den Betrieben und Berufsschulen vermittelten Inhalte morgen noch gebraucht werden, welche neuen, zusätzlichen veränderten Inhalte und Methoden eingebracht werden müssen. Änderungsvorschläge und Anforderungen müssen rasch erfaßt, formuliert und in die Lehrpläne, in die Ausbildungsvorschriften, abgestimmt auf die Möglichkeiten der vielfältigen Unternehmenspraxis, einbezogen werden.

Auch die Ableitung konkreter Szenarios könnte helfen, in manchen Bereichen die Schaffung neuer Lehrberufe, etwa des Mechatronikers, eines Instatronikers, neuer notwendiger Kombinationen zwischen bestehenden Lehrberufen frühzeitig in die Wege zu leiten.

Antworten auf Fragen, ob und wie weit neue zusätzliche Inhalte notwendig sind und welcher Bereich – Berufsschule oder Betrieb – diese vorrangig zu vermitteln habe (von der Fremdsprache über die Vermittlung grundlegender neuer Techniken bis zu mehr Allgemeinbildung), müssen von den Grundsätzen getragen werden, daß eine qualitative Verbesserung unseres Fachkräftenachwuchses erreicht und keine Verschulung angestrebt werden darf.

In der Diskussion um die Weiterentwicklung sollten durchaus auch neue – und nicht unumstrittene – Aspekte besondere Berücksichtigung finden: so etwa wie besonders begabte Lehrlinge im Rahmen des bestehenden Berufsausbildungssystems besser als bisher gefördert und gefordert werden könnten; wie etwa die Ausbildung von lernschwachen jungen Menschen, die sich bemühen, sich aber doch nur schwer durch qualifizierte Lehrberufe schlagen, verbessert werden könnte, um diesen Jugendlichen zu helfen, zu einem Ausbildungsabschluß zu kommen und den Betrieben die Ausbildung dieser Zielgruppe zu erleichtern.

Darüber hinaus könnte ein weiterer Trend auch bei uns gefördert werden: Maturanten verstärkt über die Berufsausbildung zu informieren, für praktische Bildungswege zu interessieren, um damit deren Berufschancen und Übertrittsmöglichkeiten zu verbessern.

Jugend zwischen schulischer und praktischer Bildung

Die gesamte Diskussion über die Weiterentwicklung unseres dualen Systems wird auch von der demographischen Entwicklung beeinflußt werden. Bedingt durch die demographische Entwicklung absolvieren immer weniger Jugendliche ihre Schulpflicht; weiterführende Schulen mit entsprechenden Kapazitäten werden – auch auf Kosten der Qualität – um die jungen Menschen werben, und andererseits bieten viele Unternehmen eine qualifizierte Berufsausbildung an, um Fachkräfte von morgen auszubilden.

Die Bildungspolitik vergangener Jahre, die praktische Bildungswege eher abgewertet und theoretisch-wissenschaftliche eher aufgewertet hat, zeigt Wirkung, zum Nachteil der Betriebe.

Für Wirtschaft und Industrie sollte diese verstärkte Konkurrenzsituation jedoch ein Anlaß sein, die Bemühungen um die qualifizierte Lehrlingsausbildung weiter zu verstärken, die „Ausbildung auf Vorrat" weiterzuführen, Aufstiegsmöglichkeiten für Absolventen der Berufsausbildung, für die Fachkräfte in den Unternehmen sicherzustellen und zu verbessern und darauf zu dringen, die Attraktivität des praktischen Bildungsweges nicht nur zu erhalten, sondern zu erhöhen.

Eine behutsame, verantwortungsvolle Verbesserung und Weiterentwicklung unserer dualen Berufsausbildung wird notwendig sein. Bei allen Reformbestrebungen ist jedoch zu beachten, daß die Wettbewerbsfähigkeit unserer Wirtschaft und Industrie auch auf internationalen Märkten mit der Qualifikation unserer Fachkräfte und Meister steht oder fällt.

Berufsausbildung aus internationaler Sicht

Georg Piskaty

Das uns in Österreich so vertraute System der dualen (Lehrlings-) Ausbildung besteht vor allem in Mitteleuropa, also neben Österreich in der Bundesrepublik Deutschland, der DDR und der Schweiz sowie im Fürstentum Liechtenstein. Kennt Italien dieses System kaum, so besteht es doch im Rahmen der Provinzautonomie in Südtirol; während es in Frankreich – trotz einer gewissen Renaissance – vor allem im Handwerk und Fremdenverkehr vorkommt, ist die duale Ausbildung im Elsaß bedeutender. In vielen anderen OECD-Staaten Europas ist die quantitative Bedeutung solcher Ausbildungssysteme entweder gering (so etwa in den Niederlanden, Italien, Norwegen) oder es wurden neue Systeme entworfen, die eine starke schulische Komponente aufweisen und daher eher einem „Sandwich-System" als der traditionellen Lehrlingsausbildung ähneln (etwa Dänemark).

Die Lehrlingsausbildung geht historisch auf die Ausbildungsleistungen des Handwerks im Mittelalter zurück. Mit der Zerschlagung der Zünfte endete in vielen Staaten auch die Tradition der Lehrlingsausbildung. Anders in Zentraleuropa. Hier zog sich die Lehrlingsausbildung nicht auf wenige handwerkliche Berufe zurück, sondern „eroberte" auch industrielle Berufe und konnte durch die im Verlauf des 19. Jahrhunderts beginnende Entwicklung der Berufsschule diesem System der betrieblichen Ausbildung den zweiten wesentlichen, für die Vermittlung entsprechender berufsorientierter Theorie notwendigen Partner vermitteln. In den letzten Jahren zeigt sich in einigen Ländern die Entwicklung eines zusätzlichen Kurssystems, das zu dem Dualismus Betrieb – Berufsschule hinzukommt und als berufliche Einführungskurse (Schweiz) oder zwischenbetriebliche Ausbildungsmaßnahmen (BRD) dieses System ergänzt. Ansätze dazu bestehen bekanntlich auch in Österreich (z. B. Bauhöfe, diverse WIFI-Kurse).

Die Finanzierung der Berufsausbildung ist in den Ländern des „dualen Systems" nach wie vor einzelbetrieblich gelöst. Diese Finanzierungsform scheint wesentlich, weil damit der Betrieb und keine wie immer konstituierte Verwaltungsbehörde die letzten Entscheidungen über Zahl und Fachrichtung der Auszubildenden trifft. Dieses Bekenntnis zur einzelbetrieblichen Finanzierung hindert nicht, daß vor allem unter dem Aspekt der Jugendarbeitslosigkeit und eines erhofften „Durchtauchens" der Beschäftigungskrise staatliche Förderungsprogramme konzipiert und auch von der Wirtschaft angenommen wurden. Dennoch haben solche Programme in quantitativer Hinsicht nur einen Bruchteil der Auszubildenden erreicht und das Prinzip der einzelbetrieblichen Gesamtverantwortung kaum beeinflußt.

Die Berufsbildungsforschung ist in der BRD durch die Errichtung eines Bundesinstituts für Berufsbildung (mit zwei Standorten in Berlin und in Bonn) staatlich geregelt. Für den EG-Raum gibt es daneben das CEDEFOP, das EG-Bildungsforschungsinstitut mit Sitz in Berlin, das sich vor allem der Frage der Abstimmung bzw. Vergleichbarkeit der diversen Bildungssysteme der Gemeinschaft widmet. In der Schweiz besteht – wie in Österreich – kein durch die staatliche Gesetzgebung fixiertes Bildungsforschungsinstitut.

Bundesrepublik Deutschland

Der Berufsbildungsbericht 1984 der Deutschen Bundesregierung spiegelt einerseits in seinen Darlegungen das drängende Problem der Jugendarbeitslosigkeit wider, das vor allem dadurch gekennzeichnet ist, daß 1984 etwa 5 % der Jugendlichen, die eine Lehrstelle suchten, keinen Lehrplatz erhalten konnten, andererseits aber auch das steigende Interesse der Jugend an der Lehrlingsausbildung: Für 1984 meldet der Bericht, daß nicht weniger als 74 % der 15- bis 16jährigen einen Lehrvertrag abschlossen. 1978 lag dieser Prozentsatz noch bei 59 %. Dabei steigt das Interesse an der dualen Ausbildung auf beiden Seiten der Bildungsskala: Hauptschüler und Sonderschüler, die bisher als Hilfsarbeiter und angelernte Arbeiter direkt in die Wirtschaft gingen, streben ebenso verstärkt eine Lehre an wie Maturanten (Abiturienten). Daher stellt der Bericht auch fest, daß die Vorstellung vom klassischen Lehrling mit Hauptschulabschluß und einem Alter von 15 bis 16 Jahren heute in der BRD immer weniger zutrifft.

In Deutschland zeigt sich ein steigender Anteil der Bewerber mit Studienberechtigung: 1983/84 betrug dieser Prozentsatz 13 %

und hatte sich damit innerhalb von 4 Jahren nahezu verdoppelt. Studienberechtigte (Maturanten) betrachten allem Anschein nach den Aufstieg zum Meister und zur beruflichen Selbständigkeit, wie er durch die Absolvierung einer Lehrausbildung ermöglicht wird, zunehmend als attraktiv.

Ähnlich wie in Österreich ist die Situation der Mädchen in der Berufsausbildung prinzipiell schwieriger als jene männlicher Jugendlicher. So wie auch bei uns richten sich die Ausbildungswünsche der Mädchen vor allem auf Büro- und kaufmännische Berufe und Dienstleistungsberufe, Berufsgruppen, in denen die Nachfrage nach Ausbildungsplätzen besonders stark das Angebot übersteigt. Ähnlich wie in Österreich wird daher auch in der BRD versucht, Mädchen für ein breiteres Spektrum von Ausbildungsberufen zu interessieren. In diesem Zusammenhang sind jüngste Änderungen im Arbeitszeitrecht und im Frauenarbeitsschutz zu erwähnen, die die Ausbildungschancen von Mädchen verbessern und insgesamt die Beschäftigung und Ausbildung Jugendlicher praxisnäher ermöglichen sollen.

Einer in der bildungspolitischen Diskussion immer wieder vorgebrachten Forderung nach breiter Grundausbildung am Beginn der Lehre wurde in der BRD durch die Einrichtung des „Berufsgrundbildungsjahres" entgegenzukommen versucht. Dieses Berufsgrundbildungsjahr, im Bundesdurchschnitt von etwa 8 % der Auszubildenden des ersten Lehrjahres besucht, geht davon aus, Berufe zu (13) Berufsfeldern zusammenzufassen und vorerst Grundqualifikationen auszubilden. Es besteht in vollschulischer Form (der Jugendliche ist Schüler, hat keinen Lehrvertrag und damit auch keinen Betrieb, der verpflichtet wäre, ihn später in die Lehre zu übernehmen) und in kooperativer Form (der Jugendliche verfügt über einen Ausbildungsvertrag und damit über ein Rechtsverhältnis zu einem Betrieb). Viele Betriebe stehen dem Berufsgrundbildungsjahr ablehnend gegenüber, seitens der Interessenvertretungen der Wirtschaft wurde die kooperative Form forciert; ein großes Problem ergibt die Anrechnungsfrage, da viele Betriebe nicht bereit sind, die (theoretisch) in der vollschulischen Berufsgrundbildung erworbenen Kenntnisse und Fertigkeiten als ausreichend für eine Verkürzung der Lehrzeit zu akzeptieren. Ähnlich wie in Frankreich die „Préapprentissage" gibt es in der Bundesrepublik Förderungslehrgänge zur Vorbereitung auf die Ausbildung in einem anerkannten Ausbildungsberuf, um Jugendliche „ausbildungsfähig" zu machen.

Deutsche Demokratische Republik

Der Vergleich der Lehrlingsausbildung in der DDR mit unserem System ist angesichts der unterschiedlichen wirtschaftlichen, sozialen und gesellschaftlichen Gegebenheiten schwierig und nur beschränkt möglich. Rund 85 % aller Jugendlichen machen nach Abschluß der 10jährigen Gesamtschule eine 2- bis 3jährige Berufsausbildung zum Facharbeiter durch, rund 15 % aller Schüler besuchen Schulen, die zur Matura weiterführen und den unmittelbaren Anschluß an Universitäten und Hochschulen bieten. Bekanntlich besteht de facto in der DDR ein System der Berufslenkung, das versucht, Berufsausbildung mit dem zu erwartenden Bedarf von Gesellschaft und Wirtschaft an ausgebildeten Fachkräften in Einklang zu bringen. Für Facharbeiter bestehen verschiedene aufbauende Fachschulen, die ein späteres Hochschulstudium ermöglichen sollen. So ist auch die Zahl derjenigen, die neben dem Beruf weitere Schulen für Berufstätige besuchen und sich auf diese Weise qualifizieren, in der DDR verhältnismäßig groß. Auch das Fernstudium ist entsprechend entwickelt.

290 Ausbildungsberufe mit rund 500 Spezialisierungsrichtungen sollen den gegenwärtigen und künftigen gesellschaftlichen und volkswirtschaftlichen Erfordernissen genügen.

Normalerweise ist der Abschluß der 10. Klasse der allgemeinbildenden Oberschule Voraussetzung für die Lehrlingsausbildung (86 % aller Schüler, die eine Berufsausbildung begannen, hatten 1981 diesen Abschluß). Es gibt aber auch die Möglichkeit, daß Schüler die Gesamtschule bereits nach der 8. Klasse verlassen und dann in rund 60 Berufen in einer dreijährigen Ausbildungszeit eine Facharbeiterqualifikation erwerben.

Träger der Lehrlingsausbildung ist der Betrieb; ihm steht – wie bei uns – die Berufsschule zur Seite. Interessant ist, daß die Lehrlingsentschädigungen – ausgenommen Bergbau, Metallurgie und Gießereien, wo höhere Entgelte gezahlt werden – für alle Berufe gleich sind. Allerdings besteht eine Verminderung der Lehrlingsentschädigung für Jugendliche, die die 10. Klasse der Gesamtschule nicht abgeschlossen haben. In den letzten 6 Monaten vor Abschluß ihrer Ausbildung arbeiten die Jugendlichen bereits an ihrem künftigen Arbeitsplatz und werden schon an „stabile Facharbeiterleistungen" herangeführt.

Das Verhältnis von theoretischer Ausbildung und praktischer Ausbildung beträgt etwa 30 zu 70 (in Österreich im Normalfall 20 zu 80), im übrigen baut die Ausbildung auf drei Abschnitten auf:

allgemeine Grundlagenbildung, berufliche Grundlagenbildung (bereits spezialisiert nach Berufen oder Berufsgruppen) sowie die schon erwähnte berufliche Spezialisierung.
Die meisten Berufsschulen sind als Betriebsberufsschulen organisiert (rund zwei Drittel aller Lehrlinge); daneben gibt es kommunale Berufsschulen.

Schweiz und Fürstentum Liechtenstein

In der Schweiz hat sich das duale System zu einem trialen System weiterentwickelt: Einführungskurse für die Aneignung grundlegender Berufsfertigkeiten werden von den Berufsverbänden oder großen Unternehmungen (durchschnittliche Dauer 3 Wochen pro Lehrjahr – bei sehr flexibler und berufsspezifischer Organisation) durchgeführt. Die praktische Ausbildung erfolgt im Betrieb mit berufsbegleitendem (1- bis $1^1/_2$tägigem) Berufsschulunterricht. Es gibt private, jedoch keine staatlichen Lehrwerkstätten.
Im Gegensatz zu Österreich ist die Anlehre in der Schweiz gesetzlich geregelt und wird als Alternative für schwächere Schüler betrachtet. Sie dauert mindestens ein Jahr. Auf der anderen Seite besteht die „Berufsmittelschule", die intelligenten und einsatzfreudigen Lehrlingen während der Lehrzeit eine vermehrte theoretische Ausbildung bietet und damit im Anschluß an den erfolgreichen Abschluß der Lehre die Möglichkeit des Besuchs einer höheren berufsbildenden Schule ermöglichen soll. Dieses System der Schweizer „Berufsmittelschule" ist für Österreich insofern interessant, als in dem an die Schweiz angrenzenden Bundesland Vorarlberg dieses System eine beachtliche Attraktivität besitzt und gerade aus Vorarlberg immer wieder verschiedenste Vorstöße kommen, auch in Österreich ein unseren speziellen Verhältnissen angepaßtes System einer solchen „Berufsmittelschule" zu etablieren. Im Gegensatz zu Österreich besteht allerdings in der Schweiz das System unserer höheren technisch-gewerblichen Lehranstalten nicht, weshalb angenommen werden kann, daß ein nicht unbeträchtlicher Prozentsatz jener Jugendlichen, die in Österreich eine HTL besuchen, in der Schweiz eine Lehre, ergänzt durch die Berufsmittelschule, absolvieren.
Sowohl das Schweizer System der Berufsmittelschule als auch die Anlehre sind vor allem in Gewerkschaftskreisen umstritten, wie insgesamt das Schweizerische Berufsbildungsgesetz gegen den Protest der Gewerkschaftsseite zustandegekommen ist. Die auch bei uns bekannten Gewerkschaftsforderungen: überbetriebliche

Finanzierung sowie überbetriebliche Lehrwerkstätten, konnten in der Schweiz nicht durchgesetzt werden. Anstelle des Systems überbetrieblicher Lehrwerkstätten (wie es sich in Deutschland vor allem auch im Handwerk findet) hat die Schweiz ihr triales System entwickelt.

Interessant ist auch die Verpflichtung, neben den (rund 300) obligatorischen Ausbildungsvorschriften (Ausbildungsreglemente) Modellehrgänge für die betriebliche Ausbildung zu erarbeiten. Diese Modellehrgänge werden von Vertretern der Berufsverbände, von Berufsfachleuten und Fachlehrern mit wissenschaftlicher Begleitung erarbeitet und dienen als Orientierungshilfe für die Gestaltung der Lernprozesse in Betrieb und Schule und als Information für die Lehrenden. Sie enthalten Richt- und Informationsziele, Planungsziele und (zum Teil) auch Hinweise über den Zeitpunkt, wann bestimmte Inhalte zu vermitteln sind.

Die Lehrabschlußprüfungen werden von den Kantonen durchgeführt, sofern sie nicht für bestimmte Berufe (für das Bundesgebiet oder mehrere Kantone) auf Antrag den beteiligten Berufsverbänden übertragen wurden.

Der Eintritt in die Berufslehre erfolgt in der Regel nach absolvierter Volksschulpflicht, das heißt je nach Kanton nach 8 bzw. 9 Schuljahren. Die Ausbilder, in der Schweiz Lehrmeister genannt, haben nach dem neuen Berufsbildungsgesetz – ähnlich wie in der BRD, in Österreich und der DDR – eine zusätzliche obligatorische pädagogische Ausbildung zu absolvieren. Diese Kurse werden vom Kanton oder den Berufsverbänden veranstaltet. Die Mindestinhalte der Kurse sind vom Bundesamt für Industrie, Gewerbe und Arbeit, der Vollzugsstelle des Bundes in der Berufsbildung, fixiert.

Das Ausbildungssystem in Liechtenstein ähnelt dem Schweizer System insbesondere durch seine „triale" Ausrichtung. Ein eigenes Amt für Berufsbildung in Schaan führt die Administration der knapp 1.000 bestehenden Lehrverhältnisse durch.

Italien (Südtirol)

Im Gegensatz zum Gesamtstaat Italien besteht in Südtirol ein Lehrlingsausbildungssystem ähnlich wie in der BRD, Österreich und der Schweiz mit einer Ausbildung in einem Betrieb und dem Besuch einer Berufsschule. Das Land Südtirol hat aufgrund des Autonomiestatuts von 1972 Gesetzgebungsbefugnisse auf diesem Sektor erhalten, allerdings mit der Einschränkung, daß Grundsatzbestimmungen der Staatsgesetze nicht verändert werden dürfen. Sehr wesentlich ist daher, daß der Landesgesetzgeber zwar Berufsbilder, Lehrdauer, Lehrverträge und Berufsschule nach eigenen Vorstellungen regeln kann, der Lehrling aber in einem Arbeitsverhältnis steht und damit einen Lohn gemäß Kollektivverträgen erhält. Damit war lange Zeit eine in den übrigen Ländern des dualen Systems ganz wesentliche Regelung nicht möglich, nach der der Lehrling – in einem besonderen Arbeitsverhältnis (Ausbildungsverhältnis) stehend – eine Lehrlingsentschädigung, aber keinen Arbeitslohn erhält. Ein Rückgang der Lehrlingszahlen aufgrund steigender Löhne und wirtschaftlicher Schwierigkeiten war die Folge. Nunmehr konnte auf Landesebene eine tarifvertragliche Regelung über die Lehrlingsentschädigung getroffen werden; seither (1985) kann wiederum eine positive Beschäftigungstendenz festgestellt werden.

Das Landesgesetz vom 17. November 1981 (Amtsblatt Nr. 30) ordnet das Lehrlingswesen und die Meisterprüfung in der uns bekannten Art und Weise. Nur in Südtirol gibt es Berufsschulen für Lehrlinge (ein Tag pro Woche bzw. 9 Wochen pro Lehrjahr); der Jahresunterricht wird von drei Viertel aller Lehrlinge besucht. Eine recht enge Kooperation mit Tirol findet in Fagen der Ausbildung und auch der Lehrabschlußprüfung statt.

Interessant ist auch der Umstand, daß bei Lehrzeiten von zweieinhalb Jahren, wie sie in Südtirol öfter vorkommen (Verkäufer), die Berufsschulzeit bloß zwei Jahre beträgt. Übrigens wurden erst kürzlich die Lehrzeiten einiger handwerklicher Berufe auf 5 Jahre verlängert.

Frankreich (Elsaß)

In Frankreich bestehen – nicht zuletzt durch die steigenden Probleme der Jugendarbeitslosigkeit – zahlreiche Systeme der Ausbildung Jugendlicher nebeneinander, von denen die Lehrlingsausbildung in engerem Sinn nur eine von verschiedenen Formen darstellt. Die anderen Formen sind eher als Formen intensiver Betriebspraxis bzw. Anlehre zu bezeichnen (Stage, Contrat Emploi-Formation; Contrat Emploi-Formation-Production). Für Frankreich typisch sind die zahlreichen Finanzhilfen des Staates in Form von Subventionen bzw. fiskalischen Reduktionen (Forts. S. 49).

Übersicht: Lehrlingsausbildung aus internationaler Sicht

	Österreich	Schweiz	Fürstentum Liechtenstein	BRD	DDR	Südtirol	Frankreich (Elsaß)
Prozentsatz der Pflichtschulabgänger, die eine Lehre absolvieren (1984)	50	75 (B) 60 (M)	70	74	85	30 – 35	6 (10)
Zahl der Lehrverhältnisse (1984)	173.000	187.000	1.000	700.000 (pro Jahr)	426.000	4.500	220.000 (11.000) plus 60.000 (PA)**
Zahl der Ausbildungsberufe (1984)	224	300	90	450	290*)	150	416***
Dauer der Lehrzeit in Jahren	2 – 4 Ø 3	2 – 4 Ø 3	2 – 4 Ø 4	2 – 4 Ø 3	2 – 3	2 – 5	2 (+ 1 Jahr PA)**

*) 500 Spezialisierungsrichtungen   **) Préapprentissage (Vorlehre) = PA   ***) CAP

Die Lehrlingsausbildung im eigentlichen Sinn dauert zwei Jahre, eventuell auch drei Jahre, der Jugendliche wird hier als Arbeitnehmer betrachtet, hat jedoch pro Semester nur einen bestimmten Prozentsatz des Mindestlohnes (SMIC) als Lehrlingsentschädigungsanspruch: dieser reicht von 15 % im ersten Semester bis zu 45 % für das vierte Semester und wird um 10 % erhöht, wenn der Jugendliche älter als 18 Jahre ist. Kleinbetriebe erhalten beispielsweise als spezielle Förderung eine Befreiung von den vom Arbeitgeber zu leistenden Sozialbeiträgen; im übrigen ist zu beachten, daß in Frankreich eine überbetriebliche Ausbildungsfinanzierung in Form der „taxe d'apprentissage" besteht, wobei bei Durchführung der Lehrlingsausbildung Reduktionen erfolgen. Die Ausbildung erfolgt teils im (staatlich anerkannten Ausbildungs-) Betrieb, teils in „Centres de formation d'apprentis" (Kleinbetriebe erhalten für die Zeit dieses „Berufsschulbesuchs" die dem Lehrling bezahlte Lehrlingsentschädigung zurück). Die Lehre schließt mit dem (staatlichen) CAP – „Certificat d'aptitude professionnelle" – ab. Dieses Zeugnis kann auch über den Weg einer vollzeitberuflichen Schule erworben werden, wobei das quantitative Verhältnis zwischen Vollzeitschule und Lehre bei diesen Berechtigungen etwa zwei zu eins beträgt.

Interessant ist, daß Jugendliche schon vor Erreichen des 16. Lebensjahres (also vor Vollendung der Schulpflicht) aus der Schule

Quellen:
Österreich: Lehrlingsstatistik der Bundeswirtschaftskammer, Wien 1985.
BRD: Beschreibung der Berufsbildungssysteme in den Mitgliedstaaten der EG, CEDEFOP, Luxemburg 1982.
MÜNCH, Das berufliche Bildungswesen in der BRD, CEDEFOP, Luxemburg, 2. Auflage 1984.
Berufsbildungsbericht 1985 der deutschen Bundesregierung, Bundestagsdrucksache 10/2974.
DDR: Das Bildungswesen der DDR, Verlag Volk und Wissen, Berlin 1979.
Autonome Provinz Südtirol – Italien: Landesgesetz über die Lehrlingsausbildung, 1981.
Frankreich: CEDEFOP-Guide, siehe BRD.
Schweiz: DUBS, Zur Berufspädagogik in der Schweiz, in „Alte und neue Wege in der Berufspädagogik", Berufspädagogisches Institut des Bundes, Wien 1981.
Fürstentum Liechtenstein: Landesgesetz vom 7. 7. 1976 (Berufsbildungsgesetz).
Außerdem verschiedene nicht veröffentlichte Unterlagen, dankenswerterweise zur Verfügung gestellt von Herrn Dir. Dr. Natsch (Bern), Herrn Dr. Punter (Bozen), Herrn Oswald (Strasbourg), Herrn Ing. Nigsch (Fürstentum Liechtenstein) sowie diverse statistische Handbücher.

austreten können und ein Lehrvorbereitungsjahr (Préapprentissage) absolvieren können. Diese „Préapprentissage" ist eine einjährige, zwischen Schule und Betrieb alternierende Ausbildung, wobei die Jugendlichen in keinem Vertragsverhältnis stehen und keine Vergütung erhalten, und ist zweifellos eine Maßnahme für lernschwache bzw. „schulmüde" Jugendliche.

Im Elsaß ist der Prozentsatz der Jugendlichen, die eine Lehre besuchen, höher als im übrigen Frankreich (10,2 % gegenüber 6,1 %). Durch Lokalgesetze sind in den drei Departements (Bas-Rhin, Haut-Rhin, Moselle) den Handelskammern besondere Befugnisse eingeräumt (Zulassung der Betriebe, Ausbildung der Ausbilder, Einschreibung der Lehrverträge, Kontrolle der Ausbildung im Betrieb, Durchführung der Abschlußprüfungen).

Berufsbildungsfinanzierung in der Bundesrepublik Deutschland: Stand und Perspektiven

Armin Hegelheimer

Vorbemerkung

Der nachstehende Beitrag behandelt die Frage der Finanzierung der Lehrlingsausbildung aus der Sicht der Situation in der Bundesrepublik Deutschland. Da die österreichische bildungspolitische Diskussion sehr stark von dieser Auseinandersetzung beeinflußt ist, spiegelt der nachstehende Beitrag auch die wesentlichen für Österreich in Frage kommenden Alternativen mit ihren Vor- und Nachteilen wider.

Zur Ergänzung wurde am Ende des Beitrages aus der einzigen in Österreich verfügbaren einschlägigen Untersuchung (Kosten der Berufsausbildung / *Stepan – Wagenhofer,* Bundeswirtschaftskammer, Wien 1984) die Abbildung über die Häufigkeitsverteilung der durchschnittlichen Nettokosten (pro Jahr) über alle Lehrberufe aufgenommen.

Kontroverse Diskussion um einzelbetriebliche Berufsbildungsfinanzierung

Das in Europa vor allem im deutschsprachigen Raum weitverbreitete duale System der Lehrlingsausbildung ist in der Bundesrepublik Deutschland nicht nur durch die Dualität von Betrieb und Schule, von Theorie und Praxis, von betrieblichen Ausbildungsordnungen und schulischen Rahmenlehrplänen, von Arbeits- und Ausbildungsplatz, von rechtlicher Zuständigkeit beim Bund (Betrieb) und Ländern (Berufsschule), von betrieblichem Ausbilder und Berufsschullehrer sowie der Dualität der Berufsbildungsplanung bei Staat und Wirtschaft (Tarifparteien) gekennzeichnet. Durch die institutionelle Trennung der Ausbildung in Betrieb und Schule besteht zudem auch eine Dualität von einzelbetrieblicher und öffentlicher Berufsbildungsfinanzierung. Während die Kosten der betrieblichen Ausbildung in der Kalkulation der Unternehmen erscheinen, werden die Aufwendungen für die Berufsschule aus öffentlichen Haushalten (Ländern und Gemeinden) finanziert.

In Öffentlichkeit und Politik herrscht nicht nur eine weitestgehende Übereinstimmung über die Notwendigkeit und Bedeutung eines eigenständigen Berufsausbildungssystems, sondern die Bereitstellung eines quantitativ und qualitativ ausreichenden Ausbildungsplatzangebotes wird zudem zunehmend als eine erstrangige innenpolitische Aufgabe angesehen. Die Frage der Berufsbildungsfinanzierung ist nach wie vor im Kern weiter strittig und die Auseinandersetzungen über die Berufsbildungsreform mittels neuer Finanzierungsregelungen haben noch zu keinem Konsens geführt. Strittig ist dabei vor allem die Frage, ob die bisherige einzelbetriebliche Berufsbildungsfinanzierung beibehalten oder durch eine einzelbetriebsunabhängige, überbetriebliche Finanzierung ersetzt werden soll. So vertreten die Befürworter überbetrieblicher, kollektiver Finanzierungsregelungen die Auffassung, daß nur durch einen Systemwechsel der Berufsbildungsfinanzierung künftig ein quantitativ und qualitativ ausreichendes Ausbildungsplatzangebot gesichert werden kann. Demgegenüber befürchten die Gegner solcher Regelungen, daß ein Wechsel des Finanzierungssystems zwangsläufig zu negativen Auswirkungen auf die Ausbildungsbereitschaft der Betriebe führen muß.
Für die Öffentlichkeit ist die Diskussion schon deshalb schwer zu durchschauen, weil die Kontrahenten in Staat, Wirtschaft und Gewerkschaften nicht über das Ziel der Sicherung von betrieblichen Ausbildungsplätzen an sich, sondern lediglich über den besten (Finanzierungs-)Weg zur Erreichung dieses Zieles zerstritten sind. Hinzu kommt, daß die Neuordnung der Berufsbildungsfinanzierung erst seit Anfang der siebziger Jahre in den Mittelpunkt der Diskussion gerückt wurde und selbst in der erstmaligen, umfassenderen Kodifizierung der Berufsausbildung in der Bundesrepublik Deutschland im Berufsbildungsgesetz von 1969 aus der Ära der Großen Koalition von CDU/CSU und SPD unmittelbar noch keinen Niederschlag gefunden hatte. Darüber hinaus liegen in der

Bundesrepublik bislang noch keine Erfahrungen mit überbetrieblichen Finanzierungsregelungen vor, die es erlauben, politische Programmatik und praktische Auswirkungen solcher Regelungen unmittelbar miteinander zu vergleichen. Schließlich kann auch der Blick über die Grenzen, etwa auf das französische System der Lehrlingssteuer ("taxe d'apprentissage") oder das britische Fondssystem ("levy/grant system") hierbei nur begrenzt weiterhelfen. Denn diese Finanzierungsregelungen stellen die Antwort auf spezifische Bedingungen einer über Jahrzehnte währenden, chronischen Ausbildungsunlust und Ausbildungsmüdigkeit der Wirtschaft in diesen Ländern dar.

Überbetriebliche Fondsfinanzierung

Für die Einordnung der Finanzierungsdiskussion ist es deshalb auch von Bedeutung, daß – im Gegensatz zu anderen Ländern – der Anstoß zu einer gesetzlichen Neuregelung der betrieblichen Berufsbildungsfinanzierung in der Bundesrepublik Deutschland vorwiegend von der wissenschaftlichen Politikberatung ausging. Denn die vom Deutschen Bundestag 1970 eingesetzte Sachverständigenkommission „Kosten und Finanzierung der beruflichen Bildung" legte in ihrem Abschlußbericht von 1974 nicht nur erstmals überhaupt eine detaillierte empirisch-statistische Untersuchung über Höhe und Struktur der betrieblichen Berufsbildungsaufwendungen vor, sondern unterzog die einzelbetriebliche Finanzierung auch einer grundlegenden Kritik aus modelltheoretischer Sicht. Nach Meinung der Kommission führt sie zu Wettbewerbsverzerrungen zwischen ausbildenden und nichtausbildenden Betrieben, zu einer Unterinvestition in berufliche Bildung, zu Konjunkturabhängigkeit des Ausbildungsplatzangebotes und zu Berufsfehllenkungen.

Zur Überwindung dieser Strukturmängel schlug sie deshalb den Übergang zu einem überbetrieblichen, kollektiven System der Berufsbildungsfinanzierung vor. Hierfür wird eine permanente gesetzliche Berufsbildungsabgabe aller privaten und öffentlichen Arbeitgeber als Prozentsatz der Bruttolohn- und -gehaltssumme zum Zwecke des kontinuierlichen Lastenausgleichs zwischen ausbildenden und nichtausbildenden Betrieben im Rahmen eines Zentralfonds empfohlen. Dieser soll anschließend mit Hilfe eines Systems einheitlicher Vergabesätze auf der Grundlage von „Standard-Vollkosten bei Normalqualität" eine Erstattung der Berufsbildungskosten vornehmen, sofern die Ausbildungsbetriebe bei

Nachweis bestimmter Ausbildungsvoraussetzungen vom Zentralfonds „akkreditiert" worden sind.

Eine Analyse der Empfehlungen der Kommission läßt aber nicht
unproblematische Folgewirkungen dieses Finanzierungsmodells
sichtbar werden. So muß das Finanzierungskonzept der Kommission wegen der Bindung an die Bruttolohn- und -gehaltssumme als
Bemessungsgrundlage zu Wettbewerbsvorteilen für kapitalintensi-
ve und zu Wettbewerbsnachteilen für lohnintensive Betriebe führen. Diese haben zwangsläufig neue Wettbewerbsverzerrungen zur
Folge. Denn die hiermit verbundene Privilegierung der Großbetriebe bewirkt eine Kostenumverteilung von den Kleinbetrieben zu
den Großbetrieben. Damit ist aber nicht mehr der von der Kommission beabsichtigte Lastenausgleich zu erreichen. Vielmehr tritt
lediglich eine Lastenverschiebung als Folge der Finanzierungsregelung ein, aus der neue Wettbewerbsverzerrungen resultieren.

Da die vorgesehene Überwälzung der Abgabe nur in der Hoch-
konjuktur, nicht jedoch in der Rezession gelingen dürfte, ist mit
dem Modell zugleich ein prozyklischer Effekt verbunden. Auch
die Steuerungsfunktion des Zentralfonds könnte nur adäquat
wahrgenommen werden, wenn er über ebenso umfassende wie
treffsichere Prognosen des längerfristigen Facharbeiter- und
Fachkräftebedarfs nach Berufen, Branchen und Regionen verfüg-
te. Schließlich ist aber auch fraglich, inwieweit durch ein von
einem Zentralfonds zu verteilendes Finanzierungsvolumen eine
Expansion des Ausbildungsplatzangebotes eintreten soll, wenn
dieses Volumen entsprechend dem Vollkostenprinzip lediglich zu
einer anderen Verteilung der − ansonsten in ihrer absoluten Höhe
jeweils gleichbleibenden − Berufsbildungskosten zwischen den
Betrieben führen soll.

So kann es nicht überraschen, daß der Regierungsentwurf für ein
neues Berufsbildungsgesetz von 1975 zwar auch Bestimmungen
für eine Neuregelung der beruflichen Bildungsfinanzierung enthielt, die damalige Bundesregierung aus SPD und FDP hierbei jedoch den Vorschlägen der Kommission für eine „große Fonds-Lö-
sung" nicht gefolgt ist. So befürchtete sie in der Begründung zum
Gesetz nicht nur ein hohes parafiskalisches Finanzvolumen, sondern auch unerwünschte volkswirtschaftliche Auswirkungen und
einen erheblichen Verwaltungsaufwand einer dann unvermeidba-
ren Fondsbürokratie. Der Regierungsentwurf sah daher auch lediglich eine zeitlich befristete überbetriebliche Finanzierungsregelung mit einer geringen Höhe der Berufsbildungsabgabe vor, die

ausschießlich subsidiär im Bedarfs- und Notfall eines unzureichenden Ausbildungsplatzangebotes angewendet werden sollte. Der Einzug der Umlage sollte dabei dezentral erfolgen und Kleinbetriebe bis zu ca. 20 Beschäftigten von der Abgabepflicht freigestellt sein. Der Regierungsentwurf des Berufsbildungsgesetzes wurde zwar im April 1976 vom Bundestag mehrheitlich beschlossen, scheiterte dann jedoch am Einspruch des Bundesrates. Daraufhin brachten die Bundestagsfraktionen von SPD und FDP im Mai 1976 den „Entwurf eines Gesetzes zur Förderung des Angebots an Ausbildungsplätzen in der Berufsausbildung (Ausbildungsplatzförderungsgesetz)" ein. Das im September 1976 in Kraft getretene Ausbildungsplatzförderungsgesetz (APlFG) enthielt lediglich noch die Bestimmungen des Regierungsentwurfs zur Finanzierung der Berufsausbildung, zur Berufsbildungsplanung und Berufsbildungsstatistik sowie zur Berufsbildungsverwaltung, wobei die Finanzierungsregelung des Regierungsentwurfs in ihrem Kern im APlFG aufgegangen ist.

Gleichwohl war diese „kleine Umlage-Lösung" des APlFG von Anfang an besonders hart umstritten. Die Befürworter dieser Regelung sahen in ihr − trotz mancher Kritik im Detail − insbesondere einen ersten Einstieg in ein später zu schaffendes umfassendes Fondsfinanzierungssystem. Demgegenüber wurde von den Gegnern der Regelung auf die prozyklische Wirkung dieser Abgabe verwiesen, die in der Hochkonjunktur entbehrlich ist, in der Rezession dagegen abstiegsverstärkend wirkt.

Gegen die Abgabe wurde aber vor allem ins Feld geführt, daß durch die Einräumung eines Freibetrages die Kleinbetriebe von der Abgabepflicht freigestellt sind, so daß nunmehr eine Umverteilung der Berufsbildungskosten von den Großbetrieben zu den Kleinbetrieben erfolgt und damit wiederum neue Wettbewerbsverfälschungen entstehen. Aufgrund der im Gesetz vorgesehenen Hoch- und Niedrigprämierung zwischen neuen und wiederbesetzten Ausbildungsplätzen besteht zudem die Gefahr, daß kontinuierlich ausbildende Betriebe eine niedrigere Prämie als diskontinuierlich ausbildende Betriebe erhalten. Dies legt den Betrieben ein prophylaktisches Zurückhalten von Lehrstellen jedoch geradezu nahe, um so später aufgrund gezielter Lehrstellenverknappung in den Genuß der maximalen Prämie gelangen zu können. Reduzieren Großbetriebe zudem ihr Berufsbildungsbudget um die Differenz zwischen Abgabe und Zulage, so muß anschließend über Prämien versucht werden, diesen Verlust an Plätzen in Großbetrieben durch einen entsprechenden Zugewinn in Kleinbetrieben wieder auszugleichen. In diesem Fall würde jedoch die Finanzierungsregelung dem Strukturwandel der Arbeitsplätze im Beschäftigungssystem zuwiderlaufen.

Steuerliche Anreizfinanzierungssysteme

Im Gegensatz zur damaligen Bundesregierung und den Regierungsfraktionen von SPD und FDP lehnte die seinerzeitige Opposition von CDU/CSU im Bundestag eine Umlage- bzw. Fondslösung ab und schlug demgegenüber als Maßnahmen zur finanziellen Förderung der Ausbildungsbereitschaft der Betriebe steuerliche Entlastungen vor. An die Stelle einer Berufsbildungsabgabe sollten Ausbildungsrücklagen, kombiniert mit Ausbildungszulagen, treten. Nach den Vorstellungen der Opposition sollte dabei entweder eine gewinnmindernde und zugleich gestaffelte Ausbildungsrücklage für bestehende und zusätzliche Ausbildungsplätze oder eine steuerfreie Ausbildungsrücklage für bestehende Ausbildungsverhältnisse sowie eine steuerpflichtige Ausbildungszulage für zusätzliche Ausbildungsverhältnisse gewährt werden. Im letzteren Fall sollten die Vorzüge eines Rücklagenmodells mit denen eines Zulagenmodells verbunden werden. So soll die Zweckbindung der Rücklage nicht nur den Anreiz zur Erhaltung des Grundbestandes an Ausbildungsplätzen verstärken, sondern auch die Finanzierungsstruktur der Unternehmen insbesondere im mittelständischen Bereich verbessern helfen. Mit der Ausbildungszulage soll den Unternehmen darüber hinaus unabhängig von ihrer Ertragslage unmittelbar zusätzliche Liquidität zugeführt werden. Technisch führt eine Ausbildungsrücklage im Jahr der Begründung der Ausbildungsverhältnisse zu einer Ermäßigung der Einkommen- bzw. Körperschaftsteuer. Der Betrieb bildet hierbei nach der Zahl der besetzten Ausbildungsplätze eine Rücklage in bestimmter Höhe. Erhöht oder verringert sich im Zeitablauf die Zahl der Ausbildungsplätze, so erhöht oder verringert sich auch die Rücklage und entsprechend verringert oder erhöht sich der Gewinn.

Auch im Bereich der wissenschaftlichen Politikberatung schlug die „Kommission für wirtschaftlichen und sozialen Wandel" in ihrem Gutachten von 1977 über den Strukturwandel in der Bundesrepublik der Bundesregierung mehrheitlich ein grundsätzliches Festhalten an dem bisherigen einzelbetrieblichen Finanzierungssystem, ergänzt durch direkte und indirekte staatliche Hilfen, vor.

Ebenso wie die Vorschläge der Opposition würde diese Empfehlung zu Mischsystemen aus einzelbetrieblicher Finanzierung und staatlichen Anreizen führen. In diesem Fall versucht der Staat im Rahmen seiner Finanz- und Steuerpolitik die Ausbildungsaktivitäten der Betriebe mit Hilfe von Begünstigungen, die zu einer entsprechenden Übernahme der Ausbildungskosten durch den Staat führen, anzuregen. Bei sämtlichen möglichen Formen von Anreizfinanzierungssystemen ist jedoch zu berücksichtigen, daß die durch die Berufsausbildung entstehenden Kosten der Betriebe bei der Gewinnermittlung auch jetzt schon abzugsfähig sind. Neue Systeme der Anreizfinanzierung können folglich lediglich dazu beitragen, die steuerliche Gewinnminderung durch Abzug der Ausbildungskosten von der Steuerschuld noch zu erhöhen, um damit eine weitere Kostenentlastung der Ausbildungsbetriebe herbeizuführen.

Für indirekte Anreizfinanzierungssysteme durch Steuererleichterungen und Kostenentlastungen aus öffentlichen Mitteln kommen als Maßnahmen im Bereich der betrieblichen Berufsausbildung insbesondere

– Sonderabschreibungen,
– Sofortabschreibungen,
– Rückstellungen,
– Rück- und Zulagen,
– Fixabzüge von der Steuerschuld,
– Sozialabgabenbegünstigungen
in Betracht.

Sonder- und Sofortabschreibungen stellen vorwiegend auf die Sach- und Investitionskosten der betrieblichen Berufsausbildung ab.
Demgegenüber beziehen sich Rückstellungen auf die gesamten Nettokosten der betrieblichen Berufsausbildung.
Eine Ausbildungsrücklage stellt eine fingierte Schuld im Sinne eines Passivpostens in der Bilanz bzw. eines Aufwandspostens in der Gewinn- und Verlustrechnung in Abhängigkeit von der Zahl der Ausbildungsverhältnisse dar. Rücklagen- und Zulagensysteme erstrecken sich somit auf Variationen des Ausbildungsplatzangebotes, wobei die Bildung und Auflösung der Rücklage entsprechend der Zahl der besetzten Ausbildungsplätze steuerpflichtig oder steuerfrei gewährt werden kann.

Fonds- und Anreizfinanzierung im Vergleich

Für Mischsysteme der Berufsbildungsfinanzierung wird generell vor allem ins Feld geführt, daß die steuerliche Lösung der Ausbildungsförderung im Gegensatz zur permanenten und komplizierten Vollkostenerfassung bei der Fondsfinanzierung lediglich an den Ausbildungsvoraussetzungen anzuknüpfen braucht. Darüber hinaus wird hervorgehoben, daß sie zeitlich befristet werden können und somit eine flexible Anpassung an die jeweilige Situation des Ausbildungsplatzangebotes erlauben, die Schwankungen zwischen Nachwuchslücken wie in den sechziger und frühen siebziger Jahren und Lehrstellenlücken wie seit dem Eintritt der geburtenstarken Jahrgänge ab Mitte der siebziger Jahre in der Bundesrepublik unterliegen kann. Schließlich wird zu ihren Gunsten angeführt, daß sie rasch wirksam und − im Gegensatz zu allen überbetrieblichen Finanzierungssystemen − auch ohne großen Kosten- und Verwaltungsaufwand durchgeführt werden können. Problematisch ist dies jedoch bei Rücklagensystemen dann, wenn allen Ausbildungsbetrieben eine steuerfreie Rücklage in gleicher Höhe gewährt wird. Wegen der Schwankungsbreite der Nettoausbildungskosten wäre damit zwangsläufig eine Umlenkung des Ausbildungspotentials von den teuren zu den billigeren Ausbildungsplätzen bzw. Ausbildungsberufen verbunden. Wird die Ausbildungsrücklage aber je nach Höhe der Nettoausbildungskosten nach Kostengruppen differenziert, um der Schwankungsbreite der Nettoausbildungskosten Rechnung zu tragen, so birgt dies die Gefahr in sich, daß aus indirekten Methoden der Anreizfinanzierung komplizierte und verwaltungsaufwendige Steuerentlastungssysteme der Berufsausbildungsfinanzierung erwachsen können. Ebenso wie bei überbetrieblichen Finanzierungssystemen wird dann die permanente Erfassung der sich ständig ändernden Vollkosten der Berufsausbildung für den Fiskus zu einem gravierenden Problem. Die Trennung zwischen Bestands- und Zusatzprämierung ist auch bei der Koppelung von Rücklagen- und Zulagensystemen problematisch. Dadurch werden wiederbesetzte Ausbildungsplätze relativ niedriger gefördert als Plätze, die im Vergleich zu einem Referenzzeitraum oder Stichtag zusätzlich angeboten werden. Besonders gravierend ist die gespaltene Prämierung dabei für Ausbildungsbetriebe, die kontinuierlich an der Grenze ihrer Ausbildungskapazität ausbilden und sich damit nicht nach staatlichen Anreizen, sondern an den betrieblichen Erfordernissen orientieren. Sie sind durch eine entsprechende Regelung laufend benachteilig, da sie Ausbildungsplätze stets nur neu besetzen, nicht aber auch zusätzlich anbieten können.

Während bei überbetrieblichen Finanzierungssystemen von entscheidender Bedeutung ist, welche Rückwirkungen mit dem Umlage-Vergabe-System auf die Ausbildungsbereitschaft verbunden sind, entsteht bei steuerlichen Anreizen die Frage, ob und inwieweit die Betriebe auf eine Politik staatlicher Finanzierungsanreize überhaupt reagieren. Dies dürfte vor allem auch von der Höhe der Anreize abhängen. Werden diese in einer Periode der Lehrstellenlücken relativ hoch angesetzt, so ist aber auch nicht auszuschließen, daß durch steuerliche Anreizfinanzierungssysteme, die lediglich für den Spitzenbedarf einer Übergangsperiode konzipiert sind und in Kraft gesetzt werden, bei den Ausbildungsbetrieben eine dauerhafte Subventionsmentalität entsteht, die auch dann nicht mehr oder nur sehr schwer abgebaut werden kann, wenn − wie in der Bundesrepublik künftig zu erwarten − geburtenschwache Jahrgänge in die Berufsausbildung eintreten. Zugleich könnte dadurch ein kurzfristiges Kostendenken in der Berufsausbildung gefördert werden. Diese Gefahr besteht gleichermaßen bei überbetrieblichen Finanzierungssystemen, die zu einem ständigen Vergleich und kurzfristigen Abwägen zwischen Umlageverpflichtung und Fondszuweisung führen. Damit würde jedoch ein wesentliches Element der bisherigen Tradition der betrieblichen Berufsausbildung in Deutschland durchbrochen, bei der sich die Betriebe − wie auch die Untersuchungen der Sachverständigenkommission bemerkenswerterweise belegen − in ihren Ausbildungsentscheidungen bislang überwiegend an langfristigen Rentabilitätsgesichtspunkten orientiert haben. Eine besondere Problematik von Finanzierungsanreizen besteht schließlich darin, die Vergünstigungen so auszugestalten, daß sie nicht nach dem Gießkannenprinzip erfolgen und somit aufgrund differenzierter Steuerbelastung und unterschiedlicher Ausbildungskosten neue Verzerrungen schaffen. Damit wäre dann jedoch eine Parallele zu den Wettbewerbsverzerrungen gegeben, die auch mit überbetrieblichen Finanzierungssystemen verbunden sind.

Sofern eine wettbewerbsneutrale Wirkung von steuerlichen Anreizen nicht gewährleistet werden kann, wird gezielten direkten Hilfen für die betriebliche Berufsausbildung im Rahmen des einzelbetrieblichen Finanzierungssystems der Vorzug vor indirekten Anreizen zu geben sein. Als Maßnahmen sind hierbei insbesondere staatliche Finanz- und Investitionshilfen sowie eine anteilige Integration der Ausbildungsvergütungen in die staatliche Ausbildungsförderung nach dem Bundesausbildungsförderungsgesetz für Ausbildungszeiten außerhalb des Betriebes in der Berufsschule und in überbetrieblichen Einrichtungen möglich.

Tarifvertragliche Berufsbildungsfonds oder Sonderformen von kollektiven überbetrieblichen Finanzierungssystemen als Alternative zur gesetzlichen Finanzierungsregelung

Bei den in den siebziger Jahren in der Bundesrepublik diskutierten Finanzierungsformen für die betriebliche Berufsausbildung handelte es sich durchgängig um gesetzliche Finanzierungsregelungen. Die in dem APlFG von 1976 dann schließlich gesetzlich verankerte, zeitlich befristete Finanzierungsregelung mit einer geringen Höhe der Berufsbildungsabgabe ist jedoch nach Inkrafttreten des Gesetzes niemals angewendet worden. Im Dezember 1980 hat das Bundesverfassungsgericht zudem das APlFG aus formellen Gründen als mit dem Grundgesetz unvereinbar und nichtig erklärt. Das Bundesverfassungsgericht hat dabei zwar Berufsbildungsabgaben der Betriebe als zulässige Sonderabgaben bezeichnet, ihre gesetzliche Erhebung aber zugleich an bestimmte und eng umgrenzte Voraussetzungen gebunden. In dem im Dezember 1981 in Kraft getretenen neuen Berufsbildungsförderungsgesetzes (BerBiFG) der damaligen SPD/FDP-Bundesregierung wurde daher auf einen eigenen Finanzierungsteil gänzlich verzichtet.

Inzwischen zeichnet sich ab, daß sich die Diskussion nunmehr zunehmend auf die Ebene der Tarifpolitik zu verlagern beginnt. So hat auch der für die Gesetzesvorlage zuständige Bundesbildungsminister auf die erfolgreiche Arbeit der bereits bestehenden tarifvertraglichen Fonds in der Bauwirtschaft, im Garten- und Landschaftsbau, im Steinmetz- und Steinbildhauerhandwerk sowie im Dachdeckerhandwerk hingewiesen, in denen sich Arbeitgeber und Gewerkschaften ein Instrument geschaffen hätten, das staatliches Eingreifen in die Berufsbildung entbehrlich mache.

Die Tendenz zur Verlagerung der Finanzierungsdiskussion auf tarifvertragliche Konzepte zu Beginn der achtziger Jahre ist insbesondere darauf zurückzuführen, daß die Gewerkschaften den Stillstand der staatlichen Reformpolitik in der Berufsausbildung und Berufsbildungsfinanzierung zunehmend kritisieren und sich zugleich aus diesem Grunde auf die Möglichkeiten der Tarifpolitik zurückbesinnen. Sollte künftig eine stärkere tarifvertragliche Orientierung der Berufsbildungsfinanzierung zum Tragen kommen, so würde die seit rund einem Jahrzehnt anhaltende Diskussion über die Neuordnung der Berufsbildungsfinanzierung nunmehr auf eine völlig neue Basis gestellt werden. Denn eine künftig verstärkte Orientierung der Berufsbildungspolitik auf Tariffonds würde zu einer Umkehr der bisher verfolgten Reformpolitik führen. Die Berufsbildungspolitik würde sich dabei vom Gesetzgeber zunehmend weg und somit immer stärker auf die Tarifparteien hin verlagern.

Neben kollektiven überbetrieblichen Tariffonds-Finanzierungssystemen sind zudem — nicht zuletzt von gewerkschaftlicher Seite — auch Sonderformen kollektiver überbetrieblicher Finanzierungssysteme wie Branchenfonds, Regionalfonds und Kammerumlagen vorgeschlagen worden. Sowohl die Diskussion über Tariffonds als auch über entsprechende Sonderformen von kollektiven überbetrieblichen Finanzierungssystemen hat gezeigt, daß in allen vier Formen kollektiver überbetrieblicher Finanzierung wegen der Unterschiede der Tarifbereiche, der Branchen, der Regionen und der Kammern jeweils zum Ausgleich von sonst entstehenden Wettbewerbsverzerrungen Dachorganisationen im Tarifbereich, für die Wirtschaftsbranchen, in der Regionalpolitik sowie für den Kammerbereich geschaffen werden müßten. Dabei ist zugleich zu berücksichtigen, daß die gegenwärtig in der Bundesrepublik bestehenden Tariffonds sich im wesentlichen nur auf den Bereich des Baugewerbes erstrecken, das durch seine nicht-stationäre Arbeitsweise und die je nach Auftragsanfall unterschiedliche Tätigkeit der Betriebe auf einen besonders hohen Anteil überbetrieblicher Unterweisung angewiesen ist. Daher erstrecken sich die gegenwärtig bestehenden Tariffonds auch nicht auf eine Finanzierungsregelung für die Erstattung der Gesamtkosten der Berufsausbildung, sondern überwiegend nur auf die Abgeltung der den Betrieben für überbetriebliche Ausbildungsmaßnahmen — vor allem im ersten Ausbildungsjahr — entstehenden Aufwendungen. Das entscheidende Problem eines Tariffondssystems liegt jedoch darin begründet, daß sich in der Bundesrepublik das Ausbildungssystem nach Berufen bzw. Ausbildungsberufen, das Tarifsystem dagegen nach Industriebereichen bzw. Wirtschaftszweigen gliedert. Die Zahl der Auszubildenden in den jeweiligen Ausbildungsberufen ist daher auch nicht identisch mit der Zahl der Auszubildenden in den fachlichen und räumlichen Geltungsbereichen von Tarifverträgen. Das ist darauf zurückzuführen, daß sich die Gewerkschaften in der Bundesrepublik heute überwiegend nicht mehr nach Berufsgruppen, sondern nach Industriezweigen organisieren. Tarifverträge gelten daher für Wirtschaftszweige bzw. größere regionale Bereiche und können dabei jeweils eine größere Palette gewerblich-technischer und kaufmännischer Berufe umfassen. Während das Ordnungsprinzip für die Bestimmung der Ausbildungsberufe bisher die Entwicklung der Berufe in und zwischen den Branchen der Volkswirtschaft bildet („Querschnittscharakter der Ausbildungsberufe"), würde bei tarifvertraglichen Branchenfonds die Entwicklung der Berufe innerhalb der jeweiligen Branchen als Ordnungsprinzip in den Vordergrund bei der Gestaltung der Ausbildungsinhalte treten. Ein umfassendes Tariffondssystem für die Berufsbildung könnte somit dazu führen, daß die Fonds vorrangig für den branchenbezogenen Qualifikationsbedarf ausbilden und in den einzelnen Tarifbereichen bzw. Wirtschaftszweigen auch für gleiche sowie sektorenübergreifende Berufe unterschiedliche Ausbildungsstandards gelten. Diese Tendenz zur Differenzierung der Ausbildung in gleichen Berufen, die sektorenübergreifend in mehreren Tarifbereichen ausgebildet werden, ruft jedoch die Gefahr einer Branchenspezialisierung der Ausbildung sowie der Abschottung der Berufsbilder nach Fondsbereichen hervor und kann somit − wie etwa das Beispiel des britischen Fondssystems zeigt − die Forderung nach national einheitlichen bzw. wiederum gesetzlich verbürgten Ausbildungsstandards hervorrufen.

Perspektiven der künftigen Diskussion über die Berufsbildungsfinanzierung in der Bundesrepublik Deutschland

Das gegenwärtig in der Bundesrepublik bestehende Finanzierungssystem hat sich trotz der langanhaltenden Diskussion um die Neuordnung der Berufsbildungsfinanzierung bislang im wesentlichen erhalten. Wie immer die weitere Entwicklung der Finanzierungsdiskussion in der Bundesrepublik in dem Spannungsverhältnis von einzelbetrieblicher Berufsbildungsfinanzierung, überbetrieblicher Fondsfinanzierung, steuerlicher Anreizfinanzierung, tarifvertraglichen Berufsbildungsfonds sowie Sonderformen kollektiver überbetrieblicher Finanzierungssysteme auch verlaufen mag, sie birgt sowohl Risiken als auch Chancen für die Weiterentwicklung der Berufsausbildung in sich. Da sich die Situation der Berufsausbildung in der Bundesrepublik jedoch − wie bereits erwähnt − rasch wandeln kann und zudem die Gefahr der zyklischen Aufeinanderfolge von Lehrstellen- und Nachwuchslücken prinzipiell immer besteht, dürfte es sich empfehlen, auch die weitere Diskussion über künftige Finanzierungsregelungen in der Berufsausbildung entwicklungsoffen anzulegen. Denn andernfalls würde das Risiko sichtbar, daß sich die Finanzierungsdiskussion immer stärker verselbständigen könnte, obwohl Berufsbildungsfinanzierung – wie Bildungsfinanzierung überhaupt – kein Selbstzweck, sondern lediglich Mittel zum Zweck ist.

Wenn die Berufsbildungspolitik jedoch die Chance zur flexiblen Reaktion auf wechselnde Problemlagen bewahren will, so muß künftig auch Stellenwert und Funktionsfähigkeit des einzelbetrieblichen Finanzierungssystems neu überdacht werden. Dies hängt vor allem mit der Elastizität der einzelbetrieblichen Berufsbildungsfinanzierung zusammen, die in der öffentlichen Diskussion vielfach unterschätzt werden dürfte. Denn die Berufsbildungskosten sind in diesem Finanzierungssystem stets flexibel auf mehreren und z. T. unsichtbaren Schultern getragen worden: von den Auszubildenden durch produktive Lehrlingsleistungen, vom Staat durch die Abzugsfähigkeit der Ausbildungskosten als Betriebsausgabe sowie von den Betrieben selbst. Diese suchen aber den verbleibenden Teil der Berufsbildungskosten selbst ohne Schaden zu tragen oder auf Verbraucher und andere Betriebe als Produktabnehmer zu überwälzen. Da dies auch eine Abwälzung der Berufsbildungskosten auf Nicht-Ausbildungsbetriebe einschließt, tragen die nichtausbildenden Betriebe gleichfalls einen Teil der Kosten der Ausbildungsbetriebe mit. Die von den Befürwortern gesetzlicher oder tarifvertraglicher Berufsbildungsfonds befürchteten Wettbewerbsverzerrungen des einzelbetrieblichen Finanzierungssystems dürften jedoch durch diese Über- und Abwälzungsprozesse entscheidend abgemildert werden. Lediglich in rezessiven Phasen mit anhaltendem Nachfragerückgang gewinnt damit das Kostenargument in der Berufsausbildung an Gewicht, doch würde gerade hier eine Berufsausbildungsabgabe in konjunkturpolitisch unerwünschter Weise eine zusätzliche Belastung für die Betriebe bedeuten. Hinzu kommt aber vor allem, daß auch durch überbetriebliche oder tarifvertragliche Finanzierungssysteme bzw. durch Sonderformen kollektiver überbetrieblicher Finanzierungssysteme ein Lastenausgleich zwischen ausbildenden und nichtausbildenden Betrieben nicht erreicht werden kann.

Dies unterstreicht die Bedeutung der einzelbetrieblichen Finanzierung zusätzlich, denn selbst eine grundsätzlich gleichfalls mögliche Finanzierung der betrieblichen Berufsausbildung aus dem

Staatshaushalt gibt – wie die in der Bundesrepublik schon chronische Unterfinanzierung der Berufsschulen in den dafür zuständigen Ländern zeigt – noch keine Garantie für ein quantitativ und qualitativ ausreichendes Angebot an betrieblichen Ausbildungsplätzen. Mit einer aus staatlichen Haushaltsmitteln gespeisten, generellen Subventionierung der betrieblichen Berufsausbildung würde zudem nach geltender Rechtsmeinung der allgemein anerkannte Grundsatz verletzt, daß es Aufgabe der Arbeitgeber ist, für ein ausreichendes Angebot an qualifizierten Ausbildungsplätzen zu sorgen. Dieser Grundsatz ist zuletzt vom Bundesverfassungsgericht in seinem Urteil zum Ausbildungsplatzförderungsgesetz ausdrücklich betont worden, so daß die Förderung der beruflichen Bildung aus öffentlichen Haushaltsmitteln entsprechend dem Prinzip der Subsidiarität auf besondere Bereiche und Problemfelder begrenzt bleiben muß. Auch die Sachverständigenkommission hat eine grundsätzlich mögliche Finanzierung der beruflichen Erstausbildung in den Betrieben aus dem Staatshaushalt ebenso abgelehnt wie eine gleichfalls grundsätzlich mögliche Finanzierung der beruflichen Erstausbildung von den Auszubildenden selbst. Auch im letzteren Fall wäre zu erwarten, daß durch die Übertragung der Kosten auf den einzelnen Auszubildenden eine gesamtwirtschaftliche Unterinvestition in der Berufsausbildung eintreten würde.

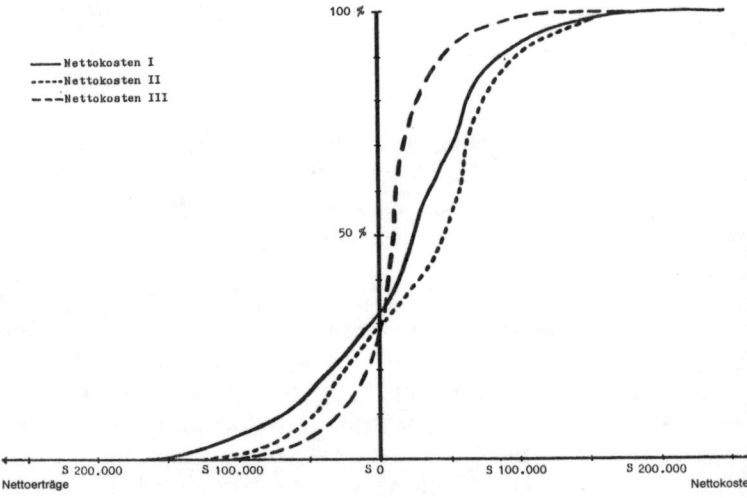

Häufigkeitsverteilung der durchschnittlichen Nettokosten (pro Jahr) über alle Lehrberufe (Österreich)

Pädagogische Aspekte der Lehrlingsausbildung

Johann Steinringer

ARBEITEN UND LERNEN

Spätestens seit der Industrialisierung ist der Zusammenhang von Arbeiten und Lernen auseinandergerissen und diese Trennung in Organisationsstrukturen, z. B. Schulen, mit dem ihnen eigenen Verständnis verfestigt worden. Auf der Hand liegende Reorganisationsversuche greifen ebensowenig Platz wie das dafür notwendige Grundverständnis für die Polyvalenz beider Begriffe.

Auch die Kategorisierung von Bildung in Allgemeinbildung und Berufsbildung ohne nähere Bestimmung, was darunter subsumiert wird, trägt mehr zur Entzweiung denn zu einem Lösungsansatz bei.

Mit den Zugangsproblemen zu Arbeitsplätzen ist in den vergangenen Jahren auch die Diskussion um den Arbeitsbegriff einhergegangen. Es verfestigt sich die Ansicht, nicht nur Erwerbsarbeit sei als Arbeit zu betrachten, sondern jede zielgerichtete körperliche oder geistige Anstrengung. Die Einschränkung des Begriffes „Arbeit" auf einen betrieblichen Arbeitsplatz muß daher aufgehoben werden.

Lernen kann nicht nur auf das rezeptive Aneignen von menschlichem Wissen beschränkt werden. Die individuelle, produktive Leistung beim Wissenserwerb ist jene wesentliche Determinante dieses Begriffes, die zu unterschiedlichen Erfahrungen und somit zu je unterschiedlichen Identitäten führt. Im Zuge der Erfahrungsgewinnung treten Einflußfaktoren sachlicher und personeller Art auf.

Daher muß den Lernorten Betrieb und Schule in ihrer je unterschiedlichen, sachlichen und personellen Ausstattung mehr Bedeutung als bisher zugemessen werden. Im Interaktionsprozeß muß es an beiden Lernorten gelingen, die Interdependenz zwischen „Arbeiten" und „Lernen" in einer Gesamtsicht zu erfassen. Eine „Pädagogisierung der Betriebe"[1] erscheint zur Problemlösung ebenso inadäquat wie die Forcierung der Produktionsschule, die unüberwindbare Probleme didaktischer, organisatorischer, rechtlicher und ökonomischer Art zu lösen hätte.

Die drei qualitativen Handlungsmerkmale von *Volpert*[2], nämlich die planende Strategie, die inhaltliche Orientierung und die Mitentscheidung sind bestimmende Merkmale im Arbeits- und Ausbildungsverhältnis unseres dualen Systems: Der Lehrling erlernt das Gewinnen des Überblickes über Arbeitsvorgänge, was Voraussetzung für das planerische Denken ist, konzentriert sein fachliches Streben auf die Lerninhalte seines Berufes und trägt zunehmend Verantwortung für seine Entscheidungen, wenn er selbständig Probleme löst. Berufspraktische Erfahrung allein führt jedoch noch nicht zu Lernprozessen jener Qualität, die in der Lehrlingsausbildung erforderlich ist. Diese beinhalten neben Kenntnissen und Fertigkeiten auch Haltungsaspekte bzw. das Verständnis für den Lebensraum in Wirtschaft und Gesellschaft.

DIE GRENZEN DER AUSBILDUNGSPLANUNG

Der Curriculumforschung wurde besonders in den sechziger Jahren die Aufgabe zugedacht:
— Methoden zu finden und anzuwenden, durch welche Situationen und die in ihnen geforderten Funktionen,
— die zu deren Bewältigung notwendigen Qualifikationen
— und die Bildungsinhalte und Gegenstände, durch welche diese Qualifizierung bewirkt werden soll,
in optimaler Objektivierung zu identifizieren[3].

In der Folgezeit erlagen viele Berufspädagogen der Faszination der Lernzielformulierung. In der Unterbewertung der Gesamtpersönlichkeit des Lernenden und des Lehrenden erschienen Lernprozesse perfekt organisierbar, Lernvorgänge verfügbar, Lerner-

---

1   BAETHGE, M.: Berufliche Sozialisation und Berufsbildungssystem; Lernen in der Ausbildung; in: Berufsbildung in Wissenschaft und Praxis, 8. Jg. (1979) H. 5. S. 7.
2   VOLPERT, W.: Der Zusammenhang von Arbeit und Persönlichkeit aus handlungspsychologischer Sicht, in: Groskurth, P. (Hrsg.): Arbeit und Persönlichkeit: Berufliche Sozialisation in der arbeitsteiligen Gesellschaft, Reinbek, 1979, S. 41 ff.
3   ROBINSOHN, S.: Bildungsreform als Revision des Curriculum, Neuwied, 1972, S. 45.

folge objektiv meßbar usw. Der bereits in der Reformpädagogik entdeckte und nunmehr gleichsam als Pendelschlag wiederentdeckte und salonfähig gemachte Identitätsbegriff bringt ein klärendes Licht in die vermeintlichen Machbarkeiten pädagogischen Handelns.

Zugleich scheint er besonders die berufliche Aus- und Weiterbildung abzuwerten, da sie ja unumwunden auf ganz konkrete Kenntnisse, Fertigkeiten und Verhaltensweisen abzielt, die Allgemeinbildung jedoch als jene Form von Bildung höher zu bewerten, die technokratischen Interessen entzogen wäre.

In dieser strengen Trennung erfährt der zweigeteilte Bildungsbegriff wiederum jene Fessel, die, auf die Lernorte Betrieb und Schule bezogen, eine ganzheitliche Sicht verhindert.

Ausbildungsplanung im Betrieb

In der Wirtschaftseinheit „Betrieb" werden primär Sachgüter hergestellt oder Dienstleistungen angeboten. Er ist jedoch sekundär auch pädagogisch ausgerichtet, um die zum Weiterbestand des Betriebes notwendigen Qualifikationen an mitarbeitende oder neu hinzukommende Personen weiterzugeben.

Der Betrieb bildet keineswegs nur auf seine spezifischen Unternehmensziele hin aus: ihm sind von der Öffentlichkeit Berufsbilder als Minimalanforderung vorgegeben, die er zu erfüllen hat und die im Regelfall über das einzelbetrieblich Notwendige hinausgehen. Qualifikationen als sichtbare, interpersonal überprüfbare Endprodukte von wie immer gearteten Lernprozessen (am Lernort Betrieb) sind daher als Anspruch der pädagogischen Unternehmungen eines Betriebes notwendig und legitim. Die Planbarkeit betrieblicher Ausbildung kann sich daher nur auf jene Anteile von Wissensinhalten und Tätigkeitsabläufen beziehen, die sichtbar und überprüfbar sind. Die Fähigkeit z. B. zu reflexivem Lernen läßt sich daher nur aus beobachtbarem Verhalten ableiten, jedoch nicht vollständig bestimmen und noch weniger effektmaximiert lehren.

In diesem Aneignungsprozeß von Kenntnissen und Fertigkeiten wählt der einzelne aus der Fülle des Wissenswerten das seinen Bedürfnissen und Vorhaben Angemessene aus und integriert es in sein eigenes, unverwechselbares Fähigkeitsprofil, das seine Persönlichkeit ausmacht.

Dieses kritische reflexive Lernen kann als der allgemeinbildende Teil der beruflichen Ausbildung (und Weiterbildung) am Lernort

Betrieb bezeichnet werden. Die im Betrieb vorhandenen Ziele, Aufgaben, Bedingungen, Gegenstände und Personen bilden einerseits den Anlaß (und die Motivation) zur Zielerreichung, andererseits jedoch auch den Reibebaum, wobei der „harte Wind der Praxis" insbesondere von Jugendlichen als hart empfunden wird.

Die auf ein Individuum zukommenden Aufgaben verlangen eine Auseinandersetzung oder individuelle Anpassungsleistung. Die Erfüllung einer Aufgabe, das Funktionieren eines Produktionsprozesses, das Zusammenspiel wirtschaftlicher Abläufe fußt nicht allein auf der Beherrschung von Kenntnissen und Fertigkeiten, sondern auf der Fähigkeit und Bereitschaft, sich den gegebenen Bedingungen und Problemstellungen anzupassen, sie zu bewältigen und auszuhalten.

Diese Fähigkeit und Bereitschaft läßt sich kaum in einer schulischen Organisationsform vermitteln: Sie erwächst aus einer ständigen Tätigkeit, die manchmal recht undifferenziert als „learning by doing" bezeichnet wird und durch ihre Vielfalt bedingt nur in groben Zügen planbar ist.

Ausbildungsplanung in der Berufsschule

Die Aufgaben der Berufsschule sind im Schulorganisationsgesetz und in den bundeseinheitlichen Rahmenlehrplänen festgelegt. Es kann nicht geleugnet werden, daß es am Lernort Berufsschule wiederum um die Aneignung von interpersonal erfahrbaren Qualifikationen einerseits und um das obgenannte kritisch reflexive Lernen andererseits geht. Wiederum sind Ziele, Aufgaben, Bedingungen, Gegenstände und Personen als Anlaß und Widerstand zugleich vorhanden. Nur sind die Ziele dieser von der Öffentlichkeit getragenen Institution nicht primär auf Produkte und Dienstleistungen, sondern auf den Wissenserwerb ausgerichtet, wobei sich der Bildungsauftrag dem Primat der betrieblichen Bildungsarbeit insofern unterwirft, als in der Zielbestimmung von Förderung und Ergänzung der betrieblichen Ausbildung die Rede ist.

Die Zielbestimmung und organisatorische Anlage der Berufsschule ermöglichen eine formal einfachere Planung der Vermittlungstätigkeit. Dies darf nicht darüber hinwegtäuschen, daß sich das Eingehen auf die Individualität der Schüler um nichts leichter gestaltet als im Betrieb. Dafür müssen bereits in der Unterrichtsplanung Freiräume offengehalten werden. In diesen Freiräumen gelingt es auch, auf die bisherigen Lernerfahrungen der Lehrlinge in ihren Betrieben einzugehen und den Unterricht darauf abzustimmen. Leider muß oft die Erfahrung gemacht werden, daß der sturen Verfolgung einmal eingeschlagener Vermittlungsformen in der Berufsschule der Vorzug gegenüber einer flexiblen Unterrichtsform gegeben wird. Damit könnte Problemen gegenwärtig beklagter Stoffülle kurzfristiger begegnet werden als mit untauglichen Versuchen zur Lehrplanentrümpelung oder Propagierung des Projektunterrichtes. Die beschreibbaren Qualifikationsanteile der schulischen Lernbestrebungen bilden im dualen System einen mit der Berufspraxis verzahnten und nicht wegzudenkenden Sektor. Sie müssen sich daher an den wirtschaftlichen Erfordernissen ausrichten.

Exkurs: Berufsbildung und Allgemeinbildung

In der bildungspolitischen Diskussion wird vielfach unter jeden der beiden Begriffe so viel an interessenspolitischen Vorstellungen subsumiert, daß eine praktikable begriffliche Trennung zunehmend schwieriger wird.

Allgemeinbildung „ist nur z. T. formal zu bestimmen nach den heute nötigen und zu bewahrenden Fähigkeiten an handwerklichem Können, Kommunikation und divergentem Denken"[4], „Allgemeinbildung ist weder nur Elementarbildung als Beherrschung von Kulturtechniken noch nur formale Bildung noch nur musisch-kulturelle Freizeitpädagogik, sondern sie ist wesentlich eine identitäts- und lebensweltbezogene Menschenbildung"[5]. Berufsbildung verhilft zur Ausstattung des Menschen zur Tätigkeit in der Arbeitswelt. Sie schließt Allgemeinbildung mit ein und ist nicht auf einen bestimmten Lernort beschränkt.

BEWERTUNG DER LERNORTE

Schließlich muß auf einige gängige Ansichten eingegangen werden, die die Lernortproblematik betreffen:

Lernen am Arbeitsplatz

– Lernen am Arbeitsplatz kommt dem Entwicklungsstadium des Heranwachsenden entgegen;

---

[4]   SCHLUTZ, E. (Hrsg.): Erwachsenenbildung zwischen Schule und sozialer Arbeit, Bad Heilbrunn, 1983, S. 105.

[5]   SIEBERT, H.: Allgemeinbildung zwischen Identität und Beruf; in: Schlutz, E. (Hrsg.): Krise der Arbeitsgesellschaft – Zukunft der Weiterbildung; Frankfurt a. M., Diesterweg, 1985, S. 209.

- Lernen an Arbeitsaufgaben entspricht in besonderem Maße den Vorgängen beim Lernprozeß (Unmittelbarkeit);
- Lernen am Arbeitsplatz ist motivationsfördernd;
- Lernen am Arbeitsplatz führt unmittelbar zu den Zielen beruflicher Bildung;
- Lernen am Arbeitsplatz erleichtert den Praxisschock des Berufsanfängers und führt Schritt für Schritt zur Verantwortung;
- Lernen am Arbeitsplatz verstärkt die Effektivität des Fachunterrichtes der Berufsschule (nach *Göring, H.*[6]);
- Ausbildung am Arbeitsplatz verhilft zur realistischen Beurteilung von technischen Entwicklungen (technology assessment): sie zeigt nicht nur den Extremfall der vollen Ausschöpfung der Entwicklungsmöglichkeiten, sondern auch die vielen Zwischenstufen und Varianten, die denkbar sind. Zugleich wird aus dem täglichen Umgang mit vorhandenen Vorrichtungen, Handhabungsfolgen usw. erkannt, wo positive technische Möglichkeiten noch nicht genutzt wurden (z. B. Fehlersuche mit Hilfe sensorisch genauerer Geräte, Informationsbeschaffung bei Ersatzteilen durch Datenbanken usw.).

Zwischenbetriebliche Ausbildung

Diese Organisationsform, in der sich ein Lehrling an mehreren Lernorten außerhalb des Betriebes jene Fertigkeiten und Kenntnisse erwerben kann, die ihn befähigen, den erlernten Beruf entsprechend den Anforderungen in der beruflichen Praxis auszuüben und die in spezialisierten Betrieben nicht oder nur bedingt erwerbbar sind, könnte sich als eine sinnvolle Problemlösungsstrategie für die fallweise auftretenden Probleme der Lehrlingsausbildung erweisen. Zur Zeit wird dieses Bemühen rechtlich erschwert. Dabei bleibt maßgebliches Know-how einzelner Betriebe brachliegen, anstatt in einer Organisationsform für Lehrlinge aktiviert zu werden. Schließlich kann es sich bei der zwischenbetrieblichen Ausbildung nur um eine Form des Delegierens einer Ausbildungsleistung handeln, wie sie auch innerhalb eines Betriebes statthaft und sinnvoll ist. (Erfolgreich ist jenes Modell der Lehrbauhöfe, das die Betriebe um Mitteilung jener Ausbildungsinhalte ersucht,

---

[6] GÖRING, H.: Vorzüge des Lernens am Arbeitsplatz; in: Wirtschaft und Berufserziehung 8/84, S. 234.

die den Lehrlingen während ihres Aufenthaltes am Lehrbauhof in Kleingruppen vermittelt werden sollen.)

Lernen in den Berufsschulen

– Die Bildungs- und Lehraufgaben sind durch Lehrplanverordnung für jeden Unterrichtsgegenstand genau festgelegt; das Lernen erfolgt dadurch in systematischen, gut überlegten Lernschritten.
– Zusammenhänge zwischen einzelnen Fachfragen können durch Aufzeigen der theoretischen Grundlagen leichter faßlich gemacht werden.
– Der Lehrling erlebt beim Lernen noch einen gewissen „Schonraum"; Fehler, die er begeht, bleiben in der Regel ohne schwerwiegende Folgen.
– Der Lehrling erlebt die Zugehörigkeit zu einer Gruppe von Gleichaltrigen.
– Häufig wird die Ausbildung in der Schule als besser geeignet für die Erlangung der beruflichen Mobilität gehalten. Berufliche Mobilität muß als Konstrukt aus der gesamten bisher erlebten Wirklichkeit aufgefaßt werden. Damit schließt Mobilität die Elternhaus-, Kindheits-, Schul-, Freizeit- und Betriebserfahrungen mit ein. Die interpretative Rückführung beruflicher Mobilität allein auf die Bildungsleistungen der Schule stellt somit eine einseitige Sicht dar.

DIE AUSBILDUNG DER BETEILIGTEN LEHRENDEN

Berufsschullehrer

Berufsschullehrer erfahren seitens der Ausbildung zu dieser Tätigkeit eine zu anderen Lehrergruppen unterschiedliche Ausbildung: Als Eingangsqualifikation ist eine abgeschlossene Ausbildung (z. B. Meisterprüfung, Reifezeugnis) und eine mehrjährige facheinschlägige Praxis zu erbringen. Die Lehramtsausbildung endet nach mehrjähriger Unterrichtspraxis und enthält eine zweisemestrige Studienphase sowie mehrere seminaristische Veranstaltungen.

Lehrberechtigte und Ausbilder

Alle Lehrberechtigten und/oder Ausbilder (darunter sind nur solche nach § 3 BAG bestellte oder zu bestellende Ausbilder zu verstehen) müssen die Ausbilderprüfung erfolgreich abgelegt haben, sofern sie nicht unter die Übergangsbestimmungen fallen. Zur Ausbilderprüfung sind Personen zuzulassen, die entweder die erfolgreiche Ablegung der Lehrabschlußprüfung oder deren Ersatz und eine nachfolgende mindestens zweijährige berufliche Praxis oder eine mindestens fünfjährige fachbezogene Tätigkeit, die nicht eine Ausbildungstätigkeit sein muß, nachweisen. Letzterer Fall wird vor allem dort von Bedeutung sein, wo es keine Lehrabschlußprüfung gibt oder deren Ablegung für die Erlangung eines Befähigungsnachweises nicht erforderlich war. Die Ablegung der Prüfung erfolgt entweder vor einer Prüfungskommission, die der Landeshauptmann einzurichten hat oder als Prüfungsteil im Rahmen der Meisterprüfung oder anderer gewerberechtlicher Befähigungsprüfungen.

Prüfer bei Lehrabschlußprüfungen

Neben den gesetzlich vorgeschriebenen Voraussetzungen können in zunehmendem Maße Prüfer bei Lehrabschlußprüfungen den Besuch eines Prüferseminares nachweisen, in dem mittels Videotraining ein pädagogisch sinnvolles Prüferverhalten erworben wird.

ZUSAMMENFASSUNG

Zur Verbesserung des Verhältnisses von „Arbeiten" und „Lernen" kann eine Neubestimmung beider Begriffe unter Einbeziehung der Lernorte Schule und Betrieb beitragen. Hiezu ist eine andauernde Reflexion der Ziele der betrieblichen und schulischen Ausbildung vonnöten. Die Planbarkeit der Ausbildung kann sich sinnvoll nur auf jene Wissensinhalte und Tätigkeitsabläufe beziehen, die sichtbar und überprüfbar sind. Lernorte für die betriebliche Ausbildung treten insofern in Konkurrenz, als in ihnen das für die künftige Berufstätigkeit erforderliche Können pädagogisch und ökonomisch sinnvoller erworben werden kann.

Lehrlingsausbildung und Berufsbildung in Vollzeitschulen – der Versuch einer Positionsbestimmung

Werner John

ENTWICKLUNG

Die heute in Österreich angewendeten Formen beruflicher Bildung sind zu einem großen Teil aus der geschichtlichen Entwicklung zu erklären, wobei unter dem Begriff der beruflichen Bildung Wege zu verstehen sind, die den Absolventen die direkte Anwendung des Erlernten im Beruf ermöglichen. So gab es im Mittelalter neben der rein schulischen Bildung, die von den Klöstern vermittelt wurde, eine Berufsbildung, die von den damals bestehenden Handwerksgemeinschaften dominiert wurde (Meisterlehre). Bei dieser Meisterlehre erfolgte die gesamte Ausbildung im Betrieb und im Haushalt des Meisters. Erst viel später, ab dem 19. Jahrhundert, kam ein schulischer Unterricht hinzu, zuerst als Sonntagsunterricht, ab der zweiten Hälfte des 19. Jahrhunderts in der Form der sogenannten Fortbildungsschulen und ab dem Ersten Weltkrieg als Berufsschule. Diese Entwicklung führte zum dualen System der Berufsbildung, wie es heute besteht, nämlich aus

1. der betrieblichen Ausbildung im Lehrbetrieb und
2. dem Berufsschulbesuch, der die betriebliche Ausbildung ergänzt und für alle, die einen Lehrvertrag mit dem Ausbildungsbetrieb abschließen, verpflichtend ist (Pflichtschule).

Neben der Entwicklung dieses dualen Systems gab es in Österreich immer wieder Bestrebungen, schulische Einrichtungen zu schaffen, die eine volle Berufsbildung ermöglichen sollten. Hier boten sich vor allem Bereiche an, die in der heutigen Definition etwa den kunstgewerblich-bildnerischen Berufen entsprächen. Mit der ab dem Beginn des 19. Jahrhunderts einsetzenden Industrialisierung und der Entwicklung des modernen Verkehrs ergab sich ein zusätzlicher Bedarf an beruflichen Bildungseinrichtungen, es kam in der Folge an vielen Orten Österreichs zu Schulgründungen durch Vereine und Interessensverbände (gewerbliche Zeichenschulen, Fachschulen, Handelsschulen).

Nach dem Reformprogramm des Freiherrn von Dumreicher 1882 galten für diese Schulen schon jene Aufgaben, die für die berufsbildenden Vollzeitschulen auch heute vollgültig sind:

Vermittlung einer fundierten Allgemeinbildung gleichzeitig mit der vollen Ausbildung in den Berufen des jeweiligen Fachbereiches. Aus dieser Entwicklung resultieren die heute bestehenden berufsbildenden mittleren Schulen und die berufsbildenden höheren Schulen.

DIE DUALE BERUFSBILDUNG

Sie schließt an die 9. Schulstufe an, die Zielsetzung ist die Ausbildung zu einem Lehrberuf. Der betriebliche Teil der Ausbildung ist durch das Berufsausbildungsgesetz aus dem Jahre 1969, die Berufsschule durch die Bestimmungen des Schulorganisationsgesetzes ab 1962 geregelt.

Die Lehrberufe und die Ausbildungsdauer sind durch die Lehrberufsliste festgelegt, die Ausbildung in den Betrieben ist durch die Vorschriften der Berufsbilder vorgegeben.

Die Berufsschule hat die Aufgabe, in einem berufsbegleitenden, fachlich einschlägigen Unterricht die grundlegenden theoretischen Kenntnisse zu vermitteln, die betriebliche Ausbildung zu fördern und zu ergänzen sowie die Allgemeinbildung zu erweitern. Sie wird in folgenden Organisationsformen geführt:

- als ganzjährige Berufsschule mit mindestens einem vollen Schultag oder mindestens zwei halben Schultagen in der Woche oder
- als lehrgangsmäßige Berufsschule mit einem in jeder Schulstufe mindestens acht Wochen umfassenden Lehrgangsunterricht oder
- als saisonmäßige Berufsschule mit einem auf die bestimmte Jahreszeit zusammengezogenen Unterricht (meist zwei Schultage je Semester pro Schuljahr).

Die Dauer der Berufsschulzeit entspricht der Ausbildungszeit entsprechend der Lehrberufsliste:

zwei Jahre zirka 18 % der Lehrberufe,

drei Jahre zirka 68 % der Lehrberufe,

dreieinhalb Jahre zirka 14 % der Lehrberufe.

Hinzu kommt noch ein Lehrberuf (Zahntechniker) mit einer Ausbildungsdauer von vier Jahren.

Die Unterrichtszeit in der Berufsschule beträgt bei den meisten Lehrberufen 360 Unterrichtsstunden (Unterrichtseinheiten) für die Pflichtgegenstände in jeder Schulstufe (in jedem Ausbildungsjahr).

Die duale Berufsbildung wird von nur etwas weniger als der Hälfte der jungen Österreicher absolviert, die die allgemeine Pflichtschule verlassen. Der Abschluß erfolgt durch das Ablegen der Lehrabschlußprüfung.

Für den Bereich der Berufe in der Land- und Forstwirtschaft besteht ein ähnliches System: dreijährige Lehre in einem anerkannten Lehrbetrieb, verbunden mit einem Besuch einer land- und forstwirtschaftlichen Berufsschule.

DIE BERUFSBILDENDEN VOLLZEITSCHULEN

Berufsbildende mittlere Schulen

a) Gewerbliche, technische und kunstgewerbliche Fachschulen (meist vierjährig, einige dreijährige);

b) Handelsschulen (dreijährig);

c) Fachschulen für wirtschaftliche Frauenberufe (dreijährig, Hauswirtschaftsschule zweijährig, Haushaltsschule einjährig);

d) Fachschulen für Sozialberufe (ein- bis dreijährig);

e) Sonderformen der in a) bis d) genannten Arten.

Berufsbildende höhere Schulen (fünfjährig, mit Ausnahme der Sonderformen)

a) Höhere technische und gewerbliche Lehranstalten;

b) Handelsakademien;

c) Höhere Lehranstalten für wirtschaftliche Frauenberufe;

d) Sonderformen der in a) bis c) genannten Arten.

Akademie für Sozialarbeit

Daneben gibt es für den Bereich der Land- und forstwirtschaftlichen Berufe

a) land- und forstwirtschaftliche Fachschulen (zwei- bis dreijährig);

b) Höhere land- und forstwirtschaftliche Schulen (fünfjährig).

Die berufsbildenden mittleren und höheren Schulen schließen an die achte Schulstufe an. Die mittleren Schulen haben die Aufgabe, den Schülern jenes fachliche Wissen und Können zu vermitteln, das diese unmittelbar zur Ausübung eines Berufes auf gewerblichem, technischem, kunstgewerblichem, kaufmännischem, wirtschaftlich-frauenberuflichem oder sozialem Gebiet befähigt. Zugleich haben sie die erworbene Allgemeinbildung in einer der künftigen Berufstätigkeit des Schülers angemessenen Weise zu erweitern und zu vertiefen. Für die berufsbildenden höheren Schulen gilt die Aufgabe, den Schülern eine höhere allgemeine und fachliche Bildung zu vermitteln, die sie zur Ausübung eines gehobenen Berufes auf technischem, gewerblichem, kunstgewerblichem, kaufmännischem oder wirtschaftlich-frauenberuflichem Gebiet befähigt und die Schüler zugleich zur Hochschulreife zu führen. Die Ausbildung wird durch die Reifeprüfung abgeschlossen. Absolventen von Höheren technischen und gewerblichen Lehranstalten ingenieurmäßiger Fachrichtungen erlangen ebenso wie die Absolventen der Höheren land- und forstwirtschaftlichen Lehranstalten (mit Ausnahme der Höheren Lehranstalten für landwirtschaftliche Frauenberufe), sofern sie nach der Reifeprüfung eine mindestens dreijährige einschlägige Praxis, die höhere Fachkenntnisse voraussetzt, abgeschlossen haben, die Berechtigung zur Führung der Standesbezeichnung Ingenieur.

Schülerzahlen 1984/85:	
Berufsbildende Schulen gesamt	372.518
Berufsschulen (1983/84)	177.783
Land- und forstwirtschaftliche Berufsschulen	3.840
Berufsbildende mittlere Schulen	96.459
(davon land- und forstwirtschaftliche Schulen)	(35.430)
Berufsbildende höhere Schulen	93.828
(davon land- und forstwirtschaftliche Schulen)	(3.385)
Berufsbildende Akademien	608

Besonders herauszuheben in den Aufgaben der berufsbildenden Vollzeitschulen sind die Hinweise „...unmittelbar zur Ausübung eines Berufes..." bei den mittleren und „...sie zur Ausübung

76

eines gehobenen Berufes...befähigt..." bei den höheren Schulen. Dies sagt nämlich zweifelsfrei aus, daß die berufliche Ausbildung vollständig sein muß, das heißt sie muß an dem einen Ausbildungsort „Schule" alles in entsprechender Bildungshöhe umfassen, das im dualen System an zwei Ausbildungsorten (im Lehrbetrieb und in der Berufsschule) vermittelt wird. Die Schulen werden daher nach Lehrplänen geführt, die einen gewissen Kanon allgemeinbildender Unterrichtsgegenstände enthalten und berufsbezogen in fachtheoretischen und fachpraktischen Pflichtgegenständen die umfassende Berufsbildung gemäß den oben angeführten Zielen sicherstellen. Dies bedeutet jedoch in weiterer Folge, daß an diesen Lehranstalten neben den Unterrichtsbereichen, die für alle anderen Schulen charakteristisch sind, zusätzlich spezielle Werkstätten, Laboratorien, Küchenanlagen, Lehrbüros und dergleichen mehr als wesentliche Bestandteile vorgesehen werden müssen. Hiefür ist neben höheren Investitionskosten ein auch wesentlich höherer Aufwand für neuzeitliche gerätemäßige und maschinelle Ausstattung und für den Betrieb erforderlich. Ebenso ist die Zahl der Lehrer größer, da zu den Lehrern des allgemeinen Bereiches die des fachlichen Unterrichts hinzukommen.

DARSTELLUNG DER CHARAKTERISTIKA DER BEIDEN GRUNDSÄTZLICHEN SYSTEME

Duales Berufsbildungssystem

Der berufsbezogen praxisorientierte Teil der Ausbildung erfolgt im Ausbildungsbetrieb. Als Betrieb gilt in einer Marktwirtschaft eine Wirtschaftseinheit zur Kombination von Produktionsfaktoren zur Erstellung von Sachgütern und/oder zur Bereitstellung von Dienstleistungen (siehe *Dr. Piskaty;* Erziehung und Unterricht 4/83). Daß dieser Betrieb generell nach wirtschaftlich-ökonomischen Gesichtspunkten zu führen ist, braucht wohl nicht besonders hervorgehoben zu werden. In diesen Betrieben werden die Lehrlinge gemäß den Vorschriften und Festlegungen der Berufsbilder für den speziellen Lehrberuf herangebildet. Als großer Vorteil dieser Sparte der Berufsausbildung ist unbedingt der unmittelbare Praxisbezug vom ersten Tag bis zum Abschluß der Ausbildungszeit anzusehen. Sicherlich ist jedoch auch anzunehmen, daß in Aufbau und Abfolge der Unterweisung neben dem Berufsbild auch die betrieblichen Notwendigkeiten eines Produktions- oder Dienstleistungsbetriebes sehr starken Einfluß ausüben werden.

Neben diesem demnach auch von den speziellen Betriebsgegebenheiten beeinflußten Ausbildungsteil hat die Berufsschule die Aufgabe, im fachlichen einschlägigen Unterricht die grundlegenden theoretischen Kenntnisse zu vermitteln, die betriebliche Ausbildung zu fördern und zu ergänzen und die Allgemeinbildung zu erweitern. Hiefür steht ihr etwa ein Fünftel bis ein Viertel der gesamten Ausbildungszeit zur Verfügung.

Das Zusammenwirken beider Ausbildungsstätten wird durch die Koordination der Berufsbilder und der Berufsschullehrpläne angestrebt und größtenteils auch erreicht.

Jedenfalls stellt die Abstimmung beider Bereiche aufeinander ein wesentliches Element zur weiteren Verbesserung der Lehrlingsbildung dar. An die Berufsschule werden in den letzten Jahren jedoch auch immer wieder zusätzliche neue Anforderungen gestellt, z. B. die Forderung, auf dem Wege über diese Schule auch modernste Techniken und wichtige allgemeine Bildungsbereiche zusätzlich in der Ausbildung sicherzustellen, wie Informatik und elektronische Datentechnik (in den allgemeinen Grundlagen und berufsbezogen) sowie die Weiterführung eines – berufsbezogenen – Unterrichts in modernen Fremdsprachen. Auch die Einführung eines Pflichtgegenstandes „Leibesübungen" wird für die jungen Besucher der Berufsschule gefordert.

Eine völlige Erfüllung all dieser sicherlich berechtigten Wünsche in der jetzt zur Verfügung stehenden Berufsschulzeit wird nicht möglich sein, Gespräche über eine daraus zu folgende Erweiterung der Zeit für den Berufsschulbesuch ergaben bis dato leider noch keine echten Fortschritte.

Eine weitere Aufgabe stellt sich der Berufsschule als Teil der dualen Berufsbildung in der Erfüllung aller Bemühungen, die Bildungsbereitschaft und die Weiterbildungsmöglichkeiten der Lehrlinge und der Facharbeiter zu verbessern. Diesem Ziele dienen die schulversuchsweise erprobten und nunmehr als Regelfall geführten zwei Leistungsgruppen in einigen wichtigen Unterrichtsgegenständen der Berufsschule und die Einführung von Formen des Förderunterrichtes ebenso wie die verbesserten Einstiegsmöglichkeiten in Sonderformen höherer berufsbildender Schulen (Überleitungslehrgänge oder Vorbereitungsstufen, Lehrplangruppen in Kombination von Stufenmodellen weiterführender Berufsbildung, Aufbaulehrgänge und Speziallehrgänge).

Unter besonderer Beachtung der Komplexität der Berufswelt und damit der Anforderungen an die Berufsbildung sind alle Möglichkeiten einer Weiterbildung, vor allem auch in möglichen Formen eines Stufenbaues weiter zu verfolgen. Überleitungs- und Einstiegsformen, die erst nach der Lehrabschlußprüfung besucht werden konnten, erwiesen sich in diesem Zusammenhang als wenig attraktiv, wenn sie auch dem bisher unbestrittenen Schema entsprachen, daß erst erfolgreiche Abschlüsse von Vorstufen die entsprechenden Berechtigungen zum Aufstieg in höhere Formen bringen können. Es sollte demnach überlegt werden, diese Überleitungen durch aufgelockerte Formen (eventuell auch mit Fernunterricht, zum Teil auch schon während der dualen Ausbildung) zu verbessern.

Berufsbildende mittlere und höhere Schulen

Wie in den vorherigen Absätzen dargestellt, wird die gesamte Ausbildung in der Schule vermittelt. Soweit es sich hiebei um Berufe handelt, die der Lehrberufsliste gemäß Berufsausbildungsgesetz entsprechen, erfolgt die formelle Anerkennung der Berufsausbildung bzw. die gänzliche oder teilweise Anrechnung der Ausbildungszeit durch eine Verordnung des Bundesministers für Handel, Gewerbe und Industrie (gemäß § 28 des Berufsausbildungsgesetzes). Hiebei wird die Erfüllung der Ausbildungserfordernisse, wie sie im Berufsbild festgelegt sind, im Lehrplan der jeweiligen Schule oder Fachrichtung beurteilt. Andere Gesichtspunkte sollten jedoch in diesen Vergleich keineswegs einbezogen werden, keinesfalls sollte es zu einer Polarisierung zwischen der dualen und der schulischen Berufsausbildung kommen, wie es zumindest in Ansätzen anläßlich der Diskussionen über die letzte Novelle der oben genannten Verordnung festgestellt werden mußte. In diesem Zusammenhang sei auch der Hinweis gestattet, daß alle berufsbezogenen Ausbildungsbereiche in der Schule nur auf das Bildungsziel bezogen geführt werden können und auf keine marktwirtschaftlichen, ökonomischen oder produktionsorientierten Randbedingungen, wie solche selbstverständlich für den Ausbildungsbetrieb bestehen, Rücksicht nehmen müssen. Diese ausschließlich auf das vorgegebene Ziel geführte Unterweisung gestattet ohne Zweifel eine vollständige Nutzung der zur Verfügung stehenden Ausbildungszeit.

Die Lehrpläne der berufsbildenden mittleren und höheren Schulen stellen jeweils einen Rahmen dar, der vor allem eine möglichst gediegene Grundausbildung sichert, auf der dann eine gezielte Fachorientierung aufbauen soll. Es liegt vor allem an den Lehrern, die an den Schulen unterrichten, aufgrund ihrer Berufserfahrung und der Lehrerfortbildung immer wieder die zeitgemäßen Techniken und wirtschaftlichen und wissenschaftlichen Entwicklungen in den Unterricht einfließen zu lassen, wobei speziell der Lehrerfortbildung in diesem Zusammenhang immer größere Bedeutung zukommt.

Selbstverständlich ist dies nur möglich, wenn der Schulerhalter – bei einem Großteil dieser Schulen ist das die öffentliche Hand, nämlich der Bund – in der Ausstattung der Lehranstalten alle Entwicklungen verfolgt und berücksichtigt. Der gelungene Einbau der EDV an den kaufmännischen und den technischen Schulen ist ein gutes Beispiel dafür. Ähnliches gilt schon bisher für andere moderne elektronisch gesteuerte Maschinen und Geräte.

Von Zeit zu Zeit sind über das oben Angeführte hinausgehend Lehrplannovellen erforderlich bzw. müssen neue moderne Fachrichtungen erprobt werden, um z. B. die Probleme der Steuerungs- und Regeltechnik, der Automatisierung, des Umweltschutzes und des Denkmalschutzes in die Ausbildung bestimmend mit einzubeziehen, wobei jedoch gewisse Bedenken gegen eine zu frühe und zu sehr ins Detail gehende berufliche Spezialisierung nicht übersehen werden sollten.

Abschließend sei noch gestattet auf ein Argument einzugehen, das immer wieder beim Vergleich der dualen mit der schulischen Ausbildung verwendet wird. Es wird oft behauptet, daß der Absolvent der dualen Ausbildung nach seiner Lehrabschlußprüfung ohne weitere Maßnahmen in den Betrieb einbezogen werden kann und an seiner Arbeitsstelle sofort verwendbar ist und daß demgegenüber bei den Absolventen schulischer Berufsausbildung relativ lange Einschulungszeiten notwendig wären. Hiezu ist festzustellen, daß künftig in immer stärkerem Maße Ein- und Weiterschulungen von Mitarbeitern notwendig werden und daß es nicht Aufgabe der Schule sein kann, für eine ganz spezielle Verwendung zu trainieren, sondern mit möglichst breiter Grundlage ausgestattete, flexible Absolventen heranzubilden.

Die vorliegenden Zeilen sollten nicht als ein Versuch angesehen werden, Wertungen für die beiden Berufsbildungsbereiche aufzustellen. Der Verfasser wünscht sich vielmehr, daß es mit diesem Aufsatz gelingt, einige Probleme aufzuzeigen und hinzuweisen, wo in der nächsten Zeit Ansatzpunkte für eine echte Weiterentwicklung gesehen und diskutiert werden sollten.

Die Berufsschule —
Partner des Lehrbetriebes

Reinhard Horner

Die Heranbildung von Berufspersönlichkeiten durch die Bildung von Kopf, Herz und Hand (oder wie derselbe pädagogische Stammvater später gesagt hat: von Herz, Geist und Tat) ist und bleibt Ziel von Berufsschule und Lehrbetrieb. Es geht um Menschen, die befähigt und willens sind, ihre Arbeit als Beruf auszuüben und ihr Leben mit dem jeweils ergriffenen Beruf zu gestalten. Dazu soll das Lernen im Lehrberuf als Startberuf entfaltungsfähige Grundlagen legen, also auch personal begründete Mobilitäten im Auge haben. Um irgendeiner bloß funktional nützlichen Austauschbarkeit willen diese vornehmlich berufliche Primärbildung ins Allgemeine zu verflüchtigen, wäre ein falscher und pädagogisch kaum noch tragfähiger Weg, insbesondere für diese Jugendlichen, wie sie sind, sein können und werden sollen.

Bloß Lippenbekenntnisse zu einem entfaltungsfähigen Dualsystem abzugeben und in Wahrheit entweder nur erstarrte Nützlichkeiten zu verfolgen oder ein ersetzendes Wollen zu verschleiern, das könnte auf die Dauer nur gründlich zerstörend wirken.

Das System (der Prozeß) der dualen Berufsbildung der Lehrlinge

Die duale Berufsbildung baut auf der allgemeinen Grundbildung oder, in der Praxis, auch auf vielerlei anderen Vorbildungen auf, bietet einen Lernabschnitt, der sich auf die berufliche Primärbildung in einem Lehrberuf als Startberuf konzentriert und hat zu weiterführenden Bildungswegen — mit aufbauenden Schritten sowie in permanenter „Fortbildung" — hinzuleiten. Ein zeitgemäßer Ersatz für die einstige „Wanderschaft" ist trotz einiger Bemühungen noch nicht entwickelt worden. Heute haben wir mit einer Vielfalt weiterer Entfaltungswege zu rechnen, wovon etliche nur durch Praxis, andere weiterhin dual und wieder andere ausschließlich durch Schulbildung verlaufen.

Das System der dualen Berufsbildung der Lehrlinge als induktiver Lernabschnitt und Bildungsprozeß

3. aufbauende Bildungsschritte zur Breite und Tiefe in beruflichen Mobilitäten und persönlicher Entfaltung;
Fortbildung:

praktisch / weiterhin dual / schulisch

Fachbildung vertiefen und erweitern

2. Lehr- und Berufsschulzeit als Abschnitt primärer Berufsbildung mit dem Schwergewicht im ausübenden Erfahrungslernen im gewählten Lehrberuf als Startberuf.

„Ihre Allgemeinbildung erweitern"

1. Grundbildung („Elementarbildung" und „grundlegende Allgemeinbildung") sowie
andere (höhere) Vorbildungen

Der Bildungsabschnitt der Lehr- und Berufsschulzeit (und der gesamte Bildungsprozeß) folgen der induktiven Lernmethodik: vom Besonderen und Konkreten zum Allgemeinen und Abstrakten. Da die Lehrzeit den Umkreis der Bildungsinhalte – im gelungenen Fall in exemplarischer Stärke – auf den Lehrberuf konzentriert und somit einschränkt, stehen die Vertiefung und Erweiterung der Fachbildung sowie die Erweiterung der Allgemeinbildung als wichtige Probleme an.

Die Aufgabenstellung für die Berufsschule in der Neufassung des § 46 SchOG liefert dazu bereits entscheidende Anweisungen. Umgekehrt dürfen wir diesen Lernabschnitt selbstverständlich nicht mit Aufgaben überfrachten und den Lernerfolg nicht generell ungebührlich erschweren. Praktisch bedeutet das:

– Die für alle Lehrlinge in ihrem Lehrberuf verbindlichen und einheitlich berechtigungsgültigen Normanforderungen sollen sich im Rahmen des für die überwiegende Mehrheit Erforderlichen und Zuträglichen halten.

– Den Bedürfnissen der (aus welchem Grund immer) Lernstärkeren und Lernschwächeren ist zusätzlich durch leistungsdifferenzierte Förderungen Rechnung zu tragen, durch solche inhaltlicher Art (zusätzliche Bildungsangebote) für Lernstärken beziehungsweise durch Maßnahmen methodischer Art bei Lernschwächen.

Das ist mit der leistungsdifferenzierten Förderung („LDF") durch zwei Leistungsgruppen in bis zu drei Pflichtgegenständen gemäß 7. SchOG-Novelle 1982 nunmehr auch innerhalb der normalen Unterrichtszeit gestellt. Vordem waren zusätzliche Bildungsangebote lediglich durch Freigegenstände in zusätzlicher Unterrichtszeit möglich. Die pädagogische Richtlinie der neuen Bestimmungen ist vollauf zutreffend: Von den beiden Leistungsgruppen „hat eine Leistungsgruppe die zur Erfüllung der Aufgabe der Berufsschule notwendigen Erfordernisse zu vermitteln" und zwar mit bestmöglicher methodischer Förderung zu den folgenden drei Zielen:

1. Wenigstens positiver Lernerfolg (ehrliches Genügend);
2. darüber hinaus möglichst guter Lernerfolg in den Normanforderungen und
3. nach Möglichkeit auch Hinleitung zu weiterführenden Bildungsangeboten.

„Die andere Leistungsgruppe" (nicht „höhere"!) „hat" darüber hinaus „ein erweitertes oder vertieftes Bildungsangebot zu vermitteln".

Dies zu drei Zielen aus der Weiterbildung:
1. „Die berufliche Mobilität des Schülers erhöhen";
2. „seine fachliche Weiterbildung erweitern" und
3. „das Streben nach höherer Qualifikation fördern".

In den organisatorischen und administrativen Regelungen bestehen allerdings Ungereimtheiten und Ungerechtigkeiten, die ehestens behoben werden sollten. Dazu könnte die fällige Gesamtauswertung der Schulversuche an Berufsschulen unmittelbar Veranlassung geben. Sowohl bei den Freigegenständen als auch bei der Leistungsgruppe mit zusätzlichen Bildungsangeboten fehlt übrigens noch die Anbindung an weiterführende Bildungsschritte mit Hilfe angemessener zusätzlicher Berechtigungen. Die „LDF" ist jedenfalls notwendig und chancenreich.

Die duale Berufsbildung ist in ihrem begründenden Ansatz deswegen dual (zweiartig), weil sie die beiden Arten des menschlichen Lernens verknüpft. Sie hat das schon in der alten Meisterlehre ge-

Die fünf wesentlichen Dualitäten des Dualsystems erweisen die Partnerschaft als Problem und als Aufgabe

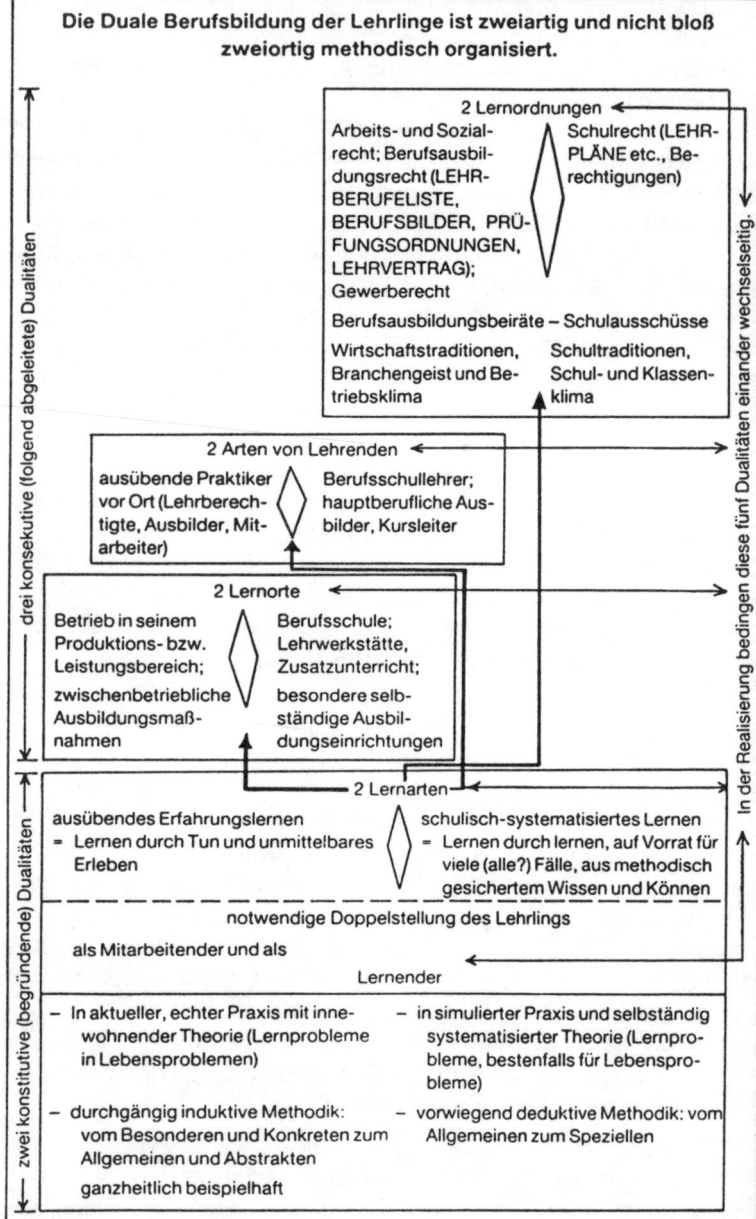

Die Duale Berufsbildung der Lehrlinge ist zweiartig und nicht bloß zweiortig methodisch organisiert.

2 Lernordnungen

Arbeits- und Sozial-recht; Berufsausbil-dungsrecht (LEHR-BERUFELISTE, BERUFSBILDER, PRÜFUNGSORDNUNGEN, LEHRVERTRAG); Gewerberecht

Schulrecht (LEHR-PLÄNE etc., Be-rechtigungen)

Berufsausbildungsbeiräte – Schulausschüsse

Wirtschaftstraditionen, Branchengeist und Be-triebsklima

Schultraditionen, Schul- und Klassen-klima

2 Arten von Lehrenden

ausübende Praktiker vor Ort (Lehrberech-tigte, Ausbilder, Mit-arbeiter)

Berufsschullehrer; hauptberufliche Aus-bilder, Kursleiter

2 Lernorte

Betrieb in seinem Produktions- bzw. Leistungsbereich; zwischenbetriebliche Ausbildungsmaß-nahmen

Berufsschule; Lehrwerkstätte, Zusatzunterricht; besondere selb-ständige Ausbil-dungseinrichtungen

2 Lernarten

ausübendes Erfahrungslernen = Lernen durch Tun und unmittelbares Erleben

schulisch-systematisiertes Lernen = Lernen durch lernen, auf Vorrat für viele (alle?) Fälle, aus methodisch gesichertem Wissen und Können

notwendige Doppelstellung des Lehrlings

als Mitarbeitender und als

Lernender

– In aktueller, echter Praxis mit inne-wohnender Theorie (Lernprobleme in Lebensproblemen)

– in simulierter Praxis und selbständig systematisierter Theorie (Lernpro-bleme, bestenfalls für Lebenspro-bleme)

– durchgängig induktive Methodik: vom Besonderen und Konkreten zum Allgemeinen und Abstrakten ganzheitlich beispielhaft

– vorwiegend deduktive Methodik: vom Allgemeinen zum Speziellen

(linker Rand:) drei konsekutive (folgend abgeleitete) Dualitäten

(linker Rand unten:) zwei konstitutive (begründende) Dualitäten

(rechter Rand:) In der Realisierung bedingen diese fünf Dualitäten einander wechselseitig.

tan, die Erfindung der Berufsschule hat diese grundlegende Dualität lediglich weiter entfaltet und gewissermaßen verschärft. Die notwendige Doppelstellung des Lehrlings als Lernender und als Mitarbeitender reicht übrigens weit in das ausübende Erfahrungslernen im Lehrbetrieb hinein und hat starke Auswirkungen auf Inhalte und Methoden in der Berufsschule.

Nich wo, sondern was und wie gelernt wird, bleibt entscheidend. Die Anzahl der Lernorte im herkömmlichen Verständnis ist an und für sich unerheblich. Werksberufsschulen vereinigen die Lernorte am jeweiligen Betriebsstandort. Sonderformen der industriellen Ausbildung finden mit ihrer Unterweisung in Lehrwerkstätten während kürzerer oder längerer Abschnitte ohne das ausübende Erfahrungslernen in der produktiven Praxis ihr Auslangen. Wird daneben eine Berfsschule außerhalb des Betriebes besucht, so liegen zwar äußerlich zwei Lernorte vor, aber in beiden erfährt der Lehrling gleichermaßen eine schulisch-systematisierte Heranbildung. Er lernt nicht oder noch nicht dual, sondern eben nur monoral. In solchen Ausbildungsformen ist längst eine sehr große „Erweiterung der Berufsschulzeit" eingetreten, nur ist sie eben „am Lernort Betrieb" geschehen. Ausweitungen der Lernsystematik gibt es auch im gewerblichen Bereich, wenn dort innerhalb der betrieblichen Arbeitszeit Kurse und ähnliche Ausbildungsmaßnahmen zu absolvieren sind, gleichgültig unter welcher Trägerschaft.

Jedenfalls gibt es keine „triale Berufsbildung". Weitere Lernorte fügen dem System nichts Wesentliches hinzu. Möglicherweise brächten sie junge Menschen um gute Chancen, mit erziehlichen Erfolgen engere persönliche Beziehungen zu fassen und Geborgenheit und Sicherheit zu erlangen.

Es wird immer wichtiger, ergänzende, verbindende, umschichtende und ersetzende Maßnahmen zu unterscheiden.

Noch etwas Wichtiges läßt sich aus der Rückführung der Dualitäten auf das Wesentliche ablesen: Der Lehrbetrieb ist primär danach zu beurteilen, wie dort das ausübende Erfahrungslernen in echter Praxis gelingt. Die Berufsschule bleibt dagegen an ihrer Lernsystematik zu messen. Völlig verkehrt wäre es, im Betrieb die Systematik und systematische Lerneinrichtungen und in der Berufsschule die Praxis zu urgieren. Auch derartige Zuordnungen: der Lehrbetrieb sei nur für praktische Arbeit und die Berufsschule nur für die Theorie zuständig, liegen reichlich schief. Die Berufsschule kann alles vermitteln, was sich in Theorie und praktischer

Arbeit schulisch systematisierend erzielen läßt. Sie kann auch echte Praxis simulieren. Ausübendes Erfahrungslernen können ausschließlich Lehrbetriebe in ihrem Produktions- bzw. Leistungsbereich bieten, in echten Lehrberufen und deren konkreten Verwandtschaften, nicht in konstruierten „Flächenberufen". Die dringend nötige Verbesserung des Zusammenwirkens der Dualitäten kann nur aus der jeweils eigentümlichen Stärke und mit dementsprechender Verteilung der Aufgaben gelingen. Dazu sind wechselseitig alle Möglichkeiten zum Gespräch auszuschöpfen. Die Vereinigung der Zweiheiten muß letztlich immer beim Lernenden zustande kommen. Er darf kein Zerrissener werden. Zwiespältigkeiten, wie im fruchtlosen Streit bloß um die Lernorte oder im taktischen Ringen um Macht und Einfluß, sollten wir im Interesse unserer Lehrlinge und um ihrer künftigen Lebensleistungen willen nicht mehr aufkommen lassen.

Einige duale Fakten und daraus folgende Probleme

Durch den aufrechten Lehr- oder Ausbildungsvertrag wird bestimmt, wer, wo und in welchem Lehrberuf auszubilden ist. Jeder Lehrling ist kraft Schulpflichtgesetz sogleich berufsschulpflichtig, das heißt: Die zuständige Berufsschule hat ihn — berufs- und sprengelzugehörig — aufzunehmen und ihn so, wie er kommt, nach besten Kräften lehrplanmäßig zu unterweisen und zu fördern. Die Berufsschule hat also keinerlei Auswahl zu treffen, und damit verbindet sich das Problem, welchen Sinn das in der Berufsschule bisweilen unvermeidliche Durchfallen und Repetieren hat, wenn die Lehrausbildung doch dem Berufsbild gemäß weitergeht. Nach den Schulgesetzen und unter der Verwaltungskompetenz der Landesschulräte bzw. des Bundesministeriums für Unterricht, Kunst und Sport gibt es in Österreich 198 Berufsschulen (davon 9 private) mit rund 4.200 Berufsschullehrern. Rund 55 % der Berufsschulen werden lehrgangsmäßig und rund 45 % ganzjährig geführt. Saisonmäßige Berufsschulen gibt es nur noch in sehr geringfügigem Ausmaß. Von den etwa 150 Lehrplänen für einzelne Lehrberufe oder für Lehrberufsgruppen sehen bundesweit 5 und darüber hinaus länderspezifisch 6 eine erweiterte Berufsschulzeit vor. Bei den lehrgangsmäßigen Berufsschulen haben auch die Berufsschulinternate großen Anteil an der Erziehungs- und Bildungsarbeit für die Lehrlinge. Deshalb wirken vielfach Berufsschullehrer auch als Internatserzieher und Berufsschuldirektoren als pädagogische Leiter.

Für die Berufsschullehrer sehen die Anstellungsbedingungen für alle drei Fachgruppen (I für Politische Bildung und Betriebswirtschaftlichen Unterricht, II für den fachtheoretischen Unterricht und III für den fachpraktischen Unterricht) nebst der einschlägigen Matura oder der abgeschlossenen Berufsausbildung verpflichtend mindestens 2 bzw. 4 Jahre einschlägige Berufspraxis vor. Ihre Lehramtsausbildung erhalten die Berufsschullehrer, die in der Regel zunächst vertraglich eingestellt werden, im ersten Abschnitt zwei Jahre hindurch berufsbegleitend am Pädagogischen Institut des jeweiligen Bundeslandes und danach zwei Semester vollzeitlich an einer der vier Berufspädagogischen Akademien in Graz, Innsbruck, Linz oder Wien. Dort haben sie auch ihre Lehramtsprüfung abzulegen. Die pädagogischen Institute, zumeist mit einer eigenen Abteilung für Berufsschullehrer, besorgen aber vor allem eine intensive und, den ungemein differenzierten Anforderungen entsprechend, sehr reichhaltige Fortbildung. Quantitativ dürfte diese Fortbildung kaum noch gesteigert werden können, ohne den Schulbetrieb zu gefährden. Gewisse Probleme bestehen bei Eigeninitiativen, Auslandsaufenthalten und bezüglich ausgedehnter Betriebspraktika.

Die Auswahl und die unterrichts- und erziehungspraktische Einschulung der Neulehrer ist eine sehr verantwortungsvolle Aufgabe für die Direktoren und die Kollegenschaft an den einzelnen Schulen. Die Neulehrer müssen frühzeitig zur Selbsteinschätzung gelangen, ob das der für sie geeignete Beruf ist. Im besonderen ist heute darauf Bedacht zu nehmen, daß bei den Bewerbern ausreichende pädagogische Motive wirksam sind und nicht irgendwelche Wirtschaftsflüchter — mit oder ohne Sendungsbewußtsein — ein gesichertes Betätigungsfeld suchen.

Die Berufsschullehrer sind Landeslehrer. Die Personalkosten werden zur Hälfte vom Bund refundiert. Für die Schulerhaltung, also für die Baulichkeiten, die Ausstattung und den laufenden Sachaufwand, haben die Bundesländer allein aufzukommen. Daß von den meisten Ländern großartige Investitionen für Berufsschulen getätigt worden sind, dürfte hinlänglich bekannt sein. Einige Schwachstellen mit merklichem Nachholbedarf bestehen leider auch noch. Für die Zukunft werden — vor allem im Zuge der Einführung neuer Technologien — weitere beträchtliche Investitionen erforderlich sein. Manche Beiträge aus der Wirtschaft, seitens der Gewerkschaft oder der Arbeiterkammer haben in angespannten Finanzierungssituationen zusätzliche Hilfen gebracht. Weitere

Fortschritte in der Berufsschule — sowohl im pädagogischen Bereich, wie etwa bei der Senkung der Klassenschülerhöchstzahlen (derzeit lt. letzter SchOG-Novelle: 33) und der Teilungszahlen, als auch bei Baulichkeiten und Ausstattung — werden in Zukunft sehr stark von der jeweiligen Finanzgebarung der Bundesländer abhängen.

Stärker als verschiedene politisch-ideologische Gruppen üben die Sozialpartner (über das Begutachtungsverfahren hinaus) auf die Rechtsordnung und die Vollziehung des Dualsystems bestimmende Einflüsse aus. Öffentliche Aktionen der Gewerkschaften und der Unternehmervertretungen finden oft durch die Massenmedien Verbreitung. Auch die einschlägigen Gesetzinitiativen werden im Schoß der Sozialpartnerschaft ausgehandelt. Eine just in dem die Berufsschule betreffenden Teil (im Inhalt und den Folgen nach) unrühmliche Ausnahme bildete freilich die KJBG-Novelle 1982.

Die Gewerkschaft der Berufsschullehrer arbeitet seit Jahren auf zwei Ebenen, nämlich einerseits für die Interessenvertretung der Berufsschullehrer und andererseits in objektiver Weise für pädagogische Entwicklungen der Berufsschule und des Systems der dualen Berufsbildung.

Alles in allem führt die Berufsschule — sowohl im Dualsystem als auch im Gesamtzusammenhang des österreichischen Bildungswesens — noch ein viel zu isoliertes Dasein. In Betrachtungen über das Bildungssystem und in diesbezüglichen Statistiken finden sich die Lehrverhältnisse mitunter immer noch „als unmittelbarer Eintritt in das Berufsleben" aus den weiterführenden Bildungsgängen ausgegliedert und der Zahl der Angelernten und Ungelernten zugerechnet. Mittleren und höheren berufsbildenden Schulen verleiht man gerne viele gewerbliche Berechtigungen. Die Absolventen der dualen Berufsbildung sind hingegen mit Berechtigungen äußerst mager dotiert.

Die Aufgaben der Berufsschule im Dualsystem

Durch das allgemeine Bildungsziel der österreichischen Schule gemäß § 2 SchOG, durch die Verordnung von Bildungsprinzipien, wie des Prinzips der „politischen Bildung an den österreichischen Schulen", und durch die detaillierten Zielanweisungen im Lehrplan ist der Berufsschule das Mitwirken an der Persönlichkeitsbildung in sozialpflichtigen Bezügen aufgetragen. Dafür hat die Berufsschule nicht nur besondere, das heißt konkret berufsbezogene

Unterrichtsarbeit zu leisten, sondern ausdrücklich auch entsprechende Erziehungsaufgaben zu erfüllen.

Insbesondere hat die Berufsschule — als von der Lehre oder gleichzuhaltenden Ausbildungsverhältnissen abhängige Pflichtschule — gemäß § 46 SchOG die Aufgabe, berufsbegleitend durch fachlich einschlägigen Unterricht:

- (relativ eigenständig) „die grundlegenden theoretischen Kenntnisse zu vermitteln", und zwar mit den Gegenständen der Fachtheorie und der wirtschaftskundlichen Theorie sowie mit der den Gegenständen der praktischen Arbeit innewohnenden Theorie;

- (ausdrücklich kooperativ) „die betriebliche Ausbildung zu ergänzen und zu fördern", dies mit den bereits genannten Gegenständen der Fachtheorie und des Betriebswirtschaftlichen Unterrichts, ganz besonders mit der Praktischen Arbeit, schließlich aber auch mit Beiträgen allgemeinbildender Natur;

- (stark eigenständig) den berufsschulpflichtigen Personen „ihre Allgemeinbildung zu erweitern", solches mit den Gegenständen: Politische Bildung, Religion, Lebende Fremdsprache und Leibesübungen (also mit Pflicht- und Freigegenständen bzw. einer unverbindlichen Übung), zudem mit Elementen aus dem Betriebswirtschaftlichen Unterricht und mit allgemeinbildenden Passagen in allen anderen Gegenständen;

- (völlig eigenständig, ja noch geradezu isoliert) „die Berufsschüler durch die Einrichtung von zwei Leistungsgruppen in bis zu drei Pflichtgegenständen des betriebswirtschaftlichen und des fachtheoretischen Unterrichts zu fördern", mit der „einen Leistungsgruppe" auf dem allgemein berechtigungsgültigen Normniveau — ohne jedwede Abstriche von den notwendigen Anforderungen, mit der „anderen Leistungsgruppe" durch zusätzliche Bildungsangebote in „Erweiterung" oder „Vertiefung" — unter Vorziehen von Weiterbildungsaufgaben. Die „eine Leistungsgruppe" braucht die gesamte zur Verfügung stehende Unterrichtszeit zur Erfüllung der für die Aufgabe der Berufsschule notwendigen Anforderungen. Die „andere Leistungsgruppe" soll dabei Zeit ersparen, so daß innerhalb der normalen Unterrichtszeit zusätzliche Bildungsangebote vermittelt werden können, allerdings noch ohne zusätzliche Berechtigung.

Die beiden Lernordnungen, im besonderen die Berufsbilder und die Berufsschullehrpläne sind, von einzelnen Pionierleistungen abgesehen, noch nicht gemeinsam bedacht und danach eingehend aufeinander abgestimmt worden. Die gar nicht so selten anzutreffenden Meinungen, „die Berufsschullehrpläne hätten sich ohnehin immer nur nach den Berufsbildern zu richten" oder „die Berufsschule solle sich bei der Gestaltung ihrer Lehrpläne nichts dreinreden lassen", treffen das Problem sicher nicht. Gerade bei den Bildungsinhalten bedarf es gemeinsam erarbeiteter Lösungen und der stets nur wechselseitig anwendbaren Partnerschaft.

Tatsächlich ist die Berufsschule fortschreitend in eine Überladung mit Aufgaben – bei gleichgebliebener Unterrichtszeit – hineingeraten, vor allem mit Aufgaben:

- aus neuen beruflichen Anforderungen, nicht ausschließlich, aber insbesondere durch neue Technologien,
- aus der erforderlichen Obsorge für die Überwindung von Defiziten der eingebrachten Vorbildung,
- aus der Übernahme von Aufgaben aus den Berufsbildern sowie zur speziellen Vorbereitung auf die Lehrabschlußprüfung,
- aus Tendenzen zur systematischen Verbreiterung der beruflichen Grundausbildung,
- aus konkreten Anforderungen zur Erweiterung der Allgemeinbildung sowie aus diese übersteigenden Tendenzen zur Erweiterung der Erweiterung der Allgemeinbildung,
- aus generellen Vorwegnahmen von nachfolgenden Weiterbildungsaufgaben,
- aus verstärkten erziehlichen Erfordernissen.

Schon die verordneten, aber mehr noch die in der Praxis angewendeten Lehrpläne entwickeln allenthalben ihre Eigendynamik. Einfach irgendwo Abstriche vorzunehmen und vermeintlich zu „entrümpeln", wird nicht helfen. Die Berufsschule soll an Aufgaben generell verpflichtend nur das übernehmen oder zugewiesen erhalten, was sie gründlich gefestigt erfüllen kann. Dafür erforderliche Ausweitungen oder Beschränkungen der Aufgaben sind sehr eingehend zu prüfen und nie anders als partnerschaftlich zu entscheiden. Beruflich differenzierte Vermehrungen der Aufgaben mit Ausweitungen der Berufsschulzeit sind ja bereits vorgenommen worden, weitere stehen aufgrund der seit 1976 geltenden Rechtsordnung an. Dabei ist selbstverständlich immer auch auf die Erfüllung der betrieblichen Bildungsaufgaben Rücksicht zu nehmen. Pauschale Zwangsbeglückungen, etwa nach dem tatsachenwidrigen Slogan „Mehr Schule und weniger Arbeit für Lehrlinge!", bringen unseren Lehrlingen keine wirksamen Verbesserungen.

Leider ist durch jene sozialrechtliche Auflage in der KJBG-Novelle 82, wonach jegliche Berufsschulzeit (also nicht nur die Pflichtgegenstände, sondern auch die kleinen Pausen, die Schulveranstaltungen, die Freigegenstände und Leibesübungen ganzjährig gerechnet bis 2 Wochenstunden sowie der Förderunterricht) auf die betriebliche Ausbildungs- und Arbeitszeit vermindernd anzurechnen ist, eine fühlbare Blockade der Weiterentwicklung eingetreten. In Hinsicht auf die Berufsschüler ist festzustellen: Nur wenige können daraus einen Nutzen ziehen, die überwiegende Mehrheit erleidet jedoch eine merkliche bildnerische Einbuße. Daß „alle Berufsschulzeit Arbeitszeit sein soll" und „der Lehrling nur für den Betrieb lerne", wie für diese Regelung im KJBG argumentiert worden ist, wird nicht übertünchen können, wieviel Eigeninvestition und „Investition in die eigene Zukunft" auch für die duale Berufsbildung der Lehrlinge unerläßlich bleibt, einerseits generell für die Erziehung zur permanenten Weiterbildung und andererseits speziell für das Inanspruchnehmen zusätzlicher Förderungen innerhalb der Lehr- und Berufsschulzeit. Leider sind diese wichtigen pädagogischen Gründe in den Beratungen zur KJBG-Novelle 1982 im Parlament mehrmals weggewischt worden. Es ist aber nie zu spät, zukunftsweisende Korrekturen vorzunehmen, ohne durch Rücknahme berechtigter Forderungen den Verdacht einer „Sozialdemontage" zu riskieren.

In den vier Aufgaben der Berufsschule gemäß § 46 SchOG hat außer dem Schwergewicht in der fachlichen Heranbildung auch die Erweiterung der Allgemeinbildung einen bedeutsamen Stellenwert. Dafür ist ab 1976 mit beträchtlicher Zeiterweiterung die alte „Staatsbürgerkunde" zur neuen „Politischen Bildung" umgestaltet und das Angebot an Freigegenständen vermehrt worden. Weitere Entwicklungen sind in jedem Fall so zu verfolgen, daß die konkrete fachliche Berufsbildung weder in der Berufsschule noch in den Lehrbetrieben beeinträchtigt wird. Das betrifft aktuell die Anwendung der Allgemeinbildung als Bildungsprinzip im bestehenden Fächerkanon sowie Bestrebungen für einen „kommunikativen Fremdsprachenunterricht" und eine verstärkte Gesundheits- und Sporterziehung. Vor allem sind die persönlichkeitsbildenden Faktoren der Berufsbildung zur Geltung zu bringen, so daß nicht bloß funktional angelegte Ausbildung durchgeführt wird, sondern tatsächlich konkrete Beiträge zur Bildung – in konkreten Lebensbezügen – unternommen werden.

Die „Entkoppelung von Bildung und Beruf" wäre besonders in

diesem Dualsystem eine Sünde wider den pädagogischen Geist. Eine Rückentwicklung der Berufsschule zur allgemeinen Fortbildungsschule wäre ebensowenig ratsam wie ein stures Einschränken auf just aktuelle „Fachidiotie". Was die „Entkoppelung des Schul- und Ausbildungssystems vom Arbeitsmarktsystem" darüber hinaus für soziale Folgen hätte, dürfte der Mehrheit der Österreicher gewiß noch einsichtig sein.

Stagnation, Entwicklung oder „Veränderungen"?

Gar nicht so selten ertönt heute der Ruf, in nächster Zeit mögen in der Berufsschule keine Reformen mehr durchgeführt werden, damit ihr die zur Erfüllung der alltäglichen Arbeit erforderliche Ruhe gegönnt sei. Daran ist zweifellos so viel richtig, daß nicht irgendwelche „Veränderungen", sondern nur konkret wirksame Verbesserungen etwas taugen. Umgekehrt könnte ein derartiges Ruhebedürfnis jedoch allen Ernstes zum Austreten aus allen weiteren Entwicklungen führen. Die kundigen Praktiker würden anderen das Feld zu Veränderungen überlassen.

Für die Lehrlinge und Berufsschüler konkret wirksame und zukunftsweisende Verbesserungen bleiben unerläßlich, solche verlangen, zum Teil bereits mit Nachholbedarf:

— die sich rasch wandelnde Arbeits- und Lebenswelt — generell, wenn auch nicht für alle Lehrberufe pauschal

— und die bereits gegebene, aber noch verstärkt zu erwartende Vielfalt der Berufsschüler (kraft unterschiedlicher Vorbildung und vieler anderer unterscheidender Faktoren) — differenziert, idealiter individualisiert, realiter aber typisiert.

Die generelle Förderung in der Berufsschule erfordert in erster Linie eine berufsspezifische Bereinigung der Aufgaben- und Zeitproblematik, mit zukunftsweisenden inhaltlichen Erneuerungen (auch im Hinblick auf neue Lehrberufe), ferner eine Senkung der Klassenschülerhöchstzahlen und der Teilungszahlen.

Zur leistungsdifferenzierten Förderung bedarf es der unverkürzten Anwendung der Leistungsgruppen in beiden Richtungen der Förderung, der methodischen bei Lernschwächen und der inhaltlichen mittels zusätzlicher Bildungsangebote bei Lernstärken. Dazu sollte ehestens die organisatorische Herstellung angemessener Gerechtigkeit verhelfen. In zusätzlich investierter (eigeninvestierter?) Unterrichtszeit sind die Möglichkeiten zur Inanspruchnahme von Förderunterricht bei Schwächen und von Freigegenständen bei Stärken zu verbessern. Aus den Schulversuchen ließen sich hiefür bei ernstlicher Auswertung wertvolle Hinweise gewinnen. Diese Schulversuche haben vielerlei pädagogische Fragestellungen aufgeworfen, so daß sich sowohl für die anstehende Verbesserung der „LDF" als auch für andere zukünftige Entwicklungen der Berufsschule so mancher zielführende Fingerzeig ergibt. Dazu zählen u. a. die Fragen gemäßigt inhomogener Kleingruppen mit innerer Differenzierung und das Anliegen, Überleitungslehrgänge und/oder aufbauende Lehrgänge schon während der Lehrzeit beginnen zu lassen.

Die enorme sozialpädagogische Leistung des Dualsystems unter kräftigem Mitwirken der Berufsschule für die drastische Reduzierung der Angelernten und Ungelernten und für den Zuzug aus allen Arten der Vorbildung, für konkrete Arbeitschancen usw. soll unter allen Umständen beibehalten werden. Wie hinsichtlich der Eingangsvoraussetzungen eine tiefgreifende Reform der Bildungs- und Berufsberatung dringlich erscheint, so soll auf der anderen Seite eine ernstlich verbesserte Einbindung in weiterführende Bildungswege in Angriff genommen werden, sei es, wie bisher angebahnt, durch Überleitungen in vorhandene (höhere) Bildungseinrichtungen oder durch eine neu zu konzipierende Fortsetzung des Dualsystems mit eigenständigem Bildungsweg bis zu höheren Lern- und beruflichen Erfolgsstufen. (Vgl. dazu die Ideen einer allgemeinen Einführung der Meisterprüfung, der Einbindung der Meisterprüfung in das bildnerische Berechtigungssystem, einer „Gewerbeakademie" u. ä. m.)

In der Systematik des österreichischen Schulwesens gemäß Schulorganisationsgesetz besteht für die Berufsschule und das Dualsystem eine sehr belastende Problematik. Die Gleichsetzung von „Pflichtschule" und „minderer Bildungshöhe" ist für die Berufsschule pädagogisch und rechtlich falsch. Sie entspricht nicht der Wertigkeit der Berufsbildung im Dualsystem und führt namentlich in hochqualifizierten Lehrberufen zu einer krassen Diskriminierung der Lehrabsolventen.

Abschließend noch einmal ein Wort zur Haltung: Die Berufsschule „gehört" weder nur den Berufsschullehrern noch nur den Sozialpartnern, weder nur dem Einfluß der Lehrbetriebe noch nur der öffentlichen Hand. Sie ist für die Lehrlinge und für deren Vorbereitung auf ihre künftigen Lebensleistungen, ihre künftige Lebensführung da. „Demokratisierungen" haben in ausgewogener Weise alle am Dualsystem Beteiligten und davon Betroffenen zu berücksichtigen. Die Funktionäre aller Art werden gut daran tun, etwas Zurückhaltung zu üben, damit nicht der Anteil an Einfluß, sondern die Sorgewaltung für die wesentlichen und sachlichen Anliegen im Sinne der Betroffenen zur Geltung kommen. Auch medienwirksame und in einer gesellschaftspolitischen Sicht „zentrale Fragen des Dualsystems", die „weh tun", zum Beispiel: pauschale Schulzeitverlängerung, „überbetriebliche und zwischenbetriebliche Lehrwerkstätten", Berufsbildungsfonds, paritätische Lehrlingsstellen, gymnasiale Lehrlingsausbildung, können dann, auf den wahren Stellenwert gebracht, ihre problemgerechte Behandlung erfahren.

Über äußerst interessanten Minderheitenprogrammen dürfen wir die Chancen der überwiegenden Mehrheit nie außer acht lassen. Eine andere Berufsschule und andere Berufsschullehrer können wir „machen". Ob wir die Lebens- und Berufswelt, für die unsere Berufsschüler herangebildet werden sollen, kurzfristig ändern können und sollen, bleibt fraglich. Schließlich bliebe uns vielleicht die Genugtuung, die richtigen Menschen für die falsche Welt herangebildet zu haben. „Die Schüler ändern" hieße nämlich in der Praxis: für wenige der vorhandenen und vor allem für andere Schüler etwas tun und die überwiegende Mehrheit derer, die wir haben, immer stärker abstoßen. „Visionen" der guten alten Zeit oder einer künftigen heilen Welt, die alles in Frage stellen können, nur nicht sich selbst, würden uns von den konkret erforderlichen und machbaren Hilfestellungen eher ablenken.

Beiräte im Lehrlingswesen

Friedrich Neuwirth

Allgemeines

Im Zuge der Sozialpartnerverhandlungen, die zum Berufsausbildungsgesetz (BAG)[1] führten, wurde erstmals eine eigene Institution zur Diskussion gestellt. Sie war zunächst gedacht als „quasirechtsetzendes Organ" für alle dem zu schaffenden Gesetz nachgeordneten Vorschriften[2]. Dieser Konstruktion standen jedoch verfassungsrechtliche Bedenken entgegen und erwiesen sie als undurchführbar[3]. Schließlich einigten sich die Sozialpartner auf einen paritätisch zu besetzenden Beirat, bestehend aus Vertretern von Arbeitgebern und Arbeitnehmern unter Berücksichtigung des Verkehrssektors[4].

Obwohl ein paritätisches Organ und dem zuständigen Ressort[5] zugeordnet, lag ein eindeutiges Übergewicht der Arbeitgeberseite vor. Sie hatte von vornherein die Geschäftsführung durch die Bundeskammer der gewerblichen Wirtschaft, und der Vorsitzende konnte nur aus dem Kreis der von ihr nominierten Mitglieder bestellt werden.

Mit der Novelle 1978 zum BAG[6] wurde zunächst eine Parität dahingehend erreicht, daß die Vorsitzführung zwischen Arbeitgeber- und Arbeitnehmervertretern geteilt wurde. Die Geschäftsführung blieb aber weiterhin bei der Bundeskammer der gewerblichen

---

[1]   BG vom 26. 3. 1969, BGBl. Nr. 142/69
[2]   Ausbildungsvorschriften, enthaltend Berufsbilder und Zahlenverhältnisse, Prüfungsordnungen
[3]   Verbot der Ausschaltung der Ministerverantwortlichkeit
[4]   Nicht wie zunächst gedacht fünf Mitglieder je Kurie, sondern sechs, zuzüglich der Ersatzmitglieder
[5]   Bundesminister für Handel, Gewerbe und Industrie
[6]   BGBl. Nr. 232/78; zurückgehend auf eine Initiative der Arbeitnehmerseite (Aktion 75 der Gewerkschaftsjugend)

Wirtschaft. Zugleich erfolgte insofern eine personelle Erweiterung, als auch nunmehr Vertreter der Berufsschulen, allerdings nur mit beratender Stimme, dem Beirat angehören[7].

Die Bestellung der Mitglieder durch den Bundesminister für Handel, Gewerbe und Industrie erfolgt auf Vorschlag der Bundeskammer der gewerblichen Wirtschaft und des Österreichischen Arbeiterkammertages; die beiden Vorsitzenden jedoch erst nach Anhörung der jeweils anderen Institution. Vom Bundesministerium für Unterricht, Kunst und Sport werden hingegen die Vertreter der Berufsschullehrer nominiert, die aber gleichfalls der Bestellung durch den Bundesminister für Handel, Gewerbe und Industrie bedürfen.

Bei den bereits erwähnten Verhandlungen zur Novelle 1978[8] wurde eine Mitwirkung von Arbeitgeber- und Arbeitnehmervertretern auch bei der Administration des Lehrlingswesens auf regionaler Basis erreicht. Je Lehrlingsstelle bei der jeweiligen Handelskammer[9] ist nunmehr ein Landes-Berufsausbildungsbeirat eingerichtet[10].

Von der Zusammensetzung abgesehen sind diese Landes-Berufsausbildungsbeiräte im wesentlichen dem Bundes-Berufsausbildungsbeirat nachgebildet. Die Bestellung der Mitglieder bzw. Ersatzmitglieder erfolgt durch den Landeshauptmann; die beiden Vorsitzenden als Arbeitgeber- und Arbeitnehmervertreter jeweils nach Anhörung der anderen − nicht vorschlagenden − Institution.

Aufgaben und Funktion

Die Aufgaben des *Bundes-Berufsausbildungsbeirates* sind im Gesetz festgelegt[11]. Sie erscheinen zunächst in Form einer taxativen Aufzählung, da der Text (arg.: „obliegt" mit nachfolgender Anführung von drei Aufgabenbereichen) auf eine erschöpfende Aufzählung schließen läßt. Die Praxis geht aber eher in eine demon-

---

[7] Zwei Vertreter plus Ersatz
[8] Vgl. Fußnote 6
[9] In jedem Bundesland eine solche
[10] Arbeitgeber- und Arbeitnehmerseite je zwei Mitglieder zuzüglich Ersatz; keine Vertreter der Berufsschulen
[11] § 30 Abs. 2 BAG

strative Richtung und läßt dem Beirat einen größeren Spielraum. Als Beispiel sei hier die Einflußnahme auf die Gestaltung des Berufsschul-Lehrplanes zum Lehrberuf „Anlagenmonteur" hingewiesen, dem der Bundes-Berufsausbildungsbeirat wesentliche Impulse verliehen hat.

Im wesentlichen beschränkt sich jedoch die Tätigkeit des Bundes-Berufsausbildungsbeirates auf die im Gesetz ausdrücklich angeführten Aufgaben, welche sind: Erstattung von Gutachten zu den dem BAG nachgeordneten Vorschriften[12], wobei hier der Beirat die konzeptive Arbeit leistet und eher dem zuständigen Ministerium seine diesbezüglichen Vorschläge unterbreitet. Weiters erstellt er Gutachten zur Nostrifizierung von im Ausland erworbenen Berufsbefähigungen und in Genehmigungsverfahren zur Betreibung selbständiger Ausbildungseinrichtungen[13].

Rechtsgrundlagen für die Funktion des Beirates bilden zunächst das Gesetz selbst und die vom Beirat ihm gegebene Geschäftsordnung. Besonders durch die letztere erfolgte eine Verlagerung der eigentlichen Beiratstätigkeit in die von ihm bestellten Ausschüsse; dem Beirat selbst obliegt demnach in erster Linie die Beschlußfassung über die von den Ausschüssen getroffenen Vereinbarungen und die Erörterung von Grundsätzlichem in seinen Vollsitzungen[14]. Beschlußfähigkeit liegt bei sieben anwesenden Mitgliedern bzw. Ersatzmitgliedern vor und nur dann, wenn sämtliche Mitglieder ordnungsgemäß geladen wurden und eine entsprechende Verständigung der Ersatzmitglieder erfolgt ist.

Mehrheitsbeschlüsse sieht das Gesetz für den Bundes-Berufsausbildungsbeirat nicht vor; er beschließt seine Gutachten und Vorschläge entweder mit Stimmeinhelligkeit oder, besteht eine solche nicht, gibt es die Möglichkeit, sogenannte Minderheitsvoten als Stellungnahme von mindestens vier bei der jeweiligen Sitzung anwesenden Mitgliedern (Ersatzmitgliedern) abzugeben. Seinen Sitzungen kann der Beirat Sachverständige ohne Stimmrecht entweder durch den Vorsitzenden selbst oder auf Antrag von mindestens drei Mitgliedern beiziehen. Die Anzahl der Sachverständigen ist mit sechs für den jeweiligen Verhandlungsgegenstand limitiert. Diese Bestimmung gilt jedoch nur für die eigentlichen Beiratssit-

---

[12] Verordnungen, Durchführungserlässe

[13] Zufolge der derzeitigen Lehrstellensituation gegenwärtig im steigenden Ausmaß

[14] Von Juni 1969 bis Juli 1985 insgesamt 174 Sitzungen; die Anzahl der Ausschußsitzungen ist zufolge der Vielzahl nicht feststellbar

zungen, nicht aber für die Ausschußsitzungen; d. h. in derartigen Sitzungen ist die Anzahl der Sachverständigen unbegrenzt. Gutachten, die der Beirat mit Stimmeneinhelligkeit beschlossen hat[15] ist vom Bundesminister für Handel, Gewerbe und Industrie eine entsprechende Bedachtnahme zu widmen, ohne daß er ausdrücklich daran gebunden ist[16]. Die Fristsetzung durch den Minister für derartige Gutachten hat angemessen, jedoch für einen Zeitraum von mindestens zwei Monaten, zu erfolgen.

Die Aufgaben der *Landes-Berufsausbildungsbeiräte* erscheinen wesentlich anders als die des Bundes-Berufsausbildungsbeirates, da sie vorwiegend auf administrativem Gebiet liegen. Der Aufgabenkatalog[17] ist daher weitreichender als der des Bundes-Berufsausbildungsbeirates. In der Praxis reduzieren sich jedoch die insgesamt zwölf Aufgabenpositionen, die das Gesetz für die Landes-Berufsausbildungsbeiräte vorsieht, auf die Erstattung von Gutachten gemäß § 8 Abs. 4 BAG[18], die Erstattung von Vorschlägen für die Bestellung von Vorsitzenden der Ausbilder- und Lehrabschlußprüfungskommissionen, Tätigkeiten im Zusammenhang mit dem Prüfungswesen sowie die Entscheidung über Vornahme von Anrechnungen im Ausland zurückgelegter Lehrzeiten auf Lehrverhältnisse in Österreich.

Die Bestellung der Mitglieder bzw. Ersatzmitglieder erfolgt, wie bereits erwähnt, durch den jeweils zuständigen Landeshauptmann auf Vorschlag der örtlich zuständigen Handelskammer und der ebenso örtlich zuständigen Arbeiterkammer; ebenso werden die beiden Vorsitzenden, und zwar gleichfalls wie beim Bundes-Berufsausbildungsbeirat, nach Anhörung der jeweils anderen Institution vom Landeshauptmann bestellt. Die Geschäftsführung des Landes-Berufsausbildungsbeirates obliegt der jeweilig zuständigen Lehrlingsstelle bei der Handelskammer; demnach liegt auch hier wie beim Bundes-Berufsausbildungsbeirat ein gewisses Übergewicht der Arbeitgeberseite vor.

Sachverständige können ebenso wie vom Bundes-Berufsausbildungsbeirat beigezogen werden. Die Anzahl der für einen Bera-

---

15 In der bisherigen Beiratspraxis die Regel; Minderheitenvoten nur vereinzelt und in geringer Anzahl
16 Ministerverantwortlichkeit; vgl. Fußnote 3
17 § 31 a BAG
18 Gutachten zu Anträgen auf individuelle Erhöhung der Lehrlingshöchstzahlen

tungsgegenstand zulässigen Sachverständigen ist jedoch beim Landes-Berufsausbildungsbeirat mit drei limitiert.

Auf folgenden Gebieten bestehen für Mitglieder des Bundes-Berufsausbildungsbeirates und der Landes-Berufsausbildungsbeiräte übereinstimmende Vorschriften:

a) Es besteht eine Unvereinbarkeit bezüglich der Ausübung von Funktionen in den beiden Beiratstypen; weder kann ein Mitglied oder Ersatzmitglied des Bundes-Berufsausbildungsbeirates zugleich auch Mitglied eines Landes-Berufsausbildungsbeirates sein noch umgekehrt. Die Begründung liegt vor allem darin, daß das Gesetz den Landes-Berufsausbildungsbeiräten es ermöglicht, Anträge und Vorschläge an den Bundes-Berufsausbildungsbeirat zu stellen.

b) Auch die Möglichkeit der Abberufung[19] ist im wesentlichen für die Mitglieder beider Beiratstypen gleichgesetzt:
Abberufen kann ein Mitglied werden auf eigenes Verlangen; auf Antrag der entsendenden Stelle; durch Bestellung eines Mitgliedes bzw. Ersatzmitgliedes des Bundes-Berufsausbildungsbeirates zum Mitglied oder Ersatzmitglied eines Landes-Berufsausbildungsbeirates und vice versa; oder wenn das jeweilige Mitglied keine Gewähr dafür gibt, die ihm gestellten Aufgaben zu erfüllen.

c) Die Mitglieder der beiden Beiratstypen haben das Recht, allen im BAG vorgesehenen Prüfungen[20] beizuwohnen.

d) In den Vorschriften für den Bundes-Berufsausbildungsbeirat und die Landes-Berufsausbildungsbeiräte ist vor allem die Stimmeneinhelligkeit aller Beschlüsse vorgesehen.

Die Landes-Berufsausbildungsbeiräte nehmen jedoch gegenüber dem Bundes-Berufsausbildungsbeirat in einigen Verfahren eine Sonderstellung ein. Diese bezieht sich auf Verfahren zur Erhöhung oder Herabsetzung der Lehrlingshöchstzahl und Ansuchen, im Ausland erworbene Lehrzeiten auf Lehrverhältnisse in Österreich anzurechnen. Im Gegensatz zu den für den Bundes-Berufsausbildungsbeirat geltenden Vorschriften sieht das Gesetz für die Landes-Berufsausbildungsbeiräte Minderheitenvoten nur dann vor, wenn der Landes-Berufsausbildungsbeirat ausdrücklich um

---

[19] Für den Bundes-Berufsausbildungsbeirat der Bundesminister für Handel, Gewerbe und Industrie; für die Landes-Berufsausbildungsbeiräte der jeweils zuständige Landeshauptmann

[20] Ausbilderprüfungen, Lehrabschlußprüfungen, allfällige Teilprüfungen

ein Gutachten ersucht wurde. Kommt daher in den oben genannten Verfahrensfällen ein Beschluß mangels Einhelligkeit nicht zustande, dann muß mit der Abweisung des Antrages wie bei allfälligen negativen Gutachten von der als Behörde eingerichteten Lehrlingsstelle vorgegangen werden[21]. Die Landes-Berufsausbildungsbeiräte haben hier eine „quasi-behördliche" Funktion.

Ausblick

Zusammenfassend ist zu bemerken, daß die derzeit bestehenden Beiräte auf Forderungen jeweils einer Seite der Sozialpartnerschaft zurückgehen. Der Bundes-Berufsausbildungsbeirat entstammt Vorstellungen, die Arbeitgebervertreter bei den bereits erwähnten Verhandlungen in das Gespräch brachten. Als Berufsausbildungsbeirat, wie er vor 1978 hieß, sollte er ein Organ darstellen, in dem sich die Sozialpartnerschaft in ihren Interessen an der beruflichen Bildung widerspiegelt.

Auch heute noch weist man gerne dem Beirat die Beispielrolle einer Verwirklichung echter Partnerschaft zu. Dem Beirat mangelt es jedoch an der Möglichkeit, sich auch motorisch zu betätigen. Wohl sind in ihm Personen vereint, die durchaus in der Lage wären, Veränderungen und Anpassungen auf dem Gebiet der Lehrlingsausbildung auf- und vorzubereiten; bisher erfolgte Änderungen gingen jedoch nie von ihm aus.

Ebenso verhält es sich bei der allseits für notwendig erachteten Bedachtnahme auf Ergebnisse der Berufsausbildungsforschung. Ein lapidarer Satz im Gesetz[22] weist darauf hin, ohne aber den Beirat eine seiner Konstruktion entsprechende Institution zur Seite zu stellen.

Letzten Endes würde sich der Beirat als geeignetes Instrument für eine – zumindest von einer Seite der Sozialpartnerschaft geforderte – Finanzierung der Berufsausbildung anbieten. Im gegenwärtigen Zeitpunkt scheinen allerdings die hier bestehenden gegensätzlichen Auffassungen noch unüberbrückbar.

Im Gegensatz zum Bundes-Berufsausbildungsbeirat basieren die Landes-Berufsausbildungsbeiräte auf einer von Arbeitnehmerseite erhobenen Forderung, die allerdings zunächst wesentlich wei-

---

[21] Vgl. KINSCHER, Berufsausbildung, 2. Aufl., Wien 1979, S. 49
[22] § 31 Abs. 2 letzter Satz BAG

tergehend war. Die Landes-Berufsausbildungsbeiräte stellen einen Kompromiß dar, der immerhin das Interesse der Arbeitnehmerseite auch an der Administration des Lehrlingswesens berücksichtigt. Die hier etwas kritischen Schlußbemerkungen sollen jedoch nicht die an sich wertvollen Tätigkeiten der Beiräte im Lehrlingswesen herabsetzen; diese sind zur Zeit nicht wegzudenken.

Die Lehrlingsstellen
in den Handelskammern

Heinz Paul

Eines der dringendsten politischen Probleme aller westlichen Industrieländer, die Jugendarbeitslosigkeit, hat auch dazu geführt, über die Grenzen zu blicken, um gute Lösungen aus anderen Ländern übernehmen zu können. Dabei wurde sehr augenfällig, daß jene Staaten, in denen die Lehrlingsausbildung gut verankert ist, vom Problem der Jugendarbeitslosigkeit in deutlich geringerem Ausmaß betroffen waren. Als nun in Auswertung dieser Erkenntnis einige westeuropäische Staaten Schritte unternahmen, auch in ihrem Bereich das duale System der Berufsausbildung stärker zu etablieren, stieß man auf nicht geringe Vorbehalte der Unternehmerschaft. Den Unternehmern in diesen Ländern ist die Vorstellung, selbst Aufgaben in der beruflichen Grundausbildung zu übernehmen, weitgehend fremd. Sie ordnen diese Funktion viel mehr dem staatlichen Schulsystem zu. Im starken Gegensatz dazu steht die Denkweise der Unternehmer vor allem in den deutschsprachigen Ländern, wo man die fachliche Ausbildung des Nachwuchses als fundamentales Anliegen des Berufsstandes betrachtet. Eine solche Gesinnung der Unternehmerschaft hat sich als unerläßliche Grundlage für den Aufbau und das weitere Bestehen dieses Ausbildungssystems erwiesen.

Nur wer diese Einstellung der Unternehmerschaft nachvollziehen kann, wird auch verstehen können, warum die Unternehmerschaft seit jeher bemüht war und noch immer ist, die überbetriebliche Betreuung des Lehrlingswesens ihren eigenen Standesorganisationen anzuvertrauen. Die Zünfte des späten Mittelalters haben somit in allen wesentlichen Grundzügen bereits das geschaffen, was wir heute stolz als unser duales Berufsbildungssystem bezeichnen.

Diese historisch verwurzelte Haltung der Unternehmerschaft zur Lehrlingsausbildung ist letztlich aber auch die Legitimation dafür, daß das Berufsausbildungsgesetz 1969 die Einrichtung der Lehrlingsstellen bei den Handelskammern neuerlich festigte. Eine Novelle zu diesem Gesetz aus dem Jahre 1978 legte schließlich noch fest, daß die Befugnisse der bei den Innungen errichteten Lehrlingsstellen einer gemeinsamen Lehrlingsstelle bei der Handelskammer zu übertragen.

Welche wesentlichen Probleme haben sich nun seit dem Inkrafttreten dieser Novelle für die Lehrlingsstellen in den Handelskammern ergeben?

Die alltägliche Problematik bei der Führung einer Lehrlingsstelle ist letztlich auf ein Spannungsfeld zurückzuführen, das für jede Behörde besteht, die sich mit Agenden der Lehrlingsausbildung zu befassen hat. Dieses Spannungsfeld ist daher auch völlig unabhängig davon, wo und in welcher Rechtsform Lehrlingsstellen organisiert werden. Diese Spannung baut sich letztlich aus folgenden gegensätzlichen Ansprüchen auf:

- Die geforderte Qualität in der Berufsausbildung zwingt grundsätzlich zu Vorschriften und somit auch zu deren Überwachung durch eine Bürokratie.
- Ausbildung ist in erster Linie ein Kommunikationsprozeß. Das hiefür notwendige zwischenmenschliche Klima, die Motivation der Beteiligten, können durch behördliches Einschreiten sehr viel leichter gestört als in Ordnung gebracht werden.

Die aus dieser Spannung letztlich entstehenden Konflikte nahmen deswegen zu, weil die erste Komponente so stark ausgebaut wurde. Aus tatsächlicher oder vermeintlicher Notwendigkeit, auch Details der Gestaltung des Lehrvertrages und der Ausbildung regeln zu müssen, ist eine sehr umfangreiche und von den Normadressaten kaum mehr erfaßbare Rechtsmaterie entstanden. Dazu kommt dann verschärfend, daß eine sehr kasuistische Regelung der vollziehenden Behörde sehr wenig Ermessensspielraum gibt und somit kaum flexible Anpassungen an den Einzelfall gestattet. Ein Vorgehen der Lehrlingsstellen, das lediglich an den Vorschriften zum Verwaltungsverfahren orientiert wäre, müßte in einer solchen Situation in relativ kurzer Zeit zu negativen Veränderungen in der Haltung der Unternehmerschaft gegenüber diesem Ausbildungssystem führen. Ein Unternehmer, der etwa wegen einiger Unklarheiten im Lehrvertrag in eine umfangreiche Korrespondenz verstrickt wird, denkt im folgenden Jahr sehr viel genauer darüber nach, ob er denn wirklich noch einen Lehrling braucht. Werden einer Lehrlingsstelle z. B. Verletzungen der Ausbildungsvorschriften bekannt, wäre es verfahrensrechtlich durchaus in Ordnung, ein Ermittlungsverfahren mit Parteien- und Zeugenladungen durchzuführen. Ein derart rechtlich einwandfreies Ermittlungsverfahren wird jedoch mit hoher Wahrscheinlichkeit zu einer schweren Störung des innerbetrieblichen Klimas führen und somit einer gedeihlichen Ausbildung die Basis entziehen.

Räumt man jedoch der Aufrechterhaltung des guten zwischenmenschlichen Klimas und der Motivation der Beteiligten Vorrang ein, so sind die Vorteile einer Einbindung der Lehrlingsstellen in die Kammerorganisation nicht zu übersehen. Die Lehrlingsstellen können jederzeit auf die gut eingespielten Kontakte der Funktionäre und Mitarbeiter in den Sektionen und Fachgruppen zurückgreifen. In Fachgruppen, in deren Bereich die Lehrlingsausbildung einigermaßen von Bedeutung ist, werden üblicherweise eigene Funktionäre mit diesen Agenden betraut (sogenannte „Lehrlingswarte"). Auf diesem Weg ist es den Lehrlingsstellen meist möglich, Konflikte im Rahmen von Gesprächen mit kollegialem Charakter zu behandeln und die Durchführung von Verwaltungsverfahren auf das notwendigste Ausmaß zu beschränken. Im Vergleich zu anderen Behörden wird daher eine Lehrlingsstelle noch immer als eher unbürokratische Institution von den Unternehmen empfunden.

Es war wohl auch die Absicht der Schöpfer des Berufsausbildungsgesetzes, die Lehrlingsstellen mehr als Vermittler und Betreuer der Ausbildung denn als Behörde tätig werden zu lassen. Die schärfsten Sanktionen, nämlich die Verhängung von Verwaltungsstrafen bzw. die Entziehung der Ausbildungsbefugnis, wurden nämlich den Bezirksverwaltungsbehörden vorbehalten. Die bisherigen praktischen Erfahrungen haben auch bewiesen, daß auf solche Sanktionen weitestgehend verzichtet werden kann.

In den wenigen, nicht im Vermittlungsweg zu bereinigenden Fällen erfolgen dann Anzeigen der Lehrlingsstelle an die Bezirksverwaltungsbehörde.

Die Einbindung der Lehrlingsstellen in die Kammerorganisation trägt aber auch in sehr hohem Ausmaß zu einer Verwaltungsökonomie bei. Die Mitarbeit anderer Kammerdienststellen ermöglicht Einsparungen beim Personal- und Sachaufwand in der Lehrlingsstelle selbst. Für die tägliche Arbeit in der Lehrlingsstelle ist vor allem das umfangreich vorhandene Datenmaterial der Kammer über die einzelnen Unternehmen von Bedeutung. Obwohl hier somit sicherlich die sparsamste Form zur Führung einer Lehrlingsstelle gefunden wurde, darf nicht verschwiegen werden, daß die mit der Lehrlingsstelle verbundenen Ausgaben in jeder Handelskammer einen bedeutenden Budgetposten darstellen.

Wie steht es nun aber um die immer wieder behauptete „Interessenkollision", die angeblich daraus entsteht, daß die Handelskammer dazu berufen ist, die Anliegen des Unternehmens zu vertreten? Es soll dieser Spannungszustand keineswegs bagatellisiert werden, doch kann ihm in der Praxis weit weniger Bedeutung als dem oben bereits dargelegten Punkt beigemessen werden.

In den zu diesem Thema geführten Argumentationen wird auch meist übergangen, daß die Kammer nicht nur auf dem Gebiet der Lehrlingsausbildung, sondern bei fast allen von ihr wahrzunehmenden Aufgaben zwischen dem Gesamtinteresse der Wirtschaft bzw. der Berufssparte einerseits und dem Einzelinteresse eines Unternehmers andererseits unterscheiden muß. Sie wird in diesen Fällen immer dem Gesamtinteresse den Vorrang einzuräumen haben. Die Durchführung eines internen Interessenausgleiches ist daher fester Bestandteil des Kammeralltages, so daß bei allen Funktionären und Mitarbeitern einiges an Erfahrung auf diesem Gebiet vorausgesetzt werden kann. Da auf dem Gebiet der Berufsausbildung das Gesamtinteresse sehr wohl auf ein fachlich hohes Niveau gerichtet ist, ergibt sich daraus auch aus der Sicht der Interessenvertretung eine Ablehnung schlechter betrieblicher Ausbildungsverhältnisse im Einzelfall.

Eine einseitige Entscheidungspraxis der Lehrlingsstellen zugunsten der Lehrberechtigten und zu Lasten der Lehrlinge wäre aber auch noch aus einem ganz anderen Grund auszuschließen. Die Mitwirkungsrechte der Kammer für Arbeiter und Angestellte sind im Berufsausbildungsgesetz sehr großzügig ausgebaut. Es kann letztlich kein behördlicher Akt der Lehrlingsstelle, durch den die Rechtssphäre des Lehrlings berührt wird, ohne Einschaltung der zuständigen Kammer für Arbeiter und Angestellte gesetzt werden. Wird eine Entscheidung gegen die Stellungnahme der Kammer für Arbeiter und Angestellte getroffen, so hat diese die Möglichkeit, völlig unabhängig von der Zustimmung des betroffenen Lehrlings ein Rechtsmittel zu ergreifen. Dadurch, daß ihr auch das Recht der Verwaltungsgerichtshofbeschwerde eingeräumt wurde, können die Kammern für Arbeiter und Angestellte viel uneingeschränkter als Interessenvertreter tätig werden und die Rechtsprechung erheblich in ihrem Sinne beeinflussen. Den Handelskammern steht umgekehrt dieses Beschwerderecht gegen Entscheidungen des Landeshauptmannes nicht zu. In der Praxis hat diese Einseitigkeit, von der weniger gesprochen wird, durchaus bereits ihre Spuren hinterlassen.

Die Novelle zum Berufsausbildungsgesetz aus dem Jahre 1978 führte auch zur Errichtung von Landes-Berufsausbildungsbeiräten bei den Lehrlingsstellen. Diese Beiräte sind im wesentlichen den in sie gesetzten Erwartungen gerecht geworden. Der hier stattfindende Gedanken- und Meinungsaustausch bringt wichtige Anregungen für die Arbeit in der Lehrlingsstelle. Eine der wichtigsten Aufgaben dieses Beirates war es in den letzten Jahren, Gutachten zu beantragten Erhöhungen der Verhältniszahlen im Sinne des § 8 Abs. 4 Berufsausbildungsgesetz zu erstellen. Die Situation auf dem Lehrstellenmarkt hat beide Interessenvertretungen zu einer großzügigen Haltung bewogen.

Wenn nun auch in diesem Zusammenhang die Binsenweisheit nicht zu unterdrücken ist, daß es keine Lösung eines Problems gibt, die nicht neue Probleme erzeugt, so kann doch behauptet werden, daß die Einrichtung der Lehrlingsstellen in den Handelskammern weitaus überwiegend vorteilhaft ist. Zusammenfassend seien hier nochmals die wichtigsten Gründe für diese Meinung angeführt:

● Es besteht ein übergeordnetes Gesamtinteresse der Handelskammern an einer guten Berufsausbildung.
● Für die Qualität der Berufsausbildung ist vor allem die positive Einstellung der an der Ausbildung Beteiligten maßgeblich.
● Zur Erhaltung dieses dualen Ausbildungssystems muß die Motivation der Unternehmer gewährleistet bleiben.
● Die ausgleichende Vermittlung als Instrument zur Durchsetzung dieser Ziele entspricht der Grundkonzeption der Handelskammern, so daß die Gefahr einer Bürokratisierung eingedämmt ist.
● Die Einbindung in die Handelskammer ist verwaltungsökonomisch.
● Die Rechte der Lehrlinge sind auch durch die Einschaltung der Kammer für Arbeiter und Angestellte hinreichend gewährleistet.

Gewerbliche Lehrlingsausbildung in einem Großbetrieb

Kurt Pribich

Am Beispiel der ITT Austria Ges.m.b.H. − einem Industrieunternehmen der Kommunikationstechnik − sollen Ziele, Aufgaben und Methoden der Lehrlingsausbildung in der Industrie aufgezeigt werden.

Geschichtliche Entwicklung

Die Ursprünge der Lehrlingsausbildung findet man im Jahr 1916, wo ein Teil der Fertigungsabteilung als „Lehrabteilung" diente. Ein erfahrener Meister vermittelte den Lehrlingen eine Grundausbildung, woran sich die weitere Ausbildung in verschiedenen Fachabteilungen anschloß. Begabte Facharbeiter übernahmen die Funktion eines Ausbilders.

Durch den erhöhten Facharbeiterbedarf und die Vereinheitlichung der Berufsausbildung wurde 1938 eine Lehrwerkstätte geschaffen. Die Ausbildung erfolgte − wie in vielen Industriebetrieben − nach den Richtlinien des DATSCH (Deutscher Ausschuß für das technische Schulwesen), worin Ziele, Aufgaben und Methoden genau vorgegeben waren.

Bedingt durch die Aufgaben des Betriebes und dessen Produktprogramm, wurden in dieser Zeit vorwiegend Berufe der Mechanik und Elektromechanik ausgebildet.

1963 wurde eine Analyse der von den Betriebsabteilungen erwarteten Qualifikation für Facharbeiter durchgeführt. Dabei wurden die in den Berufsbildern vermutlich geeigneter Berufe enthaltenen Fertigkeiten aufgelistet und mit Intensitätsstufen versehen.

107

Aufgrund der Auswertung ergab sich für die folgenden Jahre ein verstärkter Bedarf an Fernmeldemonteuren, dem auch in der Ausbildung Rechnung getragen wurde.

Die Folge war die Schaffung neuer Lehrwerkstätten, die Erstellung von Ausbildungsplänen, die Festlegung von Inhalten für den innerbetrieblichen Unterricht, die Ausbildung zusätzlichen Lehrpersonals, das Erstellen von Hilfsmitteln und verstärkter Kontakt mit der Berufsschule.

Das Eindringen neuer Technologien Mitte der siebziger Jahre blieb auch auf die Lehrlingsausbildung nicht ohne Folgen. Halbleiter- und Digitalelektronik, Mikrocomputertechnik und Programmiersprachen waren Inhalte, die zur Qualifikation eines Facharbeiters der Zukunft unabdingbar schienen, wogegen traditionelle Inhalte der Berufsbilder an Bedeutung verloren.

Die Erstellung neuer Ausbildungspläne hatte zum Ziel, die „klassischen" Inhalte des Berufsbildes „Elektromechaniker für Schwachstrom" und „Nachrichtenelektroniker" auf das vom Berufsbild mögliche Mindestmaß zu reduzieren. Dadurch konnte Freiraum für einen neuen Lehrgang „Mikroelektronik-Software" gewonnen werden. In Zusammenarbeit mit Vorgesetzten, Spezialisten und der Ausbildungsleitung wurden die Inhalte dieses Lehrgangs ermittelt und letztlich ein Ausbildungs-Ablaufplan erstellt.

Die Erprobung erfolgte 1980 mit einer Projektgruppe begabter Lehrlinge, die auch Hilfsmittel und schriftliche Unterlagen für diesen Lehrgang schufen.

Inzwischen wurde dieser Lehrgang an mehreren Jahrgängen von Lehrlingen erprobt und auch im Rahmen „zwischenbetrieblicher Lehrlingsausbildung" Fremdfirmen für deren Lehrlingsausbildung angeboten.

Das Ergebnis dieser Höherqualifizierung war:
- zukunftssichere Ausbildung,
- Einsatzmöglichkeit in Positionen mit hoher Qualifikationsanforderung,
- Sicherheit des Arbeitsplatzes,
- Zufriedenheit mit der Tätigkeit,
- Motivation zum Weiterlernen.

Die bei ITT Austria erprobten neuen Lehrinhalte sind inzwischen auch auf dem Gesetzesweg in die Berufsbilder des „Nachrichtenelektronikers" und „Elektromechanikers für Schwachstrom" aufgenommen worden.

Ausbildungsziel

Das Grobziel der Lehrlingsausbildung ist,
- den Lehrling zur Bewältigung der Berufssituation zu qualifizieren, d. h. den Lehrling zu befähigen, durch Berufsausübung zukünftig für seinen Lebensunterhalt zu sorgen,
- qualifizierten Nachwuchs für den Berufsstand zu schaffen und damit
- einen Beitrag zur Volkswirtschaft zu leisten.

Viele österreichische Industriebetriebe kommen — besonders in unserer Zeit des Lehrstellenmangels — dieser Verpflichtung nach, indem sie eine gegenüber ihrem Eigenbedarf höhere Lehrlingszahl ausbilden.

Ausbildungsaufgabe des Industriebetriebes

Durch den Eintritt des Jugendlichen als Lehrling wird ein Teil der Erziehungsaufgaben der Eltern dem Unternehmen und in weiterer Folge dem Ausbildungspersonal übertragen.

Das Unternehmen übernimmt durch den Abschluß eines Lehrvertrages die Verpflichtung,
- den Jugendlichen das für den zu erlernenden Beruf nötige Wissen und Können zu vermitteln,
- Hilfestellung bei der Entwicklung von Fähigkeiten zum selbständigen Denken und Handeln zu leisten,
- Möglichkeiten des Einlebens in die Sozialgemeinschaft arbeitender Menschen zu bieten und damit zwischenmenschliche Beziehungen zu verbessern,
- erzieherische Maßnahmen zur positiven Entwicklung charakterlicher Eigenschaften und persönlicher Haltung zu setzen,
- ein vernünftiges Maß an Berufsstolz zu entwickeln,
- zur Erkenntnis des lebenslangen Lernens zu führen.

Das Unternehmen hat daher während der gesamten Lehrzeit die Aufgabe, dem Jugendlichen nicht nur eine Berufsausbildung angedeihen zu lassen, sondern auch Berufserziehungsmaßnahmen wahrzunehmen (Graphik 1). Dies ist in unserer Zeit um so notwendiger, da der Lehrbetrieb, als letzter organisierter Bildungsabschnitt im Leben des Jugendlichen, in verstärktem Maß Erziehungsaufgaben eines nicht immer funktionierenden Elternhauses zu übernehmen hat.

Graphik 1

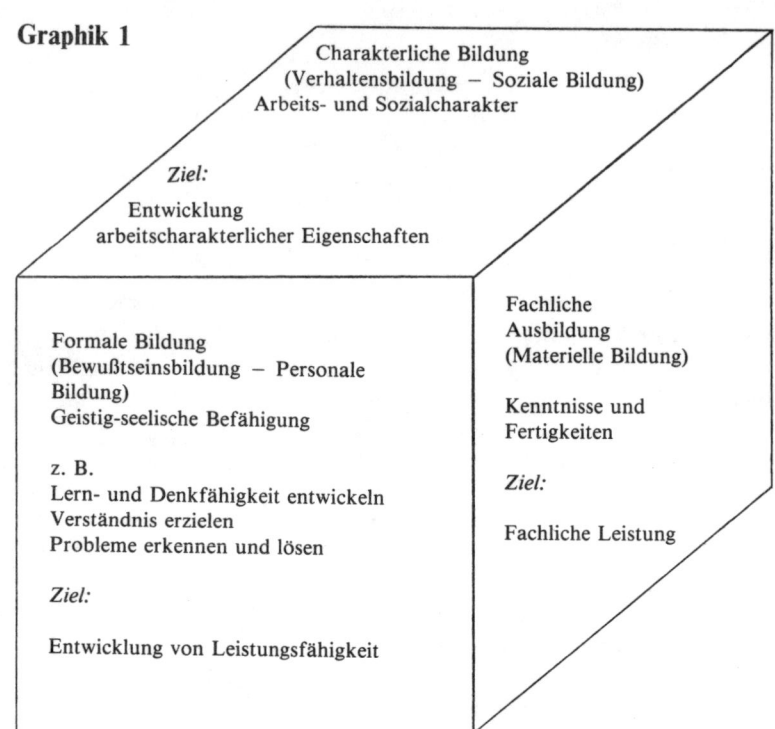

Charakterliche Bildung
(Verhaltensbildung – Soziale Bildung)
Arbeits- und Sozialcharakter

Ziel:

Entwicklung
arbeitscharakterlicher Eigenschaften

Formale Bildung
(Bewußtseinsbildung – Personale
Bildung)
Geistig-seelische Befähigung

z. B.
Lern- und Denkfähigkeit entwickeln
Verständnis erzielen
Probleme erkennen und lösen

Ziel:

Entwicklung von Leistungsfähigkeit

Fachliche
Ausbildung
(Materielle Bildung)

Kenntnisse und
Fertigkeiten

Ziel:

Fachliche Leistung

Ziele der Lehrlingsausbildung

Bildungs- und Erziehungspartner

Einen Teil des voraussehbaren Ausbildungserfolges bei der Lehrlingsausbildung bildet das Zusammenwirken der Erziehungspartner im pädagogischen Dreieck (Graphik 2). Ist die Zusammenarbeit von Betrieb und Berufsschule durch das in Österreich vorgeschriebene duale Ausbildungssystem vorgegeben, muß für die weitere Einbindung des Elternhauses bzw. der Erziehungsberechtigten während der Lehrzeit der Betrieb sorgen.
Schon beim Vorstellungsgespräch des Lehrstellenbewerbers wird die Anwesenheit des Erziehungsberechtigten gefordert. Hierbei wird die Wichtigkeit der Zusammenarbeit von Eltern, Betrieb und Schule deutlich aufgezeigt, das Beurteilungssystem als Informationsmittel erklärt und die Wichtigkeit des Besuches von Elternversammlungen betont. Der schriftliche Kontakt und das persönliche Gespräch lassen den Erziehungsberechtigten den jeweiligen

Ausbildungsstand des Jugendlichen wissen und ermöglicht auch das Setzen fallweise nötiger Erziehungsmaßnahmen (BAG § 9 lit. 4).

Graphik 2

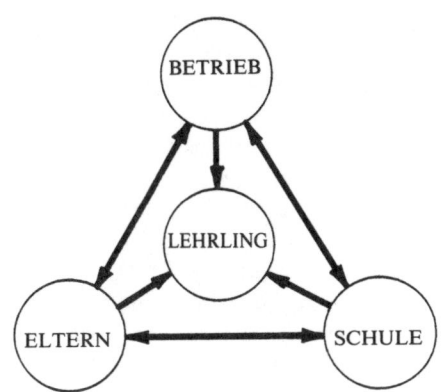

Pädagogisches Dreieck

Kennzeichen industrieller Ausbildung

Ohne Beurteilung der Vor- und Nachteile der Lehrlingsausbildung im Industriebetrieb sollen die Kennzeichen der Ausbildung aufgezeigt werden:

Hoher Kapitaleinsatz
Die Einrichtung von Lehrwerkstätten, deren Ausstattung mit Maschinen, Geräten und Hilfsmitteln erfordert sowohl in Ausbildungsberufen der Mechanik als auch der Elektrotechnik hohe finanzielle Mittel. Dazu kommen noch die hohen Personalkosten des hauptamtlichen Ausbildungspersonals, des Lehrwerkstättenleiters und des administrativen Personals.

Hauptamtliches Ausbildungspersonal
Qualifiziertes Fachpersonal mit pädagogischer Begabung und Ausbilderprüfung steht ausschließlich für die Lehrlingsausbildung zur Verfügung. Diese Ausbilder führen auch den Hauptanteil des innerbetrieblichen Unterrichts durch. Weiters steht der Ausbilder in ständigem Kontakt mit der Berufsschule und ist somit über die Schulleistungen seiner Lehrlinge informiert.

Zwischenbetriebliche Kontakte
Sie werden durch Entsendung von Ausbildern in Prüfungskom-

missionen zur Lehrabschlußprüfung gefördert. Der Weitblick in Fragen der Bildungspolitik wird durch die Teilnahme und Mitarbeit bei Veranstaltungen der Interessenvertretungen wie Handelskammer, Arbeiterkammer, Fachverband, VÖI und ÖGB eröffnet.

Technischer Entwicklungsstand
Infolge des hohen Aufwandes für Forschung und Entwicklung – besonders in der nachrichtentechnischen Industrie – finden innovative Erkenntnisse raschen Eingang in die Ausbildung. Das Rotationsprinzip des Ausbildungspersonals, d. i. permanenter Einsatz in Labor und Betriebspraxis, sichert laufende Aktualisierung von Wissen und Können sowie den Transfer in die Ausbildungsinhalte.

Vielfältiger Ausbildungsablauf
Die große Zahl inner- und außerbetrieblicher Arbeitsgruppen mit ihren verschiedenartigen Aufgabenstellungen und Arbeitsabläufen ermöglicht vielfältige, praxisnahe Ausbildungsmöglichkeiten in Realsituationen.

Innerbetrieblicher Unterricht
Es ist die Aufgabe des innerbetrieblichen Unterrichts, zu Lehrbeginn eine Hilfestellung und Vertiefung des Lehrstoffes der Berufsschule zu bieten. Im weiteren Ausbildungsablauf wird die Nutzanwendung des vermittelten theoretischen Wissens in Arbeitsabläufen und an Produkten des Betriebes aufgezeigt und behandelt. Die Darbietung dieses Betriebsunterrichts erfolgt durch das Ausbildungspersonal und durch Spezialisten des Betriebes.

Sicherer Arbeitsplatz
Die große Zahl an Arbeitsplätzen, der laufende Bedarf an qualifiziertem Fachpersonal sowie die nicht immer unmittelbar spürbaren Folgen von Konjunkturschwankungen sichern in den meisten Fällen die Weiterbeschäftigung ehemaliger Lehrlinge auch nach Ablauf der Behaltefrist. Da in vielen Fällen die Lehrlinge auf ihren „Wunscharbeitsplatz" versetzt werden können, findet man bei ITT Austria 10 Jahre nach Lehrzeitende noch über 60 % der ehemaligen Lehrlinge, wovon ca. 20 % schon Vorgesetzten- bzw. Spezialistenpositionen innehaben.

Gesicherter Ausbildungsablauf
Unabhängig von Konjunktur-, Auftrags- und Beschäftigungslage kann der Ausbildungsablauf wie geplant realisiert werden. Die enge Zusammenarbeit mit den Arbeitnehmervertretern (Betriebsrat und Jugendvertrauensrat) ermöglicht diesen laufenden Einblick in

die Ausbildungsarbeit. Dadurch erfüllt das Unternehmen auch die Auflage des § 94 Arbeitsverfassungsgesetz.

Als zusätzliche Verpflichtung für den Lehrling wird im Lehrvertrag die Führung eines „Training-Reports" vom Unternehmen gefordert. In diesem Arbeitsbuch sind Ausbildungsinhalte und -abläufe, Ausbildungsorte, Kursnotizen und Beurteilungsergebnisse eingetragen. Dieses Hilfsmittel bildet nicht nur eine wertvolle Lernhilfe, sondern gibt auch Auskunft über den jeweiligen Ausbildungsstand des Lehrlings.

Ausbildungsplan

Der betriebliche Ausbildungsplan bildet die schriftliche Vorbereitung zur Umsetzung der im Berufsbild festgelegten Fertigkeiten und Kenntnisse, die dem Lehrling im jeweiligen Lehrjahr durch zielgerichtete Lehrprozesse zu vermitteln sind. Zusätzlich werden im Ausbildungsplan auch betriebsspezifische Inhalte und sonstige Nebentätigkeiten berücksichtigt. Neben den fachlichen Anforderungen sind auch Verhaltensanforderungen − unter Berücksichtigung der Sozialform beim Ausbildungsablauf − und gesetzliche Auflagen zu berücksichtigen (Graphik 3).

Die fachlichen Anforderungen werden entsprechend ihrem Schwierigkeitsgrad und ihrer Komplexität aufgeschlüsselt und unter Beachtung der Regeln der Unterrrichts- und Unterweisungstechnik gereiht:

− vom Bekannten zum Unbekannten,
− vom Leichten zum Schwierigen,
− vom Einfachen zum Komplizierten,
− vom Allgemeinen zum Komplexen,
− vom Konkreten zum Abstrakten.

Als nächster Schritt wird der Ausbildungs-Durchführungsplan erstellt. Dies ist eine logisch aufbauende Aneinanderreihung der einzelnen Ausbildungsschritte. Daran schließt sich die Definition von Feinzielen mit Endverhalten, Bedingungen und Bewertungsmaßstab.

Zum Erlernen und Üben der Fertigkeiten werden Übungsbeispiele entwickelt, die sinnvolle Ergebnisse darstellen (z. B. Prüfsummer, Werkzeugsatz, elektronisches Gerät usw.). Parallel zu jeder Übung erarbeitet der Ausbilder ein Unterweisungskonzept, Ausbildungshilfsmittel (Zeichnung, Arbeits- und Aufgabenblätter, Protokolle u. v. a.) und Bewertungsrichtlinien.

Liegt der Schwerpunkt der Aufgabenlösung zu Lehrbeginn in der

Graphik 3

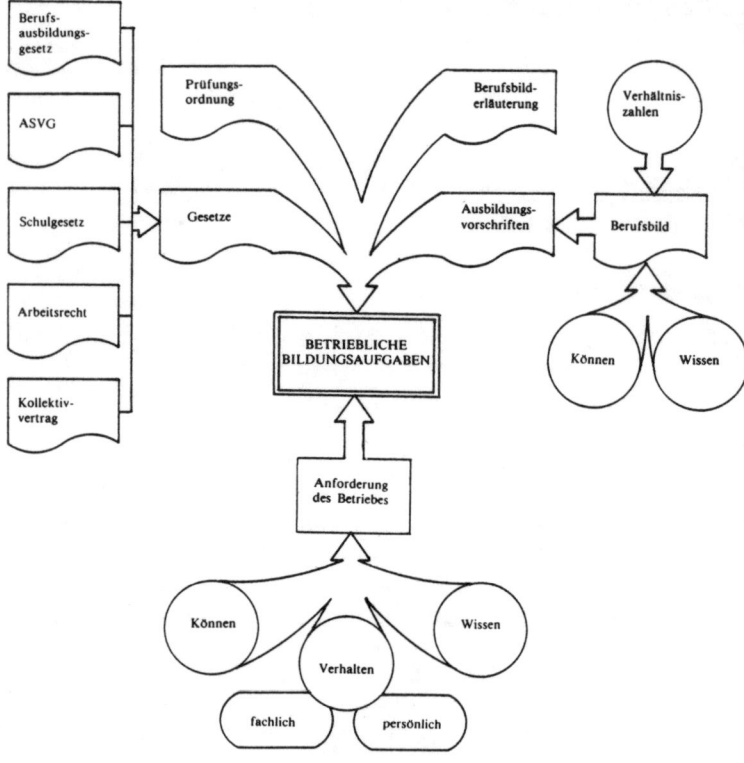

Einfluß auf die betriebliche Bildungsarbeit

Einzelarbeit, wird in den Aufbaulehrgängen die in der Realität auftretende Teamarbeit auch in der Lehrlingsausbildung angewendet. Komplexe Aufgabenstellungen werden von einer Lehrlingsgruppe besprochen, geplant und arbeitsteilig realisiert. Solcherart entstehen Grund-, Aufbau- und Speziallehrgänge, die weitgehend in den Lehrwerkstätten durchgeführt werden.

Zur Nutzanwendung des Erlernten und als wesentliches Motivationsmittel dient der weitere Einsatz der Lehrlinge in den verschiedenen Betriebsabteilungen.

Da nicht alle Ausbildungsinhalte sinnvoll in einer Lehrwerkstätte vermittelt werden können (z. B. Montagetätigkeiten, Kleinserienfertigung, Service- und Entstörungsarbeiten u. v. a.), werden mit Betriebs- und Außendienstabteilungen „Ausbildungsverträge" abgeschlossen. Die Vorgesetzten dieser Abteilungen verpflichten sich schriftlich, eine bestimmte, ausgewählte Menge von Fertigkeiten innerhalb des Versetzungszeitraumes zu vermitteln. Dies erfolgt meist durch einen qualifizierten Facharbeiter.

Im Ausbildungs-Ablaufplan (Rahmenplan) muß natürlich nicht nur eine steigende Qualifizierung des Lehrlings geplant, sondern auch eine gleichmäßige Auslastung der Lehrwerkstätten berücksichtigt werden.

In Zeitabständen werden die Lehrlinge je Lehrjahr zu ein- oder mehrtägigen Zwischenprüfungen (ähnlich den Teilprüfungen lt. BAG) in die Lehrwerkstätten zurückbeordert. Die Auswertung der Ergebnisse erfolgt durch den Ausbilder oder gegenseitig durch die Lehrlinge. Die letzten Monate der Lehrzeit sind der Einarbeitung auf dem künftigen Arbeitsplatz vorbehalten, wodurch ein kontinuierlicher Übergang in das „Facharbeiterleben" erfolgt.

Beurteilungswesen

Die Beurteilung von Fleiß, Leistung und Verhalten stellt ein wesentliches Erziehungsmittel in der Lehrlingsausbildung dar. Diese Beurteilung erfolgt im 1. Lehrjahr monatlich, in den weiteren Lehrjahren für jeden Ausbildungsabschnitt (Versetzungsperiode). Das Ergebnis wird vom Ausbilder bzw. vom Ausbildungsbeauftragten der jeweiligen Ausbildungsabteilung nach dem Ablauf „Beobachten − Beschreiben − Bewerten" ermittelt. Als Hilfsmittel dient ein strukturierter Beurteilungsbogen mit Beurteilungskriterien in verbaler Form (siehe Seite 116).

Das Beurteilungsergebnis wird mit dem Lehrling besprochen, wobei im Falle aufgezeigter Schwachstellen Abhilfemaßnahmen gemeinsam geplant und vereinbart werden. Das Beurteilungsergebnis wird auch dem Erziehungsberechtigten zur Kenntnis gebracht. Aus den Beurteilungen der gesamten Lehrzeit wird die Endbeurteilung für das Firmen-Lehrzeugnis ermittelt.

Ausbildungskosten

Die Ermittlung der Ausbildungskosten eines Lehrlings ist bei ITT Austria relativ einfach, da alle Lehrlinge während der gesamten Lehrzeit auf der Kostenstelle „Lehrwerkstätte" verbleiben.

Die Ausbildungskosten eines Lehrlings für ein Lehrjahr belaufen sich auf S 172.000,-, woraus sich für die gesamte Lehrzeit von $3^{1}/_{2}$ Jahren ein Betrag von S 600.000,- ergibt. In den letzten $1^{1}/_{2}$ Jahren wendet der Lehrling sein bisher erworbenes Wissen und Kön-

Führung	Arbeitsverhalten	Leistung
Note gibt Auskunft über: a) Betragen im allgemeinen b) Wahrheitsliebe und Ehrlichkeit gegenüber Vorgesetzten, Mitarbeitern, Kollegen c) Hilfsbereitschaft d) Zuverlässigkeit e) Persönliche Haltung und Ordnung	Note gibt Auskunft über: a) Arbeitsinteresse b) Arbeitstempo c) Fleiß und Ausdauer d) Pünktlichkeit e) Führung des Ausbildungsreports f) Mitarbeit im Werksunterricht	Note gibt Auskunft über: a) Arbeitsgüte b) Anstelligkeit und Geschicklichkeit c) Gedächtnis und Merkfähigkeit d) Denkvermögen e) Auffassung und geistliche Aktivität f) Anwendung von Englisch und/oder Stenotypie
a) vorbildlich b) ehrlich und kollegial c) hilfsbereit aus Eigeninitiative d) sehr zuverlässig e) taktvoll – gewissenhaft – Ordnungssinn	a) sehr interessiert – strebsam b) flott – zügig – flink c) fleißig – ausdauernd d) pünktlich e) gewissenhaft, pünktlich, überlegt f) aufmerksam – eifrig	a) Arbeit ohne Korrektur verwendbar b) wendig – geschickt c) behält sehr gut d) logisch, planend, scharfsinnig e) begreift sofort, ideenreich f) richtige und dauernde Anwendung
a) einwandfrei b) manchmal unehrlich und/oder unkollegial c) hilfsbereit nach Aufforderung d) im allgemeinen zuverlässig e) manchmal oberflächlich	a) interessiert b) gemächlich, doch gleichmäßig c) gleichmäßig d) manchmal unpünktlich e) allgemein zufriedenstellend f) zufriedenstellend	a) Arbeit brauchbar, selten Fehler b) bemüht c) vergißt gelegentlich d) überlegt, braucht Anstöße e) aufgeschlossen, einsichtig f) macht manchmal Fehler, scheut Anwendung
a) manchmal nicht einwandfrei b) oft unehrlich und/oder unkollegial c) wenig hilfsbereit d) manchmal unzuverlässig e) oft taktlos, hochmütig, nachlässig, flüchtig, vorlaut	a) wenig interessiert b) langsam – schwunglos c) bequem – nachlassend d) oft unpünktlich e) gelegentlich Mängel f) gelegentlich Mängel	a) Arbeit bedingt brauchbar, oft Fehler b) umständlich c) vergißt oft, braucht Mahnung d) schablonenhaftes Denken e) begreift langsam, gedankenarm f) Anwendung nach Aufforderung, macht oft Fehler
a) oft nicht einwandfrei b) unehrlich, unkollegial c) nicht hilfsbereit d) oft unzuverlässig e) taktlos, fahrlässig, rücksichtslos, schlampig	a) gleichgültig, Desinteresse b) stockend, träge, freudlos c) faul, unbeständig d) unzuverlässig e) oft Mängel f) nachlässig, unaufmerksam	a) Arbeit oft unbrauchbar b) schwerfällig, unbeholfen c) vergeßlich, braucht andauernd Mahnung d) einfältig – Wirkopf e) begreift schwer, denkfaul f) keine Anwendung, unbrauchbar

nen an realen Arbeitssituationen an, um solcherart Kondition und Perfektion zu erlangen. Dieses Mitarbeiten in der Praxis entspricht ca. 60 % einer Facharbeiterleistung, wodurch sich die Ausbildungskosten um ca. S 110.000,- reduzieren. Somit hat das Unternehmen für jeden ausgebildeten Lehrling S 490.000,- aufzuwenden.

Ermittlung der Einstellquote

Die Ermittlung der jährlich aufzunehmenden Lehrlingszahl erfolgt aufgrund der langfristigen Personalbedarfsplanung des Unternehmens. Kennwerte dazu sind Fluktuation, Übernahme von Facharbeitern in das Angestelltenverhältnis sowie der natürliche Abgang durch Pension oder sonstige Gründe.

Der Bekanntheitsgrad des Unternehmens und der gute Ruf der Lehrlingsausbildung ergab in den letzten Jahren die zwanzigfache Zahl an Lehrstellenbewerbern gegenüber dem echten Bedarf; dies alles ohne eine Zeile Werbung!

Der Lehrstelleninteressent erhält eine Informationsschrift mit Beschreibung des Unternehmens und Erklärung der Ausbildungsberufe. Letzlich entscheiden die Zeugnisergebnisse des 8. und 9. Schuljahres, die Leistung bei einem betriebsinternen Wissens- und Begabungstest sowie die gewonnenen persönlichen Eindrücke bei einem Gespräch mit dem Lehrling und dessen Erziehungsberechtigten über die Zusage einer Lehrstelle.

Bei einer Elternversammlung vor Lehrbeginn werden organisatorische, pädagogische und rechtliche Themen der Berufsausbildung behandelt, wobei die Aufgaben der Erziehungspartner klar aufgezeigt werden. Innerhalb der zweimonatigen Probezeit werden an ausgewählten Arbeitsproben die Begabungen der Lehrlinge intensiv geprüft. Dadurch hat jeder Lehrvertragspartner die Chance, eine gewisse Sicherheit für den weiteren Ausbildungsverlauf zu erlangen.

Ausblick

Das Schwergewicht und die Hauptverantwortung eines abgerundeten, praxisorientierten Bildungsweges hinsichtlich Fachausbildung, Persönlichkeitsentwicklung und Sozialisation wird auch weiterhin im Betrieb liegen.

Der im Gespräch stehenden Verkürzung der Arbeitszeit und der Verlängerung der Berufsschulzeit stehen rascher Technologiewandel und laufende Änderungen der Arbeitsverfahren gegenüber (Graphik 4).

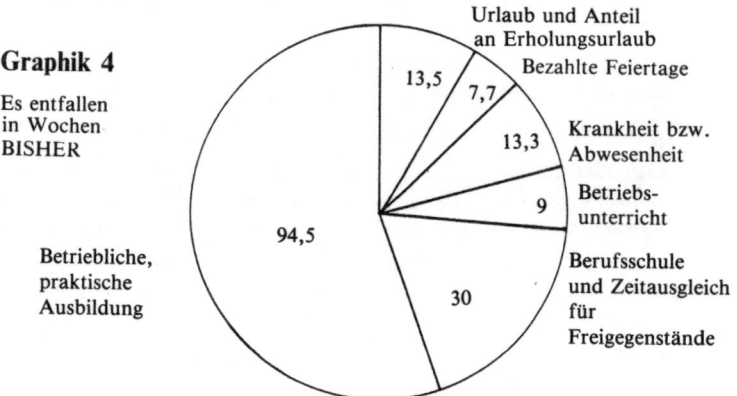

Graphik 4

Es entfallen
in Wochen
BISHER

Urlaub und Anteil
an Erholungsurlaub

Bezahlte Feiertage

13,5

7,7

13,3

Krankheit bzw.
Abwesenheit

9

Betriebs-
unterricht

94,5

Betriebliche,
praktische
Ausbildung

30

Berufsschule
und Zeitausgleich
für
Freigegenstände

*Verteilung der Lehrzeit eines gewerblichen ITT-Lehrlings
mit 3¹/₂ Jahren (168 Wochen) Lehrzeit*

Die sich daraus ergebende Verkürzung der Ausbildungszeit im Betrieb muß durch laufende Aktualisierung der Berufsbilder und Einsatz neuer Lernmethoden (computerunterstütztes Lernen) optimal genützt werden. Arbeitswissenschaftliche Unterstützung wäre hiebei höchst notwendig.

Für den industriellen Facharbeiter genügt es nicht, von vielem lediglich etwas zu wissen, denn er soll mit seiner Berufsausbildung für seinen Lebensunterhalt sorgen und einen Beitrag für die österreichische Wirtschaft leisten.

Lehrlingsausbildung in einem mittleren Industriebetrieb

Egon Blum

Einige Fakten über die Firma Blum

Mit einem Umsatz von 1,5 Milliarden Schilling, 90 % Exportanteil und einem Mitarbeiterstand von 1500 Personen zählt die Firma Blum weltweit zu den größten Herstellern von Möbel-Funktionsbeschlägen. Sie wurde 1952 von Julius Blum gegründet und hat ihren Hauptsitz in Höchst in Vorarlberg.

LEHRLINGSAUSBILDUNG ALS „STRATEGISCHE GESCHÄFTSEINHEIT"

Die hochmechanisierte, rationalisierte Herstellung von Produkten in einer vom Markt erwarteten Qualität zu konkurrenzfähigen Kosten bzw. Preisen setzt den Einsatz von höchstqualifiziertem Fachpersonal voraus. Der Maßstab für den hohen Ausbildungs-Qualifikationslevel muß unter Berücksichtigung des 90%igen Exportanteils entsprechend anspruchsvoll angesetzt werden.

So ist der heutige zur Wettbewerbserhaltung im Einsatz befindliche Fertigungstechnologiestand der Maßstab, welcher den Level der Ausbildungsanforderungen an im Einsatz stehendes wie künftiges Fachpersonal bestimmt.

Eine mittelfristige Unternehmensstrategie ohne Spezialistenplanung – Berücksichtigung der künftig zum Einsatz erforderlichen Fachkräfte – muß heute als unvollständige Unternehmensplanung empfunden werden, weshalb bei Blum die Lehrlingsausbildung berechtigterweise als „strategische Geschäftseinheit" gesehen wird.

Gründung der Lehrwerkstätte

Die Bedeutung der für den Auf- und Ausbau der betrieblichen Zukunft erforderlichen Spezialisten, das regional für den Einzugsbereich der Firma Blum zur Verfügung stehende Fachkräfteangebot sowie eine positive gesellschaftlich-soziale Grundeinstellung wa-

119

ren die Haupteinflußkomponenten zur Gründung einer modernen Lehrwerkstätte im Jahre 1970.

So wurden bislang etwa 5 Millionen Schilling an Raum-Investitionen und zusätzlich 35 Millionen an Maschinen-Investitionen für die Lehrwerkstätte getätigt. Das Investitionsbudget für neuzeitliche CNC-Maschinen − Bearbeitungszentren − sowie diverse andere zeitgemäße Werkzeugbearbeitungs-Maschinen ergibt eine Investitionsgröße von rund 8 Millionen Schilling für das Wirtschaftsjahr 1985/86 sowie weitere 10 Millionen Schilling an Maschinen- und Anlagen-Investitionen für die Jahre 1987, 1988, 1989.

Die bauliche Veränderung der Lehrwerkstätte im Jahre 1985 entspricht einer zusätzlichen Investition von rund 7 Millionen Schilling.

Mit der zur Verfügung stehenden Ausbildungskapazität werden unter Berücksichtigung der bereits fixierten Lehrlings-Neueinstellungen für 1985/86 ungefähr 100 Lehrlinge in nachstehend angeführten Berufen ausgebildet:

	Lehrjahre
Mechaniker oder Werkzeugmacher	$3^1/_2$
Werkzeugmaschineur − Technischer Zeichner (Doppellehre)	4
Betriebselektriker	$3^1/_2$
Technischer Zeichner/Werkzeugmacher − Technischer Zeichner/Mechaniker (Doppellehre)	4
Kunststoffverarbeiter	3

„Nach Lehrabschluß ins Angestelltenverhältnis"

Um seitens der Unternehmensleitung gegenüber den manuell eingesetzten Fachspezialisten zu beweisen, daß den im betrieblichen Bereich eingesetzten Spezialisten die gleiche persönliche Wertschätzung zukommt bzw. in der gesellschaftlichen Einordnung kein Unterschied besteht gegenüber Bürotätigkeiten, wird im Hause Blum jeder Lehrling nach Absolvierung der Facharbeiterprüfung ins Angestellten-Verhältnis übernommen.

Nicht zuletzt durch diese Maßnahme ist es gelungen, sowohl Ausbildern als auch Auszubildenden klarzumachen, daß das duale Ausbildungssystem kein zweitrangiger Bildungsweg ist, sondern lediglich − und das sei speziell erwähnt − ein anderer, bei dem Intelligenz, manuelle Fähigkeiten − Eignung und Neigung für das Handwerkliche − vorhanden sein müssen.

BLUM-AUSBILDUNGSPHILOSOPHIE

Leitsatz
„Vorbild ist die beste Erziehung"

Aus dem angeführten Leitsatz ist unmißverständlich die Forderung an alle im Ausbildungssystem beinhalteten Aktivitäten bzw. Richtlinien geknüpft, daß all das, was von Lehrlingen erwartet wird, in erster Linie und zuerst von den Ausbildern selbst auch gemacht wird, wobei diese hier zitierte grundsätzliche Einstellung die auf Geschäftsleitungsebene für die Ausbildung Verantwortlichen „aus Überzeugung" miteinschließt.

Die besonderen Qualifikationsmerkmale eines vollamtlichen − Blum-Ausbilders

Es sind „drei Hauptsäulen", welche den Ausbildungsauftrag des Blum-Ausbildungssystems tragen und sowohl von der Bedeutung als auch von der Aktualität her gleich zu gewichten sind:
1. Vermittlung von zeitgemäßen manuellen Fähigkeiten, Fachwissen und technischem Know-how.
2. Vorbild in betrieblichem wie in privatem Verhalten.
3. Betreuung des Lehrlings in psychologischer Hinsicht während der gesamten Lehrzeit.

Während die Punkte 1 und 2 nicht besonders erläutert werden müssen, ist unter Punkt 3 zu verstehen, daß das Verhalten von Jugendlichen außerhalb der „Normvorstellung von Erwachsenen" nicht als Problem angesehen werden darf, sondern vielmehr als Hinweis gesehen werden muß, daß hier die Möglichkeit besteht, dem Jugendlichen helfend zur Seite zu stehen.

Die erforderliche Hilfestellung für Jugendliche, welche aufgrund von Pubertätseinflüssen oder sonstiger Einflußfaktoren in ein gewisses Ungleichgewicht geraten, wird als äußerst wichtige und verantwortungsvolle Aufgabe empfunden.

Erst das Begreifen der Erkenntnisse, welche Einflußmöglichkeit bzw. welche Chance, aber auch welche Verantwortung der Ausbilder hat, dem in seiner Obhut verantworteten Jugendlichen sowohl berufliches wie menschliches Rüstzeug für das noch vor ihm stehende Leben zu geben, erklärt und begründet die im Lehrlings-Ausbildungssystem enthaltenen Sonderaktivitäten und den besonderen Stellenwert eines Blum-Lehrlingsausbilders.

Ausbildung als Erfolgserlebnis

Um den Jugenlichen in den verschiedensten Entwicklungsphasen sowohl beruflicherseits als auch in menschlicher Hinsicht optimal unterstützen zu können, erfolgt die Ausbildung während der gesamten Lehrzeit, wenn immer es möglich ist, innerhalb der in sich abgeschlossenen, räumlich von der Produktion geteilten Lehrwerkstätte. Das Herstellen ganzer Werkzeuge, Maschinenbaugruppen sowie der Einsatz im Muster- und Prototypenbau ermöglichen eine Ausbildung im Sinne des produktiven Einsatzes. Durch diese Art der Ausbildung erlebt der Lehrling wiederholt, daß das, was er geschaffen und erzeugt hat, auch praktisch gebraucht werden kann.

Maschinenpark in der Lehrwerkstätte

In der Lehrwerkstätte sind durchwegs nur neue bzw. sehr gute Maschinen eingesetzt. Dadurch wird innerhalb des Reifeprozesses noch fehlendes Fachwissen durch den Einsatz von neuen Maschinen z. T. kompensiert, insgesamt aber dadurch der Ausbildungsprozeß beschleunigt.

Die Maschinenarbeiten Senkerodieren, Drahterodieren, K-Schleifen sowie Profil-Schleifen werden außerhalb der Lehrwerkstätte im Bereich der jeweiligen Fachabteilung vermittelt, nachdem diese Maschinen derzeit nicht zum Maschinenpark der Lehrwerkstätte gehören.

Nicht die schulische Qualifikation, sondern die persönliche Einstellung des Lehrlings und das Engagement der Ausbilder sind in erster Linie für die Erreichung eines hochgesteckten Ausbildungszieles maßgebend. Es zeigt sich, daß Schüler des 1. Klassenzuges wie Schüler des 2. Klassenzuges Spitzenleistungen erbringen können.

PHILOSOPHIE
PRAKTISCHE ANWENDUNG
ERGEBNISSE

Analyse einiger „Einzel-Aktivitäten":

Berufswahlunterstützung — Tag der offenen Türen — Schnupperlehre

Die wichtigste Entscheidung im Leben eines jungen Menschen ist neben der Partnerwahl die Berufswahl. Die Wahl für den jeweiligen Betreffenden ist insoweit schwierig, zumal Eltern, Verwandte und Freunde des Elternhauses bewußt oder unbewußt einen sehr starken Einfluß auf den jungen Menschen nehmen.

Um eine möglichst fundierte Berufsentscheidung treffen zu können, wird jährlich einmal im Zeitraum Februar das gesamte Werk 3 — Technik, im besonderen die Bereiche Konstruktion, Werkzeugbau, Spezialmaschinenbau und Lehrlingsausbildung in eine „Berufswahl-Informationszentrale" umgewandelt.

Für diesen Tag besonders eingeladen sind Hauptschüler der 4. Klasse, zumal gerade diese Altersstufe vor der generellen Entscheidung steht, ob sie weiter einen mehr schulischen Ausbildungsweg einschlägt oder ob sie sich für eine Ausbildung entscheidet, welche im Rahmen des dualen Ausbildungssystems — sprich Lehre — angeboten wird.

Eignungstest — Einstellung als Blum-Lehrling

Im Zeitraum vor Ostern werden durch Information an die Öffentlichkeit die im Hause Blum angebotenen, zu erlernenden Berufe bzw. Lehrstellen ausgeschrieben.

Etwa 2 Wochen vor Ostern wird dann über einen an zwei verschiedenen Tagen durchgeführten Eignungstest (einmal schriftlich, einmal mündlich) aufgrund der Erkenntnisse über Eignung und Neigung eine unumgängliche Auswahl getroffen. Unumgänglich deshalb, weil in den vergangenen Jahren für ungefähr 20 aufzunehmende Lehrlinge über 150 Anmeldungen eintrafen.

Für die Auswahl mitentscheidend sind neben den Ergebnissen der schriftlichen und mündlichen Eignungsuntersuchung das Verhalten des Lehrlingsanwärters anläßlich der berufspraktischen Tage. Das letzte Schulzeugnis wird erst nach abgeschlossenem Test mit in die Bewertung einbezogen, damit keine Beeinflussung der Prüfer erfolgt.

Kontakt zum Elternhaus

Noch vor der fixen Einstellung des Lehrlings werden beide Elternteile über die „Eigenheiten" des Blum-Ausbildungssystems informiert. Die Eltern erklären sich bereit, einmal im Jahr zu den obligatorisch abgehaltenen Eltern-Informationsabenden zu kommen. Sollten unvorhergesehene Ereignisse sowohl schulischerseits als auch betrieblicherseits eintreffen, sagen die Eltern zu, unverzüglich der Einladung des jeweiligen Ausbildungsleiters Folge zu leisten.

Zusammenarbeit mit der Berufsschule

Eigentlich sagt schon der Name „duales Ausbildungssystem", daß bei diesem Ausbildungstypus mehrere mitbeteiligt sind. Der Kontakt zwischen dem Ausbildungsbetrieb Firma Blum und der Berufsschule wird bewußt intensiv gepflegt. So erkennt der Lehrling sehr schnell, daß zwischen Berufsschule und Ausbildungsbetrieb ein gutes Einvernehmen herrscht und sein Ausbildungsziel auf beiden Seiten im Mittelpunkt steht.

Weiterbildungsveranstaltungen von Berufsschullehrern im Hause Blum sowie Erfahrungsaustausch über neue zeitgemäße Technologien finden, wenn immer die Schule es wünscht, statt.

Das Angebot seitens der Schule, daß Firmen an der Erstellung der Lehrpläne mit Vorschlägen mitmachen dürfen, wird immer sehr gerne angenommen.

Lehrlingsturnen

Während des 1. Lehrjahres wird täglich von 9.00 bis 10.00 Uhr ein Ausgleichsprogramm, das unter dem Motto „Lehrlingsturnen" läuft, absolviert. Ziel ist es, dem erst aus der Schule gekommenen Lehrling durch einen Unterbruch im Tagesablauf den Übergang von der bislang rein schulischen zur mehr manuellen Ausbildung besser angewöhnen zu können.

Das nun seit vielen Jahren praktizierte Lehrlingsturnen hat sich bestens bewährt und könnte aus dem Blum-Ausbildungssystem nicht mehr weggedacht werden.

Ausbildungsnachweis

Einerseits zur planerischen, andererseits zum Zwecke der Ausbildungs-Fortschrittskontrolle wird für jeden Lehrling ein sogenannter Ausbildungsnachweis geführt. In diesem Ausbildungsnachweis ist angeführt, wann der betreffende Lehrling die verschiedenen Handarbeiten bzw. Maschinenarbeiten laut gesetzlich vorgeschriebenem Berufsbild erlernt hat oder vorausschauend noch lernen muß.

Lehrlingsleistungswettbewerb

Jeder Lehrling der Eisen-Metall-Elektro-Industrie Vorarlbergs nimmt nach Absolvierung des 2. Lehrjahres an einem Lehrlingsleistungswettbewerb teil. Dieser Lehrlingswettbewerb dient als Ausbildungs-Fortschrittskontrolle und gibt dem Lehrling einen günstigen Hinweis, wie die Lehrabschlußprüfung in etwa abläuft, so daß ihm doch einiges von der Prüfungsangst genommen werden kann.

Betrieblicherseits hat der positive Abschluß jedes Lehrlings beim Lehrlingsleistungswettbewerb die Rückvergütung von S 30.000,-- eines vorher einbezahlten Betrags in einen Fonds der Eisen-Metall-Elektro-Industrie Vorarlbergs zur Folge.

Nachhilfeunterricht

In dem Moment, wo ein Lehrling in der Schule auf einer Note 4 oder Note 5 steht, ist automatisch am darauffolgenden Samstag für ihn der Beginn des Nachhilfeunterrichts obligatorisch.

Diese seit über 10 Jahren durchgeführte schulische Ausbildungsunterstützung zur Abdeckung von Bildungsdefiziten aus dem Pflichtschulbereich einerseits sowie Versäumnissen in der Berufsschule ist nicht mehr vom Blum-Ausbildungssystem wegzudenken.

Wenn erforderlich, wird der Nachhilfeunterricht auf einige Abende unter der Woche (nach Arbeitsschluß) ausgedehnt, so daß schulisch Schwache eine echte Chance haben, positiv abzuschließen.

Lernfaule erkennen durch diese Maßnahme sehr bald, daß es bequemer ist, zu Hause zu lernen, als nach Arbeitsschluß im Betrieb dies nachzuholen.

Erste-Hilfe-Kurs als obligatorisches Ausbildungsfach

Im Zyklus von 2 Jahren wird jeweils ein Erste-Hilfe-Kurs mit anschließender Abschlußprüfung im Hause Blum durchgeführt. Der Grund für diese Schulung liegt darin, daß gerade Jugendliche in diesem Alter sehr viel unterwegs sind und daher die Fähigkeit haben müssen, sich und andere im Notfall versorgen zu können. Die Schulung erfolgt z. T. außerhalb der Normalarbeitszeit, wobei nach positivem Abschluß des Kurses diese Zeit als Überstunden nachbezahlt wird.

Information über Rauschgift, Suchtgift und Medikamentenmißbrauch

Ebenfalls wie der Erste-Hilfe-Kurs wird im Zyklus von 2 Jahren (als Gegenveranstaltung) für Eltern und Auszubildende eine Information über die Gefahren der Rausch- und Suchtgifte gegeben. Zu diesem Anlaß spricht abwechslungsweise ein Fachmann der Suchtgift-Kripo und ein Arzt zu diesem wichtigen Thema.
Der Besuch dieser Veranstaltungen ist für Lehrlinge obligatorisch, währenddessen beide Elternteile gebeten werden, ebenfalls teilzunehmen.

Exkursionen

Während der Lehrzeit werden mehrere Exkursionen durchgeführt. Der Lehrling soll damit die Möglichkeit bekommen, in andere Branchenbereiche Einblick zu nehmen. Der Besuch des Technischen Museums in München ist zwischenzeitlich ein obligates Ziel einer der jährlichen Exkursionen.

Stellenwert der NC-Technologie und aus den Zukunftsperspektiven abgeleitete Aktivitäten

Jedem im technischen Bereich der Wirtschaft tätigen Manager ist zwischenzeitlich klar, daß die NC-Technologie die bisher eingesetzten Fertigungspraktiken ersetzen wird und eine fertigungstechnologische Revolution ausgelöst hat. Wesentlich ist die Erkenntnis, daß der damit verbundene Technologiesprung innerhalb der nächsten 3 bis 5 Jahre für alle, die mitmachen, ergebniswirksam und für diejenigen, die den Trend der Zeit nicht erkennen, existenzgefährdend sein wird.
Bereits im Jahre 1980 wurde im Hause Blum begonnen, im Bereich der Lehrwerkstätte sich mit der NC-Technologie zu befassen und Ausbilder wie Lehrlinge mit dieser bahnbrechenden Materie vertraut zu machen.

NC-Basisausbildung für alle Lehrlinge
Mittels eines NC-Bildschirm-Schularbeitsplatzes, welcher seit

Frühjahr 1985 im Bereich der Lehrwerkstätte installiert ist, werden nun sämtliche Lehrlinge in einem 2- bis 4monatigen Grundseminar das erforderliche Basiswissen über die NC-Technologie vermittelt bekommen.

Nach Absolvierung des NC-Grundlehrganges ist für den neuen Beruf des „Werkzeugmaschineur — Technischer Zeichner" ein Intensivlehrgang auf neuesten CNC-Fräsmaschinen sowie einer CNC-Drehbank zur Vertiefung der NC-Technologie angeschlossen.

Aufgrund der bislang gemachten Erkenntnisse besteht überhaupt kein Zweifel, daß Lehrlinge im 3. und 4. Lehrjahr in der Lage sind, für CNC-gesteuerte Maschinen Programme für Werkstücke mittlerer Komplexität selbständig zu erstellen und auf diesen abzuarbeiten.

Ausbildung-Ergebnisprämie und Zeugnisprämien

Jeder Mitarbeiter hat das Recht, von seinem Vorgesetzten jährlich mehrmals zu erfahren, wie er ihn sieht, wo er mit ihm zufrieden ist — wo also seine Stärken sind — und wo aus Sicht des Vorgesetzten Optimierungsansätze zur Behebung von Schwachstellen angebracht sind.

Die Lehrlinge der Firma Blum werden halbjährlich bewertet. Dabei wird die schulische Leistung zu einem Drittel und die betriebliche Leistung mit zwei Dritteln in die Bewertung eingesetzt. Das aus dieser Bewertung resultierende Ergebnis eröffnet dem Lehrling die Möglichkeit, zur Lehrlingsentschädigung zusätzlich eine Prämie zu bekommen. Es gibt insgesamt drei Prämienstufen, wobei ein Lehrling, welcher $3^1/_2$ Jahre in der obersten Prämienstufe bleibt, neben der Lehrlingsentschädigung etwa S 80.000,- innerhalb der Lehrzeit zusätzlich verdienen kann.

Es sei an dieser Stelle erwähnt, daß es Jahrgänge gibt, in denen über 50 % der Lehrlinge die gesamte Prämie über die ganze Lehrzeit erhalten.

In diesem Prämiensystem ist die schulische Leistung u. a. mit der Konsequenz ausschlaggebend, daß ein Lehrling mit der Schulnote 5 z. B. keine Prämienberechtigung hat, mit einer Note 4 maximal auf die erste Prämienstufe kommen kann.

Die Miteinbeziehung der schulischen Leistung in das Gesamtprämiensystem ist damit begründet, daß der Lehrling gleich vom ersten Tag weg erkennt, daß zwischen Schule und Betrieb im Interesse des Auszubildenden eine enge Zusammenarbeit vorherrscht.

Weitere aus der schulischen Leistung resultierende Prämien sind:
S 300.- für jedes Zeugnis mit Vorzug
S 200.- für jedes Zeugnis ohne 4
S 100.- für das jeweils beste Zeugnis
Als konkrete Angabe sei hier erwähnt, daß ein Lehrling im
4. Lehrjahr in der obersten Prämienstufe eine monatliche Zusatzausschüttung von S 2.870.- bekommt.

150 Schilling Monatsprämie für korrektes Verhalten im Straßenverkehr

Die unter diesem Titel seit 1. 9. 1983 laufende Aktion dient zum
Schutze von Leben und Gesundheit der Blum-Lehrlinge. Es ist erwiesen, daß junge Menschen im Zeitabschnitt zwischen 16 und 25
Jahren aufgrund ihrer jugendlichen Begeisterung für das Fahren
mit Mopeds – Mofas (ab 16 Jahren) – Motorrädern – Autos
(ab 18 Jahren) sehr oft die Grenzen der noch vertretbaren Risiken
überschreiten. Ratschläge von Eltern und Gesetzgeber in Richtung
vernünftiges Fahren werden größtenteils überhört und nicht befolgt. Für jede Unterlassung erfolgt eine Kürzung der Prämie von
S 300.-.

Nichtraucherprämie

Das Rauchen ist im Betrieb sowie im Betriebsgelände im Rahmen
des Blum-Ausbildungssystems verboten.
Verspricht der Lehrling, jedoch auch in der Freizeit nicht zu rauchen, bekommt er monatlich vom Betrieb eine Anerkennungsprämie von S 100.-.
Die Handhabung, daß lediglich auf ein Versprechen hin eine Prämie ausbezahlt wird, wurde bewußt so gewählt, damit der Jugendliche auch sieht, daß ihm auf sein Wort hin vertraut wird.

Rückblick auf die Lehrzeit

Vieles, was während der Lehrzeit seitens der Lehrlinge als ungeeignet, vielleicht aber auch als gut bezeichnet wird, sieht am Ende einer Lehrzeit mitunter etwas anders aus. Alle Aktivitäten innerhalb des Blum-Ausbildungssystems dienen dazu, jungen Menschen einerseits eine optimale technische Ausbildung zu geben,
andererseits sie im Zeitraum der Ausbildung nach besten Bemühungen auch menschlich zu betreuen. Eine unter dem angeführten
Titel abgehaltene Aussprache bzw. Standortbestimmung gibt den

für das Ausbildungssystem Verantwortlichen die Möglichkeit, von den gerade fertig gewordenen, ehemaligen Lehrlingen positiv wirksame Aktivitäten bestätigt zu bekommen und andererseits Schwachstellen im Ausbildungssystem anzusprechen, um sie durch Optimierungsmaßnahmen beseitigen zu können.

Die erstmals im Frühjahr 1985 durchgeführte Aussprache hat die Existenzberechtigung dieser Aktivität angezeigt.

Abbau von Hemmschwellen zwischen Lehrlingsausbildern und Lehrlingen

Ziel einer im Jahre 1985 in das Blum-Ausbildungssystem aufgenommenen Aktivität ist es, daß sich Lehrlinge und Ausbilder im Zeitraum September – Oktober für ein Wochenende zusammentun, um sich gegenseitig besser kennenzulernen. Ort der Veranstaltung ist eine Schihütte oder Alphütte.

In Form eines Lehrling-Ausbilder-Workshops werden die zuständigen Ausbilder und die für das laufende Jahr zu betreuenden Lehrlinge zusammen zwei oder drei Tage verbringen.

Das dabei erwartete Ergebnis liegt im Bereich der zwischenmenschlichen Beziehungen und soll den Lehrling und den Ausbilder menschlich näherbringen.

Teilnahme an Lehrlingswettbewerben

Zum Zwecke des Erfahrungsaustausches, zur Überprüfung und zum Vergleich des Ausbildungsniveaus nehmen Lehrlinge der Fa. Blum bei der österreichischen Ausscheidung zum Internationalen Berufswettbewerb teil. Die bislang erzielten Ergebnisse bestätigen ein hohes Ausbildungsniveau, zumal in unmittelbarer Reihenfolge der österreichische Teilnehmer an der Berufsolympiade nun zum drittenmal ein ehemaliger Lehrling des Hauses Blum ist.

Die bislang erzielten Ergebnisse beim Internationalen Berufswettbewerb waren beidemal das beste insgesamt erzielte europäische Ergebnis bei dem Beruf des Werkzeugmachers, wobei im Jahr 1983 bei der Berufsolympiade in Linz sogar die Silbermedaille gewonnen werden konnte.

Resümee der Einzelaktivitäten

Alle unter diesem Punkt angeführten „Einzelaktivitäten" dienen dem Ziel, das Ausbildungsziel jedes einzelnen mit einem größtmöglichen Qualifikationsergebnis zu erreichen.

Bei der Konzipierung aller in diesem Abschnitt angeführten Einzelaktivitäten steht das Wohl, die Zukunft des jungen Menschen gedanklich im Mittelpunkt.

SCHLUSSWORT

Was sich heute nach 15jähriger intensiver Aufbauarbeit vorzeigen läßt, ist die Zusammenfassung diverser im Laufe der Jahre bewährter Ausbildungsaktivitäten. Die laufende Anpassung an bestehende wie auf uns zukommende Gegebenheiten ist sowohl im Schwerpunktbereich fachlich-theoretische wie technisch-manuelle Qualifikation als auch im Bereich psychologische Betreuung eine unumgängliche Notwendigkeit, will man nicht binnen kurzer Zeit in die Mittelmäßigkeit absinken. Es kann daher zu keinem Zeitpunkt ein abgeschlossenes System als solches vorgestellt werden. Die Philosophie des Blum-Ausbildungssystems berücksichtigt die Überzeugung, daß die asiatische Dominanz sowohl in der Entwicklung als auch in der Anwendung bahnbrechender Fertigungstechnologien nicht auf die Mentalität der Menschen zurückzuführen ist, sondern vielmehr auf die Ausschöpfung der bei der Jugend vorhandenen Fähigkeiten.

Im Hause Blum ist man sich sicher, daß mit der Fähigkeit unserer Jugend die unaufhaltsam erscheinende Marktdominanzausweitung der Asiaten in vielen Branchen gestoppt werden kann, wenn durch richtige Aus- und Weiterbildung und die entsprechende Betreuung aus unserer Jugend das gemacht wird, wozu sie fähig ist. Solange die gesamte Ausbildungscrew geschlossen mit Überzeugung und dem bislang bewiesenen Engagement die gemeinschaftlich ausgearbeitete Philosophie mit Begeisterung in die Praxis umsetzt, wird das Blum-Ausbildungssystem kurz-, mittel- und langfristig über die Qualifizierung des einzelnen Mitarbeiters die internationale Wettbewerbsfähigkeit fördern und erhalten und dadurch sowohl arbeitnehmer- wie arbeitgeberseits unverzichtbare positive Dienste leisten.

Die Besonderheiten der Lehrlingsausbildung im Kleinbetrieb in Österreich

Dieter Krabiell

Am Beispiel eines oberösterreichischen Gewerbebetriebes (kunststoffverarbeitendes Gewerbe), das eine eigene Formenbauabteilung unterhält und neben Bürolehrlingen, technischen Zeichnern und Kunststoffverarbeitern auch Werkzeugmacher (Formenbauer) ausbildet, soll praxisbezogen der Werdegang eines Werkzeugmacherlehrlings im Laufe seiner $3^1/_2$jährigen Ausbildung näher erläutert werden.

Aufgrund von Bewerbungen oder Bedarfsmeldungen an die Arbeitsämter werden die Bewerber um eine Lehrstelle vom Unternehmen eingeladen, sich einem halbtägigen Eignungstest zu unterziehen. Dieser Test ist aufgegliedert in theoretische und fachliche Fragen.

Die Fragen zur Theorie beinhalten Flächen-, Volumen- und Gewichtsberechnungen, Kreisberechnungen und dgl., ein kurzes Diktat, um die Rechtschreibung und Deutschkenntnisse zu testen.

Bei den praxisbezogenen Übungen wird unter anderem verlangt, daß die Bewerber Drahtfiguren biegen, um so die Geschicklichkeit zu überprüfen, es gibt Bildvergleichsübungen, um das räumliche und visuelle Vorstellungsvermögen zu erfahren.

Die Testergebnisse, das letzte Halbjahres- oder Jahreszeugnis sowie der allgemeine Eindruck werden durch den geprüften Lehrlingsausbilder beurteilt, mit Punkten bewertet und führen so zu einer engeren Wahl.

In einem persönlichen Gespräch wird dann die endgültige Entscheidung über Aufnahme oder Ablehnung des Lehrlings getroffen.

Der neue, nunmehr mit einem sicheren Job ausgestattete Lehrling hat seine erste Hürde überstanden und tritt in der Regel im Herbst (1. September) ins Unternehmen ein. Ein oder mehrere Lehrlinge erhalten einen fixen Arbeitsplatz (Werkbank) in der Abteilung zugewiesen, an dem sie die nächsten Jahre verbringen. Jetzt beginnt für den Lehrling der Ernst des Berufslebens und für den Lehrlingsausbilder, der im vorliegenden Falle auch gleichzeitig Meister in der Abteilung Formenbau ist, eine schwierige Phase. Muß er sich doch an neue Gesichter gewöhnen und wieder sehr viel Zeit mit den neuen Mitarbeitern verbringen.

Wie auch in Betrieben mit eigenen Lehrwerkstätten beginnt der Lehrling mit einfacher, spanabhebender Bearbeitung von Stahlrohlingen. Im ersten Lehrjahr sind laut Ausbildungsvorschriften folgende Arbeiten vorgesehen: Anreißen und Körnern, Sägen von Hand, Messen, Feilen, Treiben und Biegen, Nieten, Scheren und Lochen, Meißeln, Schleifen am Schleifbock, Bohren, Senken, Reiben, Gewindeschneiden, Maschinensägen und Hobeln. Eine laufende Überprüfung durch den Ausbilder über die steigenden Fertigkeiten des Lehrlings sowie über die ordnungsgemäße Ausführung der Arbeiten ist selbstverständlich.

Durch die Überprüfung wird der Werkzeugmacherlehrling auch langsam und stetig dazu geführt, genauestens zu arbeiten, so daß es ihm später einmal möglich sein wird, unter Zuhilfenahme entsprechender Präzisionsgeräte und Maschinen auf tausendstel Millimeter genau zu arbeiten.

Zwingend vorgeschrieben ist für die Überprüfung des Erlernten eine halbjährliche Zwischenprüfung. Irgendwann im ersten und den beiden weiteren Lehrjahren wird der Lehrling in eine nahe gelegene Berufsschule eingezogen, in der er acht Wochen die Schulbank drückt. Dabei lernt er auch, getrennt von seinen Eltern, im Internat zu leben. Abgeschlossen wird das erste Schuljahr mit einem normalen Jahreszeugnis.

Während der Lehrling im ersten Lehrjahr ausschließlich die ihm übertragenen Übungen allein ausführt (natürlich unter entsprechender Überwachung des Ausbilders), wird er im Kleinbetrieb im zweiten Lehrjahr bereits mehr und mehr in das Betriebsgeschehen integriert. Seine Übungen dienen nicht mehr allein der Vervollständigung seiner handwerklichen Geschicklichkeit, sondern es wird versucht — und das muß auch aus Kostengründen geschehen — dem Lehrling erste einfache, aber schon produktive Arbeiten zu übertragen. Neben den im Ausbildungsplan vorgesehenen Ausbildungsstufen kann er durch das Herstellen von einzelnen, einfachen Formenbestandteilen, die dann der ausgebildete Werkzeugmacher für die Herstellung einer Spritzgießform benötigt, bereits produktiv sein. Dies wird ihm auch im Rahmen der Ausbildung mitgeteilt und motiviert den jungen Mitarbeiter.

Je nach Fortschritt und Können des einzelnen Lehrlings erlernt er im zweiten Lehrjahr neben diesen motivierenden und produktiven Arbeiten auch das Arbeiten an Maschinen. Hier ist für das zweite Lehrjahr vorgeschrieben, daß einfache Dreh-, Schleif- und Fräsarbeiten erlernt werden. Hier ist es wieder ganz besonders wichtig, daß sich der Ausbilder Zeit nimmt, um dem Lehrling nicht nur die entsprechenden Anweisungen über die Handhabung der Maschinen und Geräte zu geben, sondern im besonderen auf die Unfallgefahren bei unsachgemäßer Handhabung, Schlampigkeit, Unachtsamkeit usw. aufmerksam zu machen. Das zweite Lehrjahr beinhaltet darüber hinaus das Kennenlernen und Handhaben von Meßwerkzeugen, wie Feinmeßschrauben, Schiebelehren, Meßuhren und dgl. Er erlernt auch schwierigere, für den Beruf des Werkzeugmachers aber wichtige Handarbeiten wie z.B. Polieren, Schaben, Federwickeln usw.

In diesem 2. Lehrjahr wird die Ausbildungsphase des Lehrlings im Betrieb durch 10 Wochen Berufsschulzeit unterbrochen. Bevor wir nun auf das dritte und vierte Lernjahr näher eingehen, muß natürlich darauf hingewiesen werden, daß es nicht allein bei der praktischen Ausbildung im Betrieb bleibt. Jede dem Lehrling neu zu vermittelnde Tätigkeit wird ihm, bevor er sie in Angriff nimmt, vom Lehrlingsausbilder eingehend erklärt, d. h. Sinn und Zweck der Übung im besonderen behandelt. Darüber hinaus erwirbt er auch im Betrieb korrespondierend und ergänzend zur Berufsschulausbildung weitere theoretische Kenntnisse. Diese behandeln Maschinenkunde, Werkzeugkunde, Materialkunde (abgestimmt auf die im Unternehmen vorhandenen Werkzeugmaschinen und in Verwendung stehenden Materialien).

Das dritte und vorletzte Jahr der Lehrlingsausbildung vervollkommnet die Kenntnisse des Lehrlings durch die Übertragung von genaueren und schwierigeren Arbeiten. Dazu ist es notwendig, daß der Lehrling lernt, mit Kopierfräsmaschinen, Stoßmaschinen und Stichelschleifmaschinen umzugehen. Er lernt Schweißen, Löten, Richten mit der Flamme und auch das Härten von Metallen. So ausgebildet ist es bereits möglich, den Lehrling, der nunmehr voll in das Betriebsgeschehen integriert ist, selbständig leichte bis mittelschwere Kunststoffspritzgießformen nach Zeichnung bauen zu lassen.

Natürlich zeigt die Erfahrung, daß hier noch immer Fehler passieren, die in etwa die Erlöse, die der Lehrling bei objektiver Beurteilung erzielt, durch die Kosten, die durch die Fehler passieren, wieder aufheben.

Fertig ausgebildete Werkzeugmacher mit unterschiedlich langer Berufserfahrung entwickeln erfahrungsgemäß besondere Fähigkeiten bei ihren einzelnen Tätigkeiten. Man kann in manchen Fällen von einer echten Spezialisierung sprechen. Damit der nunmehr schon mit einer ganzen Portion Fachwissen ausgestattete Lehrling auch von dieser Spezialisierung einzelner partizipiert, wird er im dritten und vierten Lehrjahr direkt einer Fachkraft zugeteilt, mit der er gemeinsam arbeitet. Dadurch wird es ihm möglich, dem Spezialisten über die Schulter zu schauen und dessen Fähigkeiten zu erkennen und auch zu erlernen. Dies stellt sicherlich einen großen Vorteil jenen Lehrlingen gegenüber dar, die in reinen Lehrwerkstätten aufgewachsen sind. Auch die Schwierigkeiten der späteren Integration in das volle Betriebsgeschehen stellen beim Lehrling, der im Klein- und Mittelbetrieb ausgebildet ist, kein Problem dar.

Das vierte Lehrjahr eines Werkzeugmacher- bzw. Formenbauerlehrlings ist kein volles Lehrjahr. Erstens dauert die Lehrzeit insgesamt nur $3^1/_2$ Jahre und zum zweiten wird im gegenständlich beschriebenen Betrieb der Lehrling im letzten halben Jahr seiner Lehrzeit auf die Facharbeiterprüfung vorbereitet. Hier fehlt er zwar einerseits dem Betrieb durch „dienstliche Abwesenheit", andererseits ist kein Besuch der Berufsschule mehr vorgesehen. Die innerbetriebliche Vorbereitung für die Facharbeiterprüfung soll auch dazu führen, daß der Lehrling seinen Beruf wirklich voll erlernt und abgeschlossen hat, und es ist das Bestreben jedes Ausbilders, daß seine Lehrlinge mit exzellenten Prüfungsergebnissen in den Betrieb zurückkehren.

Aus dem hier beschriebenen Betrieb kann berichtet werden, daß, seit hier Lehrlinge ausgebildet werden – und dies ist seit mehr als 20 Jahren der Fall – noch keiner der Lehrlinge negative Ergebnisse vorlegen mußte.

Zur allgemeinen Abrundung der Ausbildung gehört auch, daß die Formenbauerlehrlinge in jedem Lehrjahr einige Wochen im Konstruktionsbüro eingesetzt werden. Dies vermittelt dem Lehrling Kenntnisse im Lesen und Erkennen von Zeichnungen, die er für die Ausführung schwieriger Arbeiten und die Anfertigung kompletter Formen braucht.

Neben der vorgenannten und im Ablauf geschilderten intensiven Lehrlingsausbildung besuchen die Lehrlinge auch Veranstaltungen außerbetrieblicher Organisationen, die sich mit den Zusammenhängen in der Wirtschaft und Sozialpartnerschaft einerseits und auch den innerbetrieblichen Abläufen andererseits beschäftigen (z. B. Lehrlingstage).

Um ihre Leistungen mit den Berufskollegen anderer Firmen messen zu können, werden die Lehrlinge darüber hinaus zu den jährlichen Lehrlingswettbewerben, welche von der Kammer der gewerblichen Wirtschaft für Oberösterreich veranstaltet werden, entsandt. So kann der Lehrling sich selbst und darüber hinaus auch beurteilen, auf welchem Ausbildungsstand er sich befindet und wie gut seine Ausbildung im jeweiligen Unternehmen in der Gegenüberstellung zu anderen Betrieben ist.

Im behandelten Betrieb werden neben Werkzeugmachern und Formenbauern auch technische Zeichner, Bürokaufleute und Kunststoffverarbeiter ausgebildet. Die Auswahlkriterien zur Lehrlingsaufnahme decken sich mit jenen der Formenbauer; Ausbildung und Ausbildungsphase ist in allen Bereichen etwa gleich. Sie unterscheidet sich lediglich durch die Fachrichtung. Schon schwieriger stellt sich der Fall bei den Kunststoffverarbeiterlehrlingen dar. Diese werden in der Regel im ersten Halbjahr des ersten Lehrjahres mit den Werkzeugmacherlehrlingen, d. h. auch in der Abteilung Formenbau, ausgebildet und erlernen dort die im Ausbildungsplan vorgesehenen Grundfertigkeiten der Metall- und Kunststoffbearbeitung.

Dann trennen sich die Wege, und der Kunststoffverarbeiterlehrling wird einer ausgebildeten Fachkraft im Produktionsbereich zugeteilt. Er lernt hier alle für den Kunststoffverarbeiter notwendigen Arbeiten.

Der Besuch der Berufsschule, die außerbetrieblichen Seminarbesuche usw. sind ebenso obligat.

Als Leitfaden dient dem Ausbildungspersonal auch in diesem Fall das seitens der Bundesinnung erarbeitete Berufsbild für Kunststoffverarbeiter.

Zusammenfassend kann gesagt werden, daß die Ausbildung von Lehrlingen im Klein- und Mittelbetrieb gegenüber Betrieben mit Lehrwerkstätten keine Nachteile für den Lehrling selbst aufweist. Er wird viel früher mit den Gegebenheiten der Praxis sowohl in fachlicher als auch in menschlicher Hinsicht konfrontiert. Für das Unternehmen und den Ausbilder selbst müssen der persönliche Einsatz und die Bereitwilligkeit ganz groß geschrieben werden.

Der Unterhalt einer Lehrwerkstätte ist mit hohen Kosten verbunden, während die Kosten in Klein- und Mittelbetrieben in einem akzeptablen Rahmen gehalten werden, da in der Regel nur relativ geringe zusätzliche Investitionen notwendig sind. Schwierigkeiten können natürlich dadurch entstehen, daß bei Vollauslastung des vorhandenen Maschinenparks und der Geräte, die genaue Einhaltung des Ausbildungsplanes ab dem 2. Lehrjahr nicht immer möglich ist.

Die Qualität der Lehrlingsausbildung im beschriebenen Unternehmen, welche unter anderem auch darauf zurückzuführen ist, daß Unternehmer selbst und Ausbilder die übernommene Verpflichtung und Verantwortung den Jugendlichen gegenüber sehr ernst nehmen, wird durch zwei Dinge untermauert:

a) der Großteil der im Hause vorhandenen Fachkräfte wurde im eigenen Betrieb ausgebildet (egal ob es sich um Formenbauer, Kunststoffverarbeiter oder Konstrukteure handelt);

b) die im Hause ausgebildeten Fachkräfte genießen bei Mitbewerbern und ähnlich gearteten Betrieben einen ausgezeichneten Ruf, so daß immer wieder Mitarbeiter abgeworben werden.

Neue Technologien in der Lehrlingsausbildung

Gottfried Wolf-Laudon

TECHNOLOGISCHE VERÄNDERUNGEN BEDINGEN BILDUNGSANSTRENGUNGEN

Für jede Hausfrau ist es heute fast selbstverständlich, einen Elektroherd, einen Waschautomaten oder Geschirrspülautomaten, einen Videorecorder, eine Heizanlage oder ein Kühlsystem zu programmieren und dies oft ohne jede Vorbildung in dieser Richtung. Jeder bedient bei einem Ferngespräch den größten Computer der Welt.

	Büro und Handel	Industrie	
Kommunikation	Datenerfassung/Elektronisches Notizbuch Datenspeicherung/Spracherkennung und -ausgabe Verkaufsterminal/Kopiergeräte Diktiergeräte/Registrierkassen Fernkopierer / Rechenmaschinen/Terminals Lichtleitersysteme / Speicherschreibmaschinen Personenrufsysteme / Büromaschinen Satellitenkommunikation / Textautomaten Fernschreiber/Bildfernsprecher Telefonsysteme/Breitbandkommunikation Teletext/Bildschirmtext/Mobile Funkgeräte Kabelfernsehen mit Rückkanal	Lagerhaltung/Maschinensteuerung/Positionierung Prozeßsteuerung/Meßgeräte/Konstruktion Verpackungsautomaten/Roboter Sicherheitseinrichtungen Drehzahlregelung / Solartechnik Dosierung / Wärmepumpen Waagen / Personenidentifikation Rundsteuerung/Alarmsysteme Optimierung von Verbrennungsprozessen Heizungs-, Klimaregelung/Schaltnetzteile Elektr. Scheckkarte/Beleuchtungsregelung Überwachung von Wasser und Luft	**Energie, Umwelt, Sicherheit**
	Informationstechnik mit Mikroelektronik		
Auto und Verkehr	Motorsteuerung/Auto-Diagnosesysteme Antiblockierbremssystem/Abstandsradar Bordcomputer/Getriebesteuerung Ampelsteuerung/Leitsysteme Fahrkartenautomaten Platzreservierung Autonotfunk Benützerführung Waschmaschine Geschirrspüler/Wäschetrockner Herde/Nähmaschine/Staubsauger Heimcomputer/Uhren/Taschenrechner Heizkostenverteiler	Pulsmesser/Prothetik/Computer-Tomographie Fieberthermometer/Blutdruckmesser Narkosegeräte/Sonographie/Hörhilfen Schriftleser f. Blinde/Analysengeräte Insulingeber/Patientenüberwachung/Elektrisches Augenlicht/Herzschrittmacher Radio/Hifi Fernseher/Video Orgel/Spiele/Kamera Lehrcomputer/Videotext Literaturrecherchen/Elektron. Wörterbuch Archivierung/Fernsteuerungen/Elektronenblitz	**Medizin**
	Haushalt und Konsumgüter	**Bildung, Unterhaltung, Freizeit**	

Wo heute überall Computer verwendet werden

Um so unverständlicher ist es, welche komplizierten Diskussionen heute noch um das Erlernen der absolut notwendigen vierten Kulturtechnik geführt werden.

So früh als möglich sollten die Grundlagen der Informatik angeboten werden. Dies sollte bereits in den Grundschulen erfolgen, die ja ohnehin die Voraussetzung dafür sind, um das Denken in Algorithmen zu erlernen und den richtigen Einsatz der Datentechnik zu verstehen sowie die meist vom Erwachsenen verbreitete Furcht vor dem Umgang mit Tastatur und Bildschirm zu verlieren. Dieser Informatikunterricht darf jedoch nicht zu abstrakt sein. Über dem Kritischen darf das Übende, das Genießende, das Freude Machende, das praktische Lernen nicht zu kurz kommen. Wichtig ist es, im System denken zu lernen, um später z. B. die Schnittstelle zwischen Hard- und Software leicht überspringen zu können. Wir leben schon jetzt in einem vernetzten System der Informationstechnik. Angst macht nur, was man nicht kennt, und alles, was bereits um uns ist, kann man auch gefahrlos kennenlernen, wenn die Lehrer es vorher beherrschen.

Die Informationstechnik ist beileibe nichts Unheimliches, sie transparent, beherrschbar zu machen, ist vor allem eine Aufgabe des Unterrichts. Es ist in unserer Zeit die Verantwortung der Lehrer, ihre Schüler zu befähigen, mit den Werk- und Denkzeugen der Gegenwart und Zukunft umgehen zu lernen.

RÜCKWIRKUNG AUF DEN BILDUNGSSEKTOR

Mit einer guten, zukunftsorientierten Berufsausbildung erhalten die Jugendlichen die besten Voraussetzungen für ihre Berufstätigkeit und ihre spätere, lebenslange Weiterbildung.

Die Erfahrung zeigt, daß das an und für sich ausgezeichnete Berufsausbildungssystem in Österreich eine sehr gute Grundlage auch für eine betont zukunftsorientierte Berufsausbildung darstellt. Wichtig ist es allerdings, alle jene Berufe, in denen die Mikroelektronik in Form neuer Produkte und Verfahren Eingang findet, auf jene Ausbildungsinhalte zu durchforsten, die nicht mehr unterrichtet zu werden brauchen. Diese Entrümpelung ist notwendig, um die neuen Ausbildungsinhalte unterzubringen, welche die Symbiose zwischen bewährten traditionellen und zukunftsorientierten neuen Wissensgebieten und Fähigkeiten schafft.

Hier beginnt naturgemäß die Schwierigkeit bei der oft geäußerten

Meinung: „Die Anforderungen steigen, Entrümpeln ist nicht möglich, und für das Neue fehlt einfach die Zeit." So schwer es auch fällt, aber es gibt keinen anderen Weg, als dies trotzdem zu tun. Erleichtert kann diese Aufgabe nur dadurch werden, daß zunächst alle, die an derartigen Besprechungen und Entscheidungsprozessen teilnehmen, wissen, was die Wirkung neuer Basistechnologien auf zukünftige Anforderungsprofile eigentlich bedeutet und welche Konsequenzen sich daraus für die Qualifikationsprofile ergeben.

Aus- und Weiterbildung der Ausbilder und Lehrer

Wahrscheinlich liegt der Ansatz vor allem in einer umfassenden Information und Schulung aller diesbezüglichen Entscheidungsträger und sodann bei allen Ausbildern und Lehrern, die das neue Wissen und die neuen Fähigkeiten zu vermitteln und zu einer Symbiose mit den traditionellen Wissensinhalten zu bringen haben.

Am Anfang steht also die zukunftsorientierte Aus- und Weiterbildung der Ausbilder und Lehrer.

Der technische Fortschritt und damit die zukünftigen Anforderungsprofile werden in den Unternehmungen gewissermaßen produziert. Ausbilder und Lehrer müssen sich deshalb laufend mit diesen Fortschritten auseinandersetzen, um diese auch zielorientiert weitergeben zu können.

Diese Anforderungen haben sich und werden sich mit dem Fortschreiten in das Informationszeitalter weiter, zum Teil schubartig, verändern.

Dies ist an und für sich nichts Neues, stellt aber wegen der zunehmenden Beschleunigung des technischen Fortschritts und der damit steigenden Anforderungen vor allem an die Ausbilder und Lehrkräfte ein schwierig zu lösendes Problem dar.

Koordination

Eine weitere Notwendigkeit ist eine gute Abstimmung zwischen den Verantwortlichen aller Ausbildungsstätten, die einen spezifischen Beruf ausbilden, wie z. B. Nachrichtengerätemechaniker, Elektroanlageninstallateur, Feinmechaniker, Maschinenschlosser, Werkzeugmacher, Industriekaufmann/Industriekauffrau usw.
Dies könnte am besten in Erfahrungsaustauschkreisen erfolgen, (wie diese z. B. für Industriekaufleute durch die Volkswirtschaft-

liche Gesellschaft Wien und NÖ organisiert wurden). Dabei kommen regelmäßig die verantwortlichen Persönlichkeiten verschiedenster Unternehmen, Interessengruppen, Berufsschulen usw. zusammen und schaffen sich durch regen Informationsaustausch ein gemeinsames hohes Informations- und Meinungspotential.

Lehrlingsausbildung

Es besteht Konsens darüber, daß fachliche Fertigkeiten und Kenntnisse sowie Berufserfahrungen nur durch eine praxisnahe Ausbildung vermittelt werden können, wie sie im dualen System, im Zusammenwirken von Ausbildungsbetrieb und Berufsschule, gewährleistet wird.

Im Ausbildungsbetrieb können Technik, Maschinen und Material sowie die Zusammenarbeit in der Organisation und das Arbeitsmilieu unmittelbar erlebt werden; das Ausbildungsprogramm läßt sich ohne zeitliche Verzögerung an die sich wandelnden Berufsanforderungen anpassen.

Daß in Berufsschulen für Elektrotechnik die Mikroelektronik Eingang findet, ist eine Selbstverständlichkeit. Aber auch in allen Metallberufen, ja selbst in vielen anderen Berufen, an die man anfänglich gar nicht denkt, sind die Grundbegriffe der integrierten Schaltung, der digitalen Technik, des Computers und seiner Programmierung notwendig. Mechanische Arbeiten werden in zunehmendem Maße mit Computern gesteuert. Wie die Erfahrung lehrt, ist es nicht sinnvoll, computergesteuerte Werkzeugmaschinen von Programmierern bedienen zu lassen.

Ein sehr guter Dreher, der gelernt hat zu programmieren, kann seine Maschine selbst programmieren. Er bleibt damit ihr Herr. Dies ist auch psychologisch sehr, sehr wichtig.

Viele Erfahrungen zeigen, daß es einfach hervorragendes, praktisches Prozeßwissen erfordert, um Schweißroboter, Nippelautomaten, Roboter- und Fertigungsinseln richtig und zweckmäßig zu programmieren. Dies können auch in Zukunft nur Facharbeiter der Metallbranche, die die Funktion auch der neuen Maschinen am besten beherrschen, die ein Gefühl für das zu bearbeitende Material und vor allem für Toleranzen besitzen. Diesen Drehern oder Fräsern rechtzeitig das Programmieren an ihren Maschinen zu lehren, ist durchaus möglich und führt dann zu einem Anstieg des Arbeitsinhaltes und nicht zur Abqualifizierung, wie oft behauptet wird.

Voraussetzung ist allerdings, daß tatsächlich die Ausbilder und

Lehrer über dieses Wissen als erste verfügen, d. h. vorher die entsprechende Umschulung und Weiterbildung selbst durchführen. Hierauf sind Arbeitsplatzinhalte und Ausbildungsprofile vorausschauend einander anzupassen, damit die zukunftsorientiert ausgebildeten Mitarbeiter den technischen Strukturwandel zum Nutzen aller bewältigen und auch die weitere Entwicklung in die gewünschte Richtung vorantreiben können. Unabhängig von den Ausbildungs- und Berufsschularten gibt es einige gemeinsame Ausbildungsziele, die in geeigneter Weise in den Unterricht einfließen sollten.

Die Ausbildung sollte

- Grundlagenwissen gepaart mit neuem Wissen zur Sicherung der Flexibilität vermitteln,
- die Lernbereitschaft und die Freude an der Zusammenarbeit wecken,
- das planerische Denken und das Denken in Systemzusammenhängen und logischen Abläufen üben,
- die Grundlagen der Informations- und Datentechnik behandeln,
- das Arbeiten mit Tastaturen und Bildschirmen lehren, so wie es tausende Kinder von sich aus an den Personal-Computern in den Kaufhäusern und Geschäften im Selbstunterricht bereits tun,
- ein ausgewogenes Verhältnis zur Technik schaffen, das die Voraussetzung für wirtschaftliches Überleben ist.

RÜCKWIRKUNGEN DER MIKROELEKTRONIK
AUF ZUKÜNFTIGE BERUFSBILDER
UND ANFORDERUNGSPROFILE

Die breite Einführung der Mikroelektronik in praktisch alle Produktions-, Service- und administrativen Bereiche, in der Industrie wie im Dienstleistungssektor, wird so gut wie alle alten Berufsbilder verändern, zum geringen Teil da und dort auch neue Berufe schaffen. Wir müssen damit rechnen, daß im Laufe der nächsten 10 Jahre rund 50 % aller Arbeitsplätze in irgendeiner Weise neue Anforderungsprofile aufweisen werden.

So wurde und wird zum Teil die Forderung nach ganz neuen Berufsbildern erhoben, was aber die Gefahr in sich birgt, daß die traditionellen Berufsbilder nicht mit dem Nachdruck und der Geschwindigkeit reformiert werden, in der neue Technologien und

IST — Durchschnittliche subjektive Selbsteinschätzung von 30 gelernten Mechanikern mit Berufserfahrung (zwischen 2 und 6 Jahren)

SOLL — Einschätzung jener Anforderungen, die in etwa 2 Jahren an einen Mikrocomputertechniker in der Produktion (mit CNC-gesteuerten Maschinen) gestellt werden, durch das Management

Mikrocomputertechnik (Mechatroniker) im Soll/Ist-Vergleich zum derzeitigen Qualifikationsprofil eines gelernten Mechanikers

Techniken, insbesondere die Anwendung der Mikroelektronik, in sie eindringen.

Bei Facharbeitern ist die Entwicklung durch eine weitgehende Symbiose von Mechanik mit der Elektronik gekennzeichnet. Feinmechaniker, Fräser, Dreher, Elektriker, Uhrmacher oder Schriftsetzer im Druckgewerbe werden in der Zukunft in abnehmendem Maße gebraucht, wohingegen die gleichen Berufe ergänzt durch Wissensinhalte und Fähigkeiten eines Elektronikers, Programmierers, Prüfers, Wartungstechnikers, Systemtechnikers einen zunehmenden Bedarf erfahren werden, der schon aus heutiger Sicht in einem ungenügenden Umfang gedeckt werden kann.

Trotz des zurückgehenden Bedarfs an rein traditionellen mechanischen Geräten wäre es aber falsch, die mechanischen Facharbeiterberufe durch gänzlich neue Berufsbilder zu ersetzen. Fräser und Dreher werden nach wie vor gebraucht, denn trotz aller elektronischen Informationsverarbeitung ist die Schnittstelle von der Information zu einer materiellen Bewegung nur mit Mechanik zu bewerkstelligen. Dies trifft durchaus auch auf Roboter zu. Facharbeiter werden in jedem Fall ihren Arbeitsplatz finden, denn wie die Erfahrung gezeigt hat, ist es nicht allzu schwer, gut ausgebildete Kräfte einer Richtung später in eine andere umzuschulen. Dies fällt um so leichter, je mehr sie aber vorher schon die „Synergie-Effekte"* zwischen Mechanik und Mikroelektronik gelernt und verstanden haben. Wer darüber hinaus einmal gelernt hat, zuverlässig und präzise zu arbeiten, vermag diese Grundvoraussetzungen auch bei neuen Tätigkeiten zu übernehmen.

---

*   Synergie: Energie, die für den Zusammenhalt und die partnerschaftliche Erfüllung von Aufgaben zur Verfügung steht. (Zitat aus: „Produktive Partnerschaft in der Wirtschaft"; G. A. Wolf-Laudon; expert – Orac – Taylorix)

Fragen der kaufmännischen Lehrlingsausbildung

Martin Meches

Die kaufmännische Lehrlingsausbildung vor dem BAG

Die Gewerberechtsnovelle 1952 brachte eine Übergangsregelung für die gewerbliche Berufsausbildung und im Zuge der Neugestaltung des kaufmännischen Befähigungsnachweises eine erstmalige spezielle Regelung der kaufmännischen Lehrlingsausbildung und die Einführung der Kaufmannsgehilfenprüfung. Diese Kaufmannsgehilfenprüfung hatte hinsichtlich des Lehrabschlusses als Teilqualifikation des Befähigungsnachweises obligatorischen Charakter, da die erfolgreich abgelegte Kaufmannsgehilfenprüfung für alle nach dem 1. 1. 1952 begründeten kaufmännischen Lehrverhältnisse als Nachweis der ordnungsgemäßen Beendigung galt.

Kaufmännische Lehrlinge konnten in einem „Handelsgewerbe", in der „Büro- und Kontorarbeit" oder der „Verkaufsniederlage" von sonstigen Gewerben, die nach Art und Umfang einen in kaufmännischer Weise eingerichteten Geschäftsbetrieb erfordern, ausgebildet werden. Sieht man von der Ausbildungsmöglichkeit kaufmännischer Lehrlinge in Verkaufsniederlagen, die funktionell einem Handelsgewerbe gleichzuhalten wären, ab, so eröffnet die Regelung der Gewerberechtsnovelle 1952 zwei Ausbildungsvarianten oder Ausbildungswege der kaufmännischen Lehrlingsausbildung: Zum einen die Ausbildung im Handel (in einem Handelsgewerbe bzw. in einer Verkaufsniederlage) und zum anderen die Ausbildung in der Büro- und Kontorarbeit (in einem in kaufmännischer Weise eingerichteten Geschäftsbetrieb). Dieser Konzeption folgend wurden im Bereich der Berufsschule differenzierte Lehrplanbestimmungen geschaffen. Die Rahmenlehrpläne für „Verkäufer" einerseits und „Bürolehrlinge" andererseits unterschieden sich in den Pflichtgegenständen und im Gesamtstundenausmaß. Spezielle Lehrplanbestimmungen galten für „Reisebürolehrlinge" und „Bürolehrlinge in Speditionsunternehmungen". Ebenso galt für Spediteure ein eigener Rahmenlehrplan. Wesentlich früher datieren fachliche Regelungen der Lehrlingsausbildung

144

im Bereich der Drogisten und des Buch-, Kunst- und Musikalienhandels. In den jeweiligen befähigungsnachweisrechtlichen Vorschriften ist dies bei Drogisten ab dem Jahre 1935 der Fall. Der Nachweis einer jeweils dreijährigen Lehrzeit in einem konzessionierten Gewerbebetrieb war als Teilqualifikation des Befähigungsnachweises vorgesehen. Auch im Bereich der Berufsschule sah die Lehrplanregelung 1963 spezielle Lehrpläne für Drogisten und Buchhändler vor, die mit erweiterten Inhalten als Schulversuche im Sinne des § 7 des Schulorganisationsgesetzes konzipiert waren. Eine Tendenz zur Verfachlichung der Lehrlingsausbildung im Fotohandel kann auch darin erblickt werden, daß die Lehrplanregelung 1963 für Fotohändler einen speziellen Lehrplan vorsah, der ebenfalls mit teilweise modifiziertem und teilweise erweitertem Inhalt als Schulversuch gemäß § 7 SchOG geführt wurde.

Betrachtet man diese Regelungen der Lehrlingsausbildung im kaufmännischen Bereich aus den Jahren 1929, 1935 und 1952 aus der Sicht der heutigen Strukturierung der kaufmännischen Lehrberufe, ist zumindest überwiegend eine Strukturierung der beruflichen Erstausbildung im kaufmännischen Bereich nach Wirtschafts- und Branchenbereichen (Drogisten, Buch-, Kunst- und Musikalienhandel, Handelsgewerben) feststellbar, während die berufliche Erstausbildung in der Büro- und Kontorarbeit eine Richtung zu einem Querschnittberuf erkennen läßt.

Die bereits genannte Übergangsregelung der Gewerberechtsnovelle 1952 räumt u. a. den Fachgruppen das Recht ein, „zum Zwecke einer sachgemäßen Ausbildung der Lehrlinge Bestimmungen zur Vorsorge für ein geordnetes Lehrlingswesen" zu erlassen. Solche Bestimmungen bedurften zu ihrer Wirksamkeit der Genehmigung des (damaligen) Bundesministeriums für Handel und Wiederaufbau. Im Sinne dieser Bestimmung und als Maßnahme für eine sachgemäße Ausbildung der kaufmännischen Lehrlinge hat die berufsständische Interessenvertretung des österreichischen Handels in den Jahren 1958 und 1959 Ausbildungsrichtlinien in Zusammenarbeit mit den Fachgruppen des Handels erarbeitet. Unter Berücksichtigung der Rechtsgrundlage und der funktionellen Ausbildungsbereiche des Handels wurden zunächst derartige Ausbildungsrichtlinien für den kaufmännischen Lehrling im Einzelhandel, im Großhandel und in der Büro- und Kontorarbeit (Bürolehrling) erstellt. Im Jahre 1961 kamen Ausbildungsrichtlinien für den Drogistenlehrling hinzu. Die Zielsetzung dieser Ausbildungsrichtlinien war, dem Lehrherrn und Ausbilder Anleitungen und Hinweise zur betrieblichen Gestaltung der Ausbildung an die Hand zu geben. Diese Ausbildungshilfsmittel wurden nach einem Erprobungszeitraum mehrfach erweitert. Zu der in Aussicht genommenen ministeriellen Genehmigung ist es damals nicht mehr gekommen, da die Bestrebungen zur Neugestaltung des Rechtsgebietes der gewerblichen Berufsausbildung durch einen 1961 vorgelegten neuerlichen Ministerialentwurf in ein neues Stadium getreten waren. Diese Maßnahme des österreichischen Handels zur sachgemäßen Ausbildung der kaufmännischen Lehrlinge kann durchaus als Vorläufer der heutigen Berufsbilder angesehen werden.

Den entscheidenden Durchbruch zur Neuregelung der gewerblichen Berufsausbildung durch das heutige Berufsausbildungsgesetz schafften bekanntlich Sozialpartnergespräche, die Ende 1966 mit der sogenannten „Grundsatzvereinbarung" abgeschlossen werden konnten.

Die Lehrberufe des kaufmännischen Bereiches nach der derzeitigen Rechtslage

Das Berufsausbildungsgesetz enthält die grundsätzliche Regelung, daß eine Lehrlingsausbildung nur in anerkannten – in der Lehrberufsliste festgelegten – Lehrberufen erfolgen kann.

Die Erstfassung der Lehrberufsliste, die mit 1. 1. 1970 gleichzeitig mit dem Berufsausbildungsgesetz in Kraft getreten ist, legte die Lehrberufe Buchhändler, Buch-, Kunst- und Musikalienhändler, Bürokaufmann, Drogist, Einzelhandelskaufmann, Großhandelskaufmann, Hotel- und Gastgewerbeassistent, Industriekaufmann, Kunsthändler, Musikalienhändler, Reisebüroassistent, Spediteur und Waffen- und Munitionshändler fest. Sie werden im Hinblick auf ihre in den Berufsbildern umschriebenen Ausbildungsinhalte üblicherweise der Gruppe der kaufmännischen Lehrberufe zugezählt. Durch die mit 1. 6. 1975 wirksam gewordene Neufassung der Lehrberufsliste wurden einerseits die Lehrberufe Buch-, Kunst- und Musikalienhändler sowie Kunsthändler gestrichen – einschlägige Lehrverhältnisse sind spätestens mit 31. 12. 1978 ausgelaufen – und der Lehrberuf Fotokaufmann neu festgelegt. Somit stehen derzeit 12 Lehrberufe des kaufmännischen Bereiches für die berufliche Erstausbildung im dualen System zur Verfügung.

Die Lehrberufe des kaufmännischen Bereiches sind noch viel deutlicher als vor 1970 nach Wirtschafts- und Branchenbereichen strukturiert. Lediglich der Lehrberuf Bürokaufmann folgte strukturmäßig der vorhergegangenen Entwicklung. Er steht als Querschnittberuf in allen Wirtschafts- und Branchenbereichen und darüber hinaus auch in anderen Bereichen, soweit sie vom Geltungsbereich der gesetzlichen Regelung erfaßt wurden, zur Ausbildung in verwaltungsorientierten Aufgaben zur Verfügung. Alle übrigen Lehrberufe des kaufmännischen Bereiches weisen in ihren in den Berufsbildern festgelegten Ausbildungsinhalten eine jeweils spezifische Markt- und Kundenorientierung und eine branchenbezogene funktionsübergreifende Vermittlung von Fertigkeiten und Kenntnissen aus.

Die Lehrberufe des kaufmännischen Bereiches sind zum großen Teil untereinander „verwandt"; teils sind sogenannte volle Verwandtschaften, teils Teilverwandtschaften in der Lehrberufsliste festgelegt. Diese Verwandtschaften eröffnen die Mobilität hinsichtlich des Wechsels des Lehrberufes, die Wahlmöglichkeit, auch in einem vollverwandten Lehrberuf die Lehrabschlußprüfung abzulegen und die Möglichkeiten der Zusatzprüfungen in verwandten Lehrberufen.

Unmittelbar nach Inkrafttreten der lehrberufsspeziellen Ausbildungsvorschriften mit 1. 7. 1971 hat der österreichische Handel seine Bemühungen um eine sachgemäße Lehrlingsausbildung fortgesetzt und die Ausbildungshilfen für Lehrberechtigte und Ausbilder weiterentwickelt. Bereits im Herbst 1971 konnten „Erläuterungen" zu den Berufsbildern der Handelslehrberufe den Ausbildungsbetrieben des Handels zur Verfügung gestellt werden. Diese Erläuterungen der einzelnen Berufsbildpositionen sollten als Ausbildungshilfsmittel die Tradition der seinerzeitigen Ausbildungsrichtlinien fortsetzen und Anleitung und Hinweise zur Gestaltung der betrieblichen Ausbildung geben. Nach einer modifizierten Neuauflage der Erläuterungen Mitte 1974 wurden diese Erläuterungen zu einem Ausbildungsleitfaden ausgebaut. Im Herbst 1976 konnten diese Ausbildungsleitfäden für alle Handelslehrberufe in Broschürenform den Ausbildungsbetrieben zur Verfügung gestellt werden. Die Neuerungen der Novelle 1978 zum Berufsausbildungsgesetz und die in der Folge erlassene Aufgliederung der Berufsbilder nach Lehrjahren machte eine Überarbeitung und Neuauflage der Ausbildungsleitfäden erforderlich. Seit September 1979 stehen diese nunmehr in Verwendung.

Im Bereich der Reisebüros erfolgte ebenfalls eine Erläuterung des Berufsbildes Reisebüroassistent, die später ebenfalls zu einem speziellen Leitfaden für die betriebliche Ausbildung ausgebaut wurde. Schließlich übernahm das ibw die Aufgabe, Erläuterungen zu den Berufsbildern zu erarbeiten, so daß derzeit für 59 Lehrberufe – darunter für den Bürokaufmann und den Industriekaufmann – derartige Ausbildungshilfsmittel den Ausbildungsbetrieben zur Verfügung stehen.

Im Bereich der kaufmännischen Ausbildung standen und stehen immer wieder Wünsche und Vorschläge zur Schaffung neuer Lehrberufe zur Diskussion. Bereits mehrfach wurden die Vorschläge in Richtung eines Bankkaufmannes und eines Versicherungskaufmannes erörtert. Während bezüglich des Bankkaufmannes sehr unterschiedliche Auffassungen und Standpunkte eine echte Diskussion bis jetzt nicht aufkommen ließen, war man zwischen den Sozialpartnern beim Versicherungskaufmann schon fast einig, einen derartigen Lehrberuf zu schaffen, doch scheiterte die Realisierung der weitgehenden Einigung an der Frage der Berufsschuldauer.

Seit mehr als zwei Jahren läuft eine Diskussion zur Schaffung eines Lehrberufes Schauwerbegestalter (Dekorateur) nach deutschem Vorbild; ein Ergebnis ist derzeit nicht absehbar.

Etwas länger zurück liegt eine ebenfalls ergebnislos gebliebene Diskussion zu der Frage, ob für den Bereich der Verwaltungsstellen der Gebietskörperschaften und anderer öffentlich-rechtlicher Körperschaften ein spezieller Lehrberuf geschaffen werden sollte.

Aktuelle Probleme

Für den Bereich der kaufmännischen Lehrberufe stellen sich zur Zeit eine Reihe von Problemen, meist von besonderer Bedeutung hinsichtlich der feststehenden oder absehbaren Auswirkung auf die betriebliche Ausbildung. Sie sind zum Teil allgemeiner Natur, weil sie auch andere oder alle Lehrberufe und Ausbildungsbereiche gleichermaßen wie die kaufmännischen Lehrberufe betreffen, oder spezieller Natur, den Kreis der kaufmännischen Lehrberufe allein betreffend, wobei erfahrungsgemäß Rückwirkungen auf andere Ausbildungsbereiche fast nie ausgeschlossen werden können.

● Im Bundes-Berufsausbildungsbeirat hat die Arbeitnehmerseite eine Diskussion zur „Reform" der kaufmännischen Ausbildung begonnen und diese mit der technologischen Entwicklung und deren Auswirkung im kaufmännischen (und verwaltenden) Bereich begründet. Aufgrund der Diskussionsvorschläge der Arbeitnehmerseite stehen Fragen der Neustrukturierung der kaufmännischen Lehrberufe ebenso zur Diskussion wie Fragen der Neuordnung der Ausbildungsinhalte und der Berufsschulzeitdauer.

- Im Bereich der Unterrichtsverwaltung und der Berufsschullehrer werden laufend Veränderungen in den Rahmenlehrplänen einzelner Lehrberufe des kaufmännischen Bereiches beraten. Ein jüngster Ministerialentwurf stellt vorerst eine Reduzierung der Warenkunde-Fachbereiche bei den Lehrberufen Einzelhandelskaufmann und Großhandelskaufmann zur Diskussion.

- Ebenso sind einzelne kaufmännische Lehrberufe von zunächst regional vorgetragenen Schulzeiterweiterungswünschen, so z. B. der Industriekaufmann, betroffen. Hier wird vor allem die Notwendigkeit der Erweiterung im fachtheoretischen Bereich zu begründen versucht. Dazu kommt die von Arbeitnehmerseite immer wieder vorgetragene Forderung nach Erweiterung der Allgemeinbildung im Berufsschulbereich. Der neue Unterrichtsminister hat knapp nach seinem Amtsantritt erklärt, eine Verlängerung der Unterrichtszeit an Berufsschulen sei generell anzustreben. Zwischenzeitlich hat er doch seine Meinung dahingehend revidiert, daß diese Frage nur lehrberufsspezifisch diskutiert werden kann.

- Durch die Novelle 1982 zum Kinder- und Jugendlichenbeschäftigungsgesetz wurde die Anrechnung der Berufsschulzeit auf die Arbeitszeit wesentlich ausgedehnt bis hin zu einem möglichen Freizeitausgleich von maximal 40 Stunden nach Absolvierung eines Berufsschullehrganges. Die Administration dieser Regelung in der Praxis von Betrieb und Berufsschule hatte erhebliche Schwierigkeiten zur Folge; alle Lösungsbemühungen führten mangels echter Verhandlungsbereitschaft bis jetzt zu keinem Ergebnis. Die dem Ausbildungsbetrieb zur Verfügung stehende effektive Ausbildungszeit wurde dadurch weiter verkürzt. Dies wird noch zusätzlich verschärft durch die ab 1984 wirksame etappenweise Verlängerung des Urlaubsanspruches der Lehrlinge auf 5 Wochen.

- Die Forderung nach Verkürzung der Arbeitszeit in Richtung der 35-Stunden-Woche wird seit längerer Zeit permanent erhoben, in einigen Kollektivvertragsbereichen laufen bereits Verhandlungen zur Arbeitszeitverkürzung, womit die Auswirkungen über erste Verkürzungsschritte auf die Lehrlingsausbildung unmittelbar aktuell werden. Bei unveränderter

Rechtslage bedeutet jede Stunde Verkürzung der Wochenarbeitszeit eine ebensolche Verkürzung der betrieblichen Ausbildungszeit.

- Und da der Probleme nicht genug sind, fordern die Gewerkschaften auch noch die Schaffung eines Berufsausbildungsfonds zur Finanzierung der beruflichen Bildung. Bei der bekannten Mentalität der Gewerkschaften ist es nicht verwunderlich, daß die Aufbringung der Fondsmittel den Unternehmungen in Form einer Berufsausbildungsumlage aufgehalst werden soll.

Im Rahmen dieses Beitrages kann nicht auf alle aktuellen Problemstellungen näher eingegangen werden, so daß sich die Betrachtung auf die laufende Diskussion zur „Reform" der kaufmännischen Ausbildung – als wesentliche und grundsätzliche Problemstellung für die Ausbildung in kaufmännischen Lehrberufen – beschränken muß.

Die Arbeitnehmerseite präsentierte im April 1984 im Bundes-Berufsausbildungsbeirat ein „Modell" der Gewerkschaft der Privatangestellten, das – wieder einmal – die Fragen der Neustrukturierung der kaufmännischen Lehrberufe, der Neuordnung der Inhalte der kaufmännischen Lehrberufe und der Dauer der Berufsschulzeit zur Diskussion stellt. Die Zielsetzung dieses „Modells" wird als Ausbildung in sogenannten Grundberufen und schrittweise Spezialisierung interpretiert. Unter Beibehaltung der derzeitigen dreijährigen Lehrzeiten sieht das „Modell" als erste einjährige Stufe eine „allgemeine kaufmännische Grundbildung" vor, sie soll „Einstiegskenntnisse" vermitteln und für alle kaufmännischen Lehrberufe gleich sein. Die zweite, ebenfalls einjährige Stufe wird als „Bereichsbildung" bezeichnet, wobei drei Bereiche „Büro und Verwaltung", „Handel" und „Verkehr und Fremdenverkehr" vorgesehen werden. In dieser Stufe soll eine „Vertiefung der Grundausbildung" erfolgen und „auf die Spezifika und Besonderheiten sowie auch auf die speziellen Arbeiten und Kenntnisse der Branche (des Berufsfeldes) eingegangen werden". In der dritten einjährigen „Spezialisierungs"-Stufe soll „die eigentliche (?) Spezialisierung durchgeführt und in die tatsächlichen Bereiche des jeweiligen Betriebes (?) unterteilt werden". In allen drei Stufen soll eine jeweils zweitägige Dauer der Berufsschulzeit vorgesehen werden, was für die meisten der derzeitigen kaufmännischen Lehrberufe eine Verdoppelung der Berufsschulzeit bedeuten würde. Im Zuge der Beiratsdiskussion wurden lediglich die erste und zweite Ausbildungsstufe der Grund- und der Bereichsausbildung hinsichtlich ihrer Inhalte zu umschreiben versucht, während für die dritte Stufe der Spezialisierung ebenso keine Umschreibung vorliegt wie für die Inhalte der Berufsschulausbildung. Trotz längerer Diskussion war bis jetzt nicht einmal klarzustellen, ob die Spezialisierungsvorstellungen der dritten Stufe in etwa der derzeitigen Konzeption der kaufmännischen Lehrberufe entsprechen könnten. Wer sich mit diesem „Reformmodell" beschäftigt, muß wohl zwangsläufig auf die weitgehenden Parallelen zu einem seit Ende 1979 in der BRD diskutierten Neuordnungsmodell des Deutschen Gewerkschaftsbundes stoßen. Auch dieses deutsche „Modell" schlägt eine – mit weitreichenden Konsequenzen für die Ausbildung im dualen System verbundene – Neuorientierung der kaufmännischen Ausbildungsberufe vor. Bei einer Zusammenfassung des Vergleiches ist jedenfalls festzuhalten, daß beide „Modelle" in Begründung und Rechtfertigungsargumentation von der gleichen Überbewertung der technischen Entwicklung und deren Auswirkungen im kaufmännischen und verwaltenden Bereich ausgehen.

Beide „Modelle" finden auch in der Zielformulierung eine gleiche Linie, die in ihrer Konsequenz der praxisbezogenen Ausbildung Zweitrangigkeit zuordnen und die theoretische Ausbildung bevorzugen würde.

Beide „Modelle" sehen Ausbildungsstufen als Grundausbildung und Bereichsausbildung vor, der zeitliche Rahmen unterscheidet sich dabei lediglich in der Grundausbildungsstufe.

Während das deutsche Modell die Spezialisierung glattweg der Weiterbildung zuordnen will, sieht das österreichische Modell eine eigene Spezialisierungsstufe vor. Gerade hier ist die Aussage des GPA-Modelles derart dürftig und undurchsichtig, daß man den Zweifel nicht ganz los wird, ob eine Spezialisierung echt gemeint ist oder nicht doch eine „hohle Formel" angeboten wird.

Hinsichtlich der Strukturierung bekennt das deutsche Modell eindeutig Farbe in Richtung Funktionsorientierung. Diesen Mut zur Eindeutigkeit der Aussage vermißt man beim österreichischen Modell, bei welchem man die Strukturierungstendenz erst herauszufiltern gezwungen ist. Erklärtermaßen oder zumindest tendenziell verlassen beide „Modelle" die derzeitige Branchenstrukturierung, die – nach bisheriger fast übereinstimmender Expertenansicht – als branchenbezogene und funktionsübergreifende Ausbildung eine solide Grundlage für die spätere Berufsausübung darstellt und sowohl Mobilität und Flexibilität als auch entsprechende Aufstiegschancen garantiert.

Eine „ideologische Verwandtschaft" mit den deutschen Modellvorstellungen kann für die österreichischen Diskussionsgrundlagen wohl niemand leugnen. Geradezu selbstverständlich und zwingend ist das Modell des Deutschen Gewerkschaftsbundes auf eine breite Front der Kritik gestoßen. Bereits 1980 hat die deutsche Wirtschaft das Modell mit Entschiedenheit abgelehnt. Kritisiert wurde vor allem die „weite Überschätzung" der Automatisierungsentwicklung und ihrer Folgewirkungen auf die Veränderung der eigentlichen kaufmännischen Qualifikationen, der fast völlige Verzicht auf „handlungsorientierte" Ausbildung und wesentliche Einschränkung des Ausbildungszieles, nämlich der beruflichen Handlungsfähigkeit. Durch dieses Modell kann aber nicht nur die berufliche Vorbereitung der zukünftigen kaufmännischen Mitarbeiter nicht sichergestellt werden, sondern würde auch die bisherige qualifizierte Ausbildungsfähigkeit der Betriebe aufs Spiel gesetzt.

Bezeichnenderweise setzt auch die Kritik der Berufsbildungsforschung an der Modelleinschätzung der technologischen Entwicklung und ihrer Folgewirkung auf kaufmännische Berufe an und sieht die Erreichung des Ausbildungszieles der beruflichen Handlungsfähigkeit wesentlich gefährdet, da der Erwerb dieser beruflichen Handlungsfähigkeit durch die berufliche Erstausbildung nach dem Modell „in hohem Maße ausgeklammert wird", was „auf Kosten der Einsetzbarkeit des Ausgebildeten gehen muß".

Die ideologisch verwandten und inhaltlich weitgehend gleichen gewerkschaftlichen „Modelle" einerseits sowie die gleichen Ausbildungssysteme, die vergleichbaren Ausbildungsgänge und -inhalte und die ähnlichen Ausbildungsbetriebsstrukturen in beiden Ländern lassen die grundsätzliche Kritik am deutschen Modell auch für das österreichische Modell anwendbar erscheinen.

Das Ende 1984 veröffentlichte Forschungsprojekt „Neustrukturierung der kaufmännischen Ausbildungsberufe" des Bundesinstitutes für Berufsbildung Berlin erscheint in seinen Ergebnissen hinsichtlich der kritischen Auseinandersetzung mit den Modellvorstellungen und in seinen Schlußfolgerungen für die Diskussion in Österreich von besonderer Bedeutung. Wie bereits erwähnt, halten auch diese Forschungsergebnisse zum DGB-Modell fest, „daß die weitere Entwicklung der Berufsausbildung in den kaufmännischen Berufen durchaus nicht eindeutig von der technologischen

Entwicklung bestimmt, sondern diese im Gegenteil weit überschätzt wird". Dabei wird auf mehrere andere BIBB-Studien verwiesen. Zu den im DGB-Modell verwendeten Thesen der aus der fortschreitenden Technisierung ableitbaren „Dequalifikation, Entberuflichung und Proletarisierung der Angestelltenschaft" bemerken die Forschungsergebnisse, daß solche Thesen von der sozialwissenschaftlichen Qualifikationsforschung weitgehend entkräftet worden sind.

Die Forschungsergebnisse orten auch kritisch Konsequenzen des DGB-Modells in der Richtung, „daß die vorgeschlagene zweijährige Grundbildung in den Betrieben praktisch nicht mehr durchzuführen ist. Damit würde auch der theoretischen Ausbildung in der Schule deutlich der Vorzug vor der praxisbezogenen betrieblichen Ausbildung gegeben werden."
Weitere Kritik am DGB-Modell üben die Forschungsergebnisse im wesentlichen Ausbildungsziel der beruflichen Handlungsfähigkeit. Der Erwerb derselben durch die Erstausbildung würde nach dem DGB-Modell „in hohem Maße ausgeklammert werden", was „auf Kosten der Einsetzbarkeit des Ausgebildeten gehen muß".
Von ganz besonderem Interesse erscheinen die diesbezüglichen weiteren Ausführungen in den Forschungsergebnissen:
„Betrachtet man unter dem Aspekt ‚Erwerb der Handlungsfähigkeit' die dem Kaufmann in seinem Beruf gestellten Arbeitsaufgaben, so ist festzustellen, daß diese danach unterscheiden,
— ob sie unmittelbar dem Unternehmensziel dienen, das heißt auf Tätigkeiten am Markt, dem Kunden gegenüber usw. gerichtet sind,
— oder ob sie dem Zweck dienen, den Betrieb in die Lage zu versetzen, sich seinem eigentlichen Unternehmensziel zu widmen.
Dementsprechend sind einerseits markt- und kundenorientierte — ‚außen'-orientierte — Aufgaben und andererseits verwaltungsorientierte — ‚innen'-orientierte — Aufgabenstellungen zu unterscheiden. Die nach ‚innen' gerichteten, verwaltungsorientierten Aufgaben dienen dem Unternehmensziel nur mittelbar. Sie sind darauf gerichtet, die Bereitschaft für das Verfolgen der Unternehmensziele herzustellen und zu sichern; sie erfüllen gewissermaßen eine ‚Service'-Funktion zur Gewährleistung einer reibungslosen Erfüllung der unmittelbaren Aufgaben. Daher handelt es sich hierbei um kaufmännische Verwaltungsaufgaben, die auf der Ebene des Ordnungsinstruments ‚Ausbildungsberuf' in so hohem Maße homogen sind, daß sie zu einem oder wenigen ‚Querschnitt-

berufen' gebündelt werden können. Anders liegt es bei den markt-
und kundenorientierten, den nach ‚außen' gerichteten — planen-
den, ordnenden, versorgenden, leistenden oder gestaltenden
— Aufgaben. Diese sind auf das konkrete Unternehmensziel des
einzelnen Betriebes ausgerichtet. Eine ordnende, strukturierende
Zusammenfassung ist hier deshalb nur auf der Ebene der Wirt-
schaftsbereiche, zum Teil sogar nur auf der Ebene von Branchen
möglich, wenn das Ziel der Ausbildung, der Erwerb beruflicher
Handlungsfähigkeit, nicht gefährdet werden soll."
Nach einer thematischen Analyse der Struktur der deutschen der-
zeitigen Ausbildungsberufe im kaufmännischen und verwaltenden
Bereich ziehen die Forschungsergebnisse abschließend folgende
Schlußfolgerung:

„Mit dieser Struktur ist ein Optimum an Konzentration und damit
zugleich Profilbreite für die Ausbildungsberufe unter dem Gesichtspunkt ‚Aufgabe' als bestimmender Ordnungs- und Struktur-
faktor erreicht. Unter den Ausgangsprämissen ist daher — auch
unter Berücksichtigung des stürmischen Einzugs der elektronischen Datenverarbeitung und der Mikroprozessortechnik in die
Verwaltung und Büros — auf absehbare Zeit eine grundlegende
Strukturveränderung weder erforderlich noch zweckmäßig. Alle
anderen geschilderten Ordnungsstrukturen gehen entweder zu Lasten der Profilbreite der Ausbildungsberufe oder zu Lasten des
Ausbildungszieles ‚Erwerb der beruflichen Handlungsfähigkeit'."

Als Folgerung für die weitere österreichische Diskussion könnte
festgehalten werden:
Nach Aussage der deutschen Berufsbildungsforschung ist im Bereich der kaufmännischen Ausbildungsberufe auf absehbare Zeit
eine grundlegende Strukturveränderung weder erforderlich noch
zweckmäßig. Dies müßte auch für den Bereich der kaufmännischen Lehrberufe in Österreich als Diskussionsbasis Gültigkeit haben. Somit erschiene es zweckmäßig, über eine Anpassung der Berufsbilder an die wirtschaftliche Entwicklung und die Ausbildungserfordernisse der Praxis in sachlicher und ideologiefreier
Weise weiter zu diskutieren. In einer Diskussion um die Neuordnung der Inhalte ist auch Platz für Überlegungen zu den Lehr-
planinhalten. Aus neugeordneten betrieblichen und schulischen
Ausbildungsinhalten ließe sich sicherlich auch eine Erweiterung
der Lehrberufsverwandtschaften im Bereich der kaufmännischen
Lehrberufe positiv beantworten.

Nationale und internationale Berufswettbewerbe

Hans Fink

Seit mehreren Jahren findet man in den Medien alljährlich Informationen über die Teilnahme österreichischer Schüler bei sogenannten „Mathematik-Olympiaden" oder „Schach-Olympiaden". Derartige internationale Leistungsvergleiche für besonders begabte und leistungswillige Schüler in verschiedenen Fachgebieten scheinen ein neuer Trend zu sein. Eine sicher begrüßenswerte Idee, die es auf dem Gebiete der Berufsausbildung in Form der Lehrlingswettbewerbe in einer Vielzahl von Berufen bereits seit Jahrzehnten in Österreich und in weiteren Ländern mit dualer Berufsausbildung, wie der Bundesrepublik Deutschland, der Schweiz und Liechtenstein, gibt. Ebenso werden aber auch in anderen europäischen Ländern Leistungswettbewerbe für werktätige Jugendliche durchgeführt.

LEHRLINGSWETTBEWERBE

In Österreich werden die auf freiwilliger Basis durchgeführten Lehrlingswettbewerbe in Lehrberufen der Bereiche Gewerbe, Industrie, Handel, Verkehr und Fremdenverkehr organisiert. Diese Leistungsvergleiche finden teils auf Landesebene und teils auf Bundesebene als sogenannte Landes- oder Bundeslehrlingswettbewerbe statt. Diese Wettbewerbe, bei denen meist die dem jeweiligen Lehrjahr entsprechenden Berufskenntnisse verlangt werden, werden sowohl von den Handelskammern (Landes- oder Bundesinnungen, Fachgruppen, Fachverbänden) oft auch in Zusammenarbeit mit den Wirtschaftsförderungsinstituten als auch von Arbeiterkammern, Fachgewerkschaften und Berufsschulen durchgeführt. Alljährlich nehmen zehntausende Lehrlinge an diesen Leistungswettbewerben – im Bereich der Handelskammerorganisationen in ca. 80 Lehrberufen – teil.

Aufgabe und Zweck

Wenn man nach den Gründen fragt, weshalb diese Wettbewerbe einerseits mit nicht geringem finanziellem und organisatorischem Aufwand durchgeführt und andererseits von den jungen angehenden Facharbeitern freiwillig immer wieder angenommen werden, sind diese im wesentlichen gleichgeblieben:

- Gelegenheit zur Überprüfung der erworbenen Kenntnisse und Fertigkeiten und zum Vergleich dieser Kenntnisse mit Berufskollegen;
- Anreiz für begabte und leistungswillige Lehrlinge, ihr berufliches Wissen weiterzuentwickeln;
- Bestandsaufnahme und Erfolgskontrolle des Ausbildungsniveaus in den Wettbewerbsberufen;
- öffentliche Anerkennung der Leistungsbereitschaft sowie des fachlichen Könnens der Teilnehmer und der Bedeutung der Ausbildungsleistung in Betrieb und Berufsschule.

Internationalität der Lehrlingswettbewerbe

Nach dem Zweiten Weltkrieg verstärkten sich die Kontakte unter europäischen Ländern auch wieder auf dem Gebiet der Berufsausbildung, um andere Ausbildungssysteme kennenzulernen. Im Zusammenhang damit fanden insbesondere Fachorganisationen von Interessenvertretungen oder sonstige mit Berufsausbildung befaßte Organe auch Interesse an Lehrlingswettbewerben in anderen Ländern, und es entstanden Leistungsvergleiche in einzelnen Berufen zwischen jungen Fachkräften der Wirtschaft auch auf internationaler Ebene. Als Beispiel seien hier Leistungswettbewerbe der Bäcker, Fleischer, Friseure, Kellner, Köche und Konditoren genannt, die immer wieder den Besten der werktätigen Jugend einzelner Berufssparten aus verschiedenen Ländern eine Vergleichsmöglichkeit ihres Könnens bieten.

DIE INTERNATIONALEN BERUFSWETTBEWERBE FÜR DIE JUGEND

Durch die Initiative einiger in der Berufsausbildung tätiger Spanier kam es zur Idee der Internationalität von Leistungswettbewerben für Jugendliche in mehreren Berufen. Zunächst luden 1950 und 1952 die Spanier das Nachbarland Portugal zu einem gemeinsamen Berufswettbewerb ein, und 1953 konnten bereits weitere fünf Staaten als Teilnehmer an diesem Internationalen Berufswettbewerb begrüßt werden. Zwischenzeitlich haben in den letzten 35 Jahren insgesamt ca. 5.400 Jugendliche aus 26 Ländern Europas, Asiens, Amerikas, Australiens und Afrikas an 27 Wettbewerben teilgenommen. Träger dieser Internationalen Berufswettbewerbe, auch Facharbeiter-Olympiaden genannt, ist die „Internationale Organisation zur Förderung der Berufsausbildung und der Internationalen Berufswettbewerbe für die Jugend", die nunmehr alle zwei Jahre derartige internationale Leistungsvergleiche in über 30 Berufen des Gewerbes, der Industrie und des Dienstleistungssektors durch ein Mitgliedsland veranstaltet.

Nach dem 27. Internationalen Berufswettbewerb 1983 in Österreich (Linz) fand der 28. Berufswettbewerb 1985 in Japan statt. Die nächsten Bewerbe sind im Februar 1988 in Australien, 1989 in Großbritannien und 1991 in den Niederlanden vorgesehen.

Ziele dieser Organisation und Zweck der Internationalen Berufswettbewerbe

Hauptziel der Organisation ist die Förderung der Ausbildung in den Mitgliedsländern sowie die Durchführung der Internationalen Berufswettbewerbe. Neben den bereits für die nationalen Lehrlingswettbewerbe angeführten Aufgaben, die sinngemäß auch für die Internationalen Berufswettbewerbe gelten, sind beispielsweise zu nennen:

- Chance für junge Kräfte der Wirtschaft, ihr fachliches Können auf internationaler Ebene mit Berufskollegen zu vergleichen;
- Gelegenheit, das fachliche Niveau von jungen Facharbeitern aus aller Welt zu beobachten und zu vergleichen;
- Kennenlernen verschiedener Ausbildungssysteme, unterschiedlicher Arbeitsmethoden und -techniken anderer Länder;
- Austausch von Erfahrungen aus der Ausbildungspraxis für Berufsausbildungsfachleute.

Teilnehmerländer

Nachdem 1953 bereits sieben Länder Jugendliche zum 3. Internationalen Berufswettbewerb entsandten, stieg das Interesse von Jahr zu Jahr. 1961 trat die Bundeswirtschaftskammer als österreichische Teilnehmerorganisation bei, und 1962 nahm Japan als erstes asiatisches Land teil. 1975 wurde die USA als erster amerikanischer Staat und 1981 Australien Mitglied dieser Internationalen Organisation.

Folgende 26 Länder haben bisher an diesen 28 Berufswettbewerben teilgenommen:

Australien, Belgien*, Bermuda, Bundesrepublik Deutschland, Brasilien, Dänemark*, Frankreich, Großbritannien, Iran*, Republik Irland, Italien*, Japan, Republik Korea, Liechtenstein, Luxemburg, Macao, Malta*, Marokko*, Niederlande, Österreich, Portugal, Schweiz, Spanien, Taiwan, USA, Venezuela.

27. Internationaler Berufswettbewerb in Österreich

Österreich, vertreten durch die Bundeswirtschaftskammer, wurde erstmals damit betraut, einen derartigen Internationalen Berufswettbewerb 1983 durchzuführen. An diesem 27. Leistungsvergleich, der in Linz im Wirtschaftsförderungsinstitut der Handelskammer Oberösterreich zur Austragung gelangte, nahmen 316 Jugendliche aus 18 Ländern von vier Kontinenten in 33 Berufen teil. Die Gesamtteilnehmerzahl aus den 18 Ländern inklusive der Prüfer in den internationalen Prüfungsjurys sowie den am Berufswettbewerb Interessierten aus Betrieben und Schulen betrug ca. 1000 Personen. Zur Veranschaulichung der Größe dieser Wettbewerbe sei erwähnt, daß für diese 33 Berufe Maschinen, die dem neuesten Stand der Technik entsprachen, größtenteils fabriksneu, im Werte von ca. 40 Millionen Schilling von österreichischen und ausländischen Firmen weitgehend kostenlos zur Verfügung gestellt wurden. Wenngleich die Internationale Organisation bestrebt ist, noch weitere Länder für diese Leistungsvergleiche zu gewinnen, zeigt der nur für die Maschinenausstattung der Werkstätten erforderliche Betrag sowie die Notwendigkeit, geeignete Werkstättenräume für diese Anzahl von Berufen zur Verfügung zu stellen, die Grenze dieses Bewerbes auf.

Wettbewerbsberufe und Teilnahmebedingungen

Die Ausdehnung auf nunmehr 34 Berufe aus dem Metallsektor, wie Maschinenschlosser, Werkzeugmacher, Dreher sowie aus dem elektrotechnischen Bereich, wie Industrieelektroniker, Elektroinstallateur, Radio- und Fernsehtechniker, dem Bau- und holzverarbeitenden Bereich, wie Maurer, Steinmetz, Möbel- und Bautischler, dem Dienstleistungssektor im weitesten Sinn, wie Damenschneider, Damen- und Herrenfriseur, Koch, Kellner, zeigt eben-

---

*) zur Zeit nicht aktiv.

falls die Entwicklung dieser Internationalen Berufswettbewerbe zu einer Großveranstaltung.

Teilnahmeberechtigt an derartigen Wettbewerben sind weibliche und männliche junge Facharbeiter, aber auch Lehrlinge; als Höchstalter ist das 21. Lebensjahr festgesetzt. Jedes Mitgliedsland kann maximal einen Teilnehmer pro ausgeschriebenem Beruf nominieren. Eine nochmalige Teilnahme eines Jugendlichen an einem Wettbewerb ist nicht erlaubt. Die Auswahl der Wettbewerbsteilnehmer bleibt den entsendenden Stellen überlassen. Nicht zufällig qualifizieren sich bei den österreichischen Vorauswahlen in vielen Berufen ehemalige Sieger aus Landes- oder Bundeslehrlingswettbewerben.

Die Ergebnisse der österreichischen Teilnehmer

Österreich hat bisher zu 13 derartigen Berufswettbewerben 146 junge Fachkräfte entsandt, die insgesamt 14 Goldmedaillen, 19 Silbermedaillen und 26 Bronzemedaillen, 10 Leistungsurkunden und 15 Ehrendiplome erhielten. Somit haben fast 60 % der österreichischen Teilnehmer, nämlich 84, Auszeichnungen bei diesen Internationalen Berufswettbewerben erhalten. Mit dem hervorragenden Abschneiden der österreichischen Mannschaft beim 27. Internationalen Berufswettbewerb 1983 in Linz mit 5 Gold-, 8 Silber- und 6 Bronzemedaillen sowie 4 Leistungsurkunden konnte Österreich bei der inoffiziellen Nationenbewertung den hervorragenden 2. Platz zwischen den asiatischen Teilnehmerländern erreichen. Diese Ergebnisse unserer jungen Nachwuchskräfte in der Wirtschaft zeigen die Leistungsbereitschaft dieser Jugend, aber auch die qualitativ guten Ausbildungsleistungen in Österreich, die wiederum Garant für eine hohe Qualität der Produkte „Made in Austria" sind.

SCHLUSSBEMERKUNG

Oft wird im Zusammenhang mit diesen internationalen wie auch nationalen Wettbewerben der enorme Leistungsdruck und Streß, denen die Jugendlichen ausgesetzt sind, angeführt, und auch der Begriff Leistung erhält in diesem Zusammenhang, wie bereits vielfach im Bildungsbereich, einen negativen Beigeschmack und scheint höchstens noch im Spitzensport „salonfähig" zu sein. Sicher bedeutet die Teilnahme an derartigen Leistungsvergleichen für jeden eine große Herausforderung und Bewährungsprobe: totaler persönlicher Einsatz vor und während des Wettbewerbes, Fertigwerden mit Erfolg oder Mißerfolg, mit Erwartungs- und Erfolgsdruck. Vergessen wird jedoch oft, daß vieles davon zur Persönlichkeitsbildung der Jugendlichen beitragen kann und insbesondere diese Internationalen Berufswettbewerbe jedem Teilnehmer auch die Chance bieten, sich nicht nur beruflich, sondern auch charakterlich weiterzubilden. Gerade durch diese Möglichkeit können diese beruflichen Leistungsvergleiche mithelfen, daß auch im Bildungsbereich Leistung wieder zu einem positiven Begriff, zu einer Qualifikation wird.

Lehrlingsausbildung aus statistischer Sicht

Klaus Schedler

Wie in keinem anderen Bereich des Bildungswesens unterliegen einzelne Maßnahmen innerhalb der Lehrlingsausbildung einer unmittelbaren Wechselwirkung zwischen den Bildungsansprüchen der Schule und der wirtschaftlichen Praxis: Betriebliche Praxis ist in der Lehrlingsausbildung die Realsituation, in der die Ausbildung primär vermittelt wird, während diese Praxis innerhalb vollzeit-schulischer Ausbildungsgänge allenfalls modellhaft nachvollzogen werden kann. Diese Einbindung der Berufsausbildung in jene Rahmenbedingungen der beruflichen Wirklichkeit, die im Sinne wirtschaftlicher Kriterien bestimmt sind, führt aber auch zu ganz anderen Aspekten, die die Sonderstellung der Lehrlingsausbildung im Vergleich zu anderen Bildungsgängen hervorheben. Im vorliegenden Artikel wird dieser Sachverhalt unter dem Gesichtspunkt der Bildungsstatistik dargestellt.

Die Entwicklung der Lehrlingszahlen ist in Österreich umfassend dokumentiert, und einschlägige Statistiken sind leicht verfügbar. Im wesentlichen sind dabei zwei Quellen anzuführen: Zuerst sind hier die Aufzeichnungen der Lehrlingsstellen zu nennen, die auch im vorliegenden Artikel verwendet wurden und denen die im jeweiligen Bundesland protokollierten Lehrverträge zugrunde gelegt sind. Entsprechende Statistiken werden von den einzelnen Landeskammerorganisationen jährlich veröffentlicht. Neben diesen wäre aber vor allem die für das gesamte Bundesgebiet herausgegebene Lehrlingsstatistik der Bundeswirtschaftskammer, die ebenfalls jährlich erscheint, zu nennen. Auf der Grundlage des gleichen Datensatzes erscheinen ferner auch im Bereich der Arbeiterkammer einschlägige Statistiken. Schließlich werden entsprechende Aufzeichnungen der Unterrichtsverwaltung in der Form der Schulstatistik für das berufsbildende Pflichtschulwesen herausgegeben.

Eine unmittelbare Vergleichbarkeit zwischen einzelnen Datenbeständen ist hierbei nicht gegeben, sodaß man sich nach Möglichkeit im Zuge einer Analyse immer nur innerhalb einer Datenbasis bewegen sollte. Die Gründe für derartige Abweichungen sind viel-

161

fältig: So gibt es etwa bei den Berufsschulen mit Blockunterricht die Möglichkeit, bei Lehrberufen mit $3^1/_2$jähriger Lehrzeit die Berufsschulzeit für das 4. Lehrjahr in der Form eines verlängerten Kursbesuches im 3. Lehrjahr zu absolvieren: Der Lehrling scheint im 4. Lehrjahr dann wohl in der Lehrlingsstatistik, nicht aber mehr in der Schulstatistik auf. Überdies ergeben sich Unstimmigkeiten zwischen zwei Datenbasen ferner aus unterschiedlichen Verwendungszwecken oder Interessen, anhand derer jeweilige Zähleinheiten, Erhebungszeitpunkte oder -räume definiert sind.

Wie bereits erwähnt, besteht ein wesentlicher Gesichtspunkt der Lehrlingsausbildung in der Verflechtung von Berufswünschen der Lehrstellenbewerber einerseits und den Ausbildungsmöglichkeiten der Wirtschaft auf der anderen Seite. Diese Ausbildungsmöglichkeiten betreffen zunächst qualitative Komponenten, also die Frage, ob der Betrieb so ausgerüstet und geführt wird, daß er fachlich für die Lehrlingsausbildung in Frage kommt. Dieser Punkt ist durch das Berufsausbildungsgesetz festgelegt und ist im Rahmen dieser Ausführungen von geringerem Interesse. Aus der Sicht des Statistikers sind es vielmehr zunächst die quantitativen Effekte – also die Anzahl freiwerdender, nachbesetzter und effektiv neubesetzter bzw. unbesetzt gebliebener Lehrstellen. Die Ausbildungsmöglichkeiten selbst sind damit nur zum Teil durch die Berufswünsche der Jugendlichen bestimmt, sondern gleichfalls von wirtschaftlichen Überlegungen geleitet. So spielt der erwartete betriebsinterne aber auch der überbetriebliche Fachkräftenachwuchs wie auch eine ausreichende Auslastung betrieblicher Ausbildungseinrichtungen eine wesentliche Rolle. Die effektiven Lehrlingszahlen sind damit einerseits als Funktion der Lehrstellenwünsche und andererseits als Maßnahme der Wirtschaft, Jugendliche im Sinne zukünftiger Erfordernisse auf das Berufsleben vorzubereiten, zu interpretieren.

Die Graphik 1 gibt eine Übersicht hinsichtlich der Entwicklung der Gesamtlehrlingszahlen seit dem Jahr 1950 und der Lehrlinge im ersten Lehrjahr seit dem Jahr 1959.
Neben der Zäsur, die durch die Einführung des 9. Pflichtschuljahres im Jahr 1966 bedingt ist, zeigt die Graphik insbesondere den Effekt der zeitlichen Verzögerung, mit der Veränderungen bei der Anzahl der Lehranfänger auf die Gesamtlehrlingszahl wirken. So war beispielsweise im Jahr 1979 noch eine Steigerung der Gesamtlehrlingszahl zu verzeichnen, während die Zahl der Lehrlinge im ersten Lehrjahr bereits zurückgegangen war.

Graphik 1

Jahr	Lehrlinge im 1. Lehrjahr	Gesamtlehrlingszahl
1950		92.854 I
1951		92.311 I
1952		91.963 I
1953		103.699 III
1954		121.282 IIIII
1955		145.092 IIIIIIIIII
1956		156.623 IIIIIIIIIIII
1957		159.065 IIIIIIIIIIIII
1958		154.414 IIIIIIIIIIII
1959	45.143 III	147.390 IIIIIIIIII
1960	43.022 I	140.986 IIIIIIIIII
1961	50.889 IIIIIIIII	143.748 IIIIIIIIII
1962	51.015 IIIIIIIII	148.207 IIIIIIIIIII
1963	49.874 IIIIIIII	154.290 IIIIIIIIIIII
1964	48.191 IIIIII	153.925 IIIIIIIIIIII
1965	47.186 IIIII	150.296 IIIIIIIIIIII
1966	15.264 < = 9. Pflichtschuljahr	114.903 IIIII
1967	42.492 I	109.485 IIII
1968	44.697 III	109.080 IIII
1969	44.402 II	128.651 IIIIIIII
1970	45.454 III	137.445 IIIIIIIII
1971	49.471 IIIIIII	142.284 IIIIIIIIII
1972	50.466 IIIIIIII	147.095 IIIIIIIIII
1973	53.084 IIIIIIIIII	155.856 IIIIIIIIIII
1974	55.115 IIIIIIIIIIII	163.551 IIIIIIIIIIIIII
1975	56.144 IIIIIIIIIIIII	170.172 IIIIIIIIIIIIIII
1976	58.698 IIIIIIIIIIIIIIII	176.519 IIIIIIIIIIIIIIIII
1977	62.015 IIIIIIIIIIIIIIIIIIII	183.659 IIIIIIIIIIIIIIIIII
1978	62.499 IIIIIIIIIIIIIIIIIIIIII	190.368 IIIIIIIIIIIIIIIIIIII
1979	61.258 IIIIIIIIIIIIIIIIIIII	193.152 IIIIIIIIIIIIIIIIIIIII
1980	61.795 IIIIIIIIIIIIIIIIIIIII	194.089 IIIIIIIIIIIIIIIIIIIIIII
1981	57.399 IIIIIIIIIIIIII	188.190 IIIIIIIIIIIIIIIIIIII
1982	55.164 IIIIIIIIIIIII	181.778 IIIIIIIIIIIIIIIIII
1983	55.047 IIIIIIIIIIIII	175.717 IIIIIIIIIIIIIIIII
1984	54.189 IIIIIIIIIIII	172.677 IIIIIIIIIIIIIIII

*Übersicht der Gesamtlehrlingszahlen
sowie der Lehrlinge im 1. Lehrjahr*

Dieses Verzögerungsphänomen wird durch die Übertrittsquoten von einem Lehrjahr zum anderen überlagert. Diese belaufen sich im Durchschnitt seit 1960 auf ca. 96 % vom 1. zum 2., auf ca.

95 % vom 2. zum 3. und auf 25 % vom 3. zum 4. Lehrjahr. Die drastische Verringerung dieser Quote vom 3. zum 4. Lehrjahr ist durch die wesentlich geringere Anzahl der Lehrberufe mit 3½- oder 4jähriger Lehrzeit bedingt. Aus diesem Grunde wird zur Berechnung der Retentionsrate (das ist der prozentuelle Anteil jener Lehrlinge, die das Lehrziel erreichen) üblicherweise der Anteil der Lehrlinge im 3. Lehrjahr an der Gesamtheit der seinerzeitigen Lehranfänger berechnet bzw. man bildet das Produkt über lediglich die ersten beiden Übergangsraten. Diese Retentionsrate liegt zur Zeit bei 93 %.

Faßt man das Zustandekommen der Gesamtlehrlingszahl zum Zeitpunkt t als multiple lineare Funktion der Lehranfänger des Jahres t und der 3 Vorjahre auf, so ergibt die Analyse der letzten 23 Jahre folgendes Gleichungssystem:

$$
\begin{aligned}
LL_{(t)} = \quad & LA_{(t)} \quad & *1{,}031 \\
& LA_{(t-1)} \quad & *1{,}008 \\
& LA_{(t-2)} \quad & *0{,}949 \\
& LA_{(t-3)} \quad & *0{,}270 \\
& & -7878{,}435
\end{aligned}
$$

wobei LL_t: Gesamtlehrlingszahl zum Jahr t
und LA_t: Lehranfänger im Jahr t

Der multiple Korrelationskoeffizient beläuft sich auf R = 0.9996, d. h. die Gleichung gibt in der angegebenen Form sehr gut das Zustandekommen der Gesamtlehrlingszahl wieder. Das Ergebnis ist aber keineswegs trivial, denn die Faktoren weisen nicht nur für das 1. Lehrjahr eine Größenordnung größer 1 auf, sondern auch für das zweite, was als Hinweis zu werten ist, daß zumindest innerhalb der ersten beiden Lehrjahre Lehrvertragslösungen eine ebensolche Ausnahme darstellen wie für den Rest der Lehrzeit, denn entsprechende Ausfälle finden in der negativen und nichtlehrjahrspezifischen Konstante ihre Berücksichtigung. Erst beim Übergang zum 3. Lehrjahr ist eine geringfügige quantitative Verdünnung festzustellen, die durch Lehrberufe mit 2jähriger Lehrzeit bedingt ist, und erst beim Übergang zum 4. Lehrjahr erfolgt die bereits erwähnte deutliche Lehrlingszahlverminderung durch die Lehrberufe mit mehr als 3jähriger Lehrzeit.
Wie einleitend bemerkt, ist die Abstimmung von Bildungs- und Beschäftigungserfordernissen ein zentrales Anliegen der Lehrlingsausbildung. Reduziert man die hier immanente Problematik

auf quantitative Effekte, so findet sie beispielsweise in der Frage eine Entsprechung, ob die Entwicklung der Lehrlingszahlen eher durch demographische Effekte oder durch freiwerdende und demgemäß nachbesetzbare Ausbildungskapazitäten bedingt ist.

Dabei kann man sich hinsichtlich der nachfrageseitigen Entwicklung am Lehrstellenmarkt im Zusammenhang mit der demographischen Entwicklung ohne weiteres auf die Geburtenzahlenentwicklung beschränken. Wären die jährlichen Geburtenjahrgangsstärken in der Vergangenheit relativ konstant gewesen, könnte man hiezu einfach die Anzahl der Neugeborenen vor 15 Jahren verwenden, da diese ja zum Zeitpunkt der Betrachtung die allgemeine Schulpflicht absolviert haben und damit in eine Berufstätigkeit, in eine Lehre oder in weiterführende Schulen drängen. Diese Vorgangsweise ist jedoch insofern nicht ganz exakt, als die Geburtenzahlen für ein Kalenderjahr ausgewiesen werden, während die allgemeine Schulpflicht mit dem auf die Vollendung des 6. Lebensjahres folgenden 1. September beginnt und neun Schuljahre dauert. Das bedeutet, daß ein Drittel derer, die im Jahr t die allgemeine Schulpflicht absolviert haben, im Jahr $t - 16$ geboren sind, und zwei Drittel im Jahr $t - 15$. Ferner ist bei Analysen, die weiter als bis zum Jahr 1966 zurückgehen, zu bedenken, daß in diesem Jahr die Schulpflicht von 8 auf 9 Jahre verlängert worden ist. Die so berechnete Anzahl der Absolventen der allgemeinen Schulpflicht ist in der Graphik 2 als Grundlage des Lehrlingsanteils am Geburtenjahrgang verwendet worden.

Die Entwicklung des Anteils der Lehranfänger am Geburtenjahrgang läßt im wesentlichen zwei markante Einbrüche erkennen. Der erste liegt um das Jahr 1966 und fällt mit der Verlängerung der allgemeinen Schulpflicht zusammen. In den folgenden Jahren kam es wiederum zu einem kontinuierlichen Anwachsen des Lehrlingsanteils. Bemerkenswert ist dabei der kleine Einbruch zu Beginn der siebziger Jahre, der möglicherweise auf den Wegfall der Aufnahmeprüfung an allgemeinbildenden höheren Schulen durch die 4. SchOG-Novelle zurückgeführt werden kann. Das generelle Ansteigen des Lehrlingsanteils dürfte aber durch die demographische Entwicklung vermittelt gewesen sein, die zu gewissen Schwierigkeiten bei der Schulversorgung bei jenen führten, die weiterführende Schulen besuchen wollten. Nichtbestandene Aufnahmsprüfungen an berufsbildenden höheren Schulen führten in der Folge dazu, daß häufiger die Lehrlingsausbildung als Alternative zu den voll ausgelasteten vollzeit-schulischen Ausbildungsgängen

Graphik 2

Jahr	Absolventen	LL-1. LJ	Anteil	
1959	109.892	45.143	41.08	IIII
1960	107.991	43.022	39.84	I
1961	123.069	50.889	41.35	IIIII
1962	125.132	51.015	40.77	III
1963	116.657	49.874	42.75	IIIIIIII
1964	109.694	48.191	43.93	IIIIIIIIII
1965	104.461	47.186	45.17	IIIIIIIIIIIIII
1966	0	15.264	–	
1967	102.929	42.492	41.28	IIII
1968	102.915	44.697	43.43	IIIIIIIII
1969	103.612	44.402	42.85	IIIIIIII
1970	107.045	45.454	42.46	IIIIIIII
1971	113.410	49.471	43.62	IIIIIIIIII
1972	117.750	50.466	42.86	IIIIIIII
1973	119.407	53.084	44.46	IIIIIIIIIII
1974	122.836	55.115	44.87	IIIIIIIIIIII
1975	125.422	56.144	44.76	IIIIIIIIIIII
1976	129.690	58.698	45.26	IIIIIIIIIIIII
1977	132.678	62.015	46.74	IIIIIIIIIIIIIIIIIII
1978	134.284	62.499	46.54	IIIIIIIIIIIIIIIIII
1979	134.164	61.258	45.66	IIIIIIIIIIIIIIII
1980	131.230	61.795	47.09	IIIIIIIIIIIIIIIIIIIII
1981	129.026	57.399	44.49	IIIIIIIIIIII
1982	127.795	55.164	43.17	IIIIIIIII
1983	126.545	55.047	43.50	IIIIIIIIII
1984	122.956	54.189	44.07	IIIIIIIIII

Entwicklung der Pflichtschulabsolventen und Lehrlingsanteil

in Erwägung gezogen wurde. Der zweite Einbruch erfolgte 1981
und fällt mit der – durch die demographische Entwicklung erfolgten – Entspannung zusammen. Innerhalb der letzten Zeit ist
der Anteil der Lehranfänger am Geburtenjahrgang wieder ange-
wachsen und liegt zur Zeit bei 44 Prozent.
Der direkte oder vermittelte Einfluß der demographischen Entwicklung auf die Lehrlingsausbildung wird aber auch deutlich,
wenn man die absoluten Veränderungen der Schulpflichtabsolventen gegenüber dem Vorjahr den absoluten Veränderungen der
Ausbildungskapazität gegenüberstellt. Die Veränderungen bei den
Schulpflichtabsolventen ergeben sich hierbei jeweils als Differenz
zwischen den Absolventen des Jahres t gegenüber dem Jahr t – 1.
Im Gegensatz dazu ist die Abschätzung der Ausbildungskapazität

etwas schwieriger. Diese erfolgt in der Weise, daß man die Abgänge vom Jahr t zum Jahr t + 1 bei allen Übergängen vom i-ten zum (i + 1)ten Lehrjahr kumuliert und zu diesen die Anzahl der Lehrlinge im 4. Lehrjahr des Jahres t − 1 addiert und die Differenz zur Anzahl der Lehranfänger des Jahres t bildet.

$$LP_{(t)} = \left[\sum_{i=1}^{2} LL_{(i)\,(t)} - LL_{(i+1)\,(t-1)} \right] + LL_{(i=4)\,(t-1)} - LL_{(i=1)\,(t)}$$

wobei $LP_{(t)}$: die Ausbildungskapazität im Jahr t

$LL_{(i)\,(t)}$: Lehrlinge des i-ten Lehrjahres im Jahr t

In der Graphik 3 sind die Geburtenzahlveränderungen sowie die Änderungen der Ausbildungskapazität gegenübergestellt.

Dabei wird deutlich, daß der Rückgang der Lehrlingszahlen im Jahr 1966 nicht allein durch die Einführung des 9. Pflichtschuljahres bedingt war, sondern mit einem sich schon früher abzeichnenden Rückgang der Geburtenzahlen zusammenfiel, dessen Anzeichen auch schon in der Lehrstellenstatistik seine Entsprechung gefunden hatte. So konnte es dann im Folgejahr auch nicht zu der erwarteten kompensatorischen Aufnahme von Lehranfängern kommen, denn bis zum Jahr 1968 waren die Zahlen der Schulpflichtabsolventen weiterhin rückläufig. Diese Situation änderte sich erst in den Jahren 1969 und insbesondere 1970, und erst zu diesem Zeitpunkt − also mit einer durch die demographische Entwicklung bedingten Verzögerung von 3 Jahren − trat eine Kompensation der bis dahin unausgelastet gebliebenen Ausbildungskapazitäten ein. Interessanterweise kam es in der weiteren Folge aufgrund der 1969 aufgetretenen „Spitze" in den darauffolgenden 12 Jahren zu einer „Synchronisierung" der phasenhaften Abfolge freiwerdender Ausbildungskapazitäten. Ausgehend vom Jahr 1969 folgen im 4-Jahres-Abstand zwei weitere, gedämpfte „Nachschwingungen", für die sich zwei Erklärungen anbieten: Zunächst kann gezeigt werden, daß diese Entwicklungen durch Veränderungen bei der Geburtenzahl bedingt sind, die um die Jahre 1972 und − weniger ausgeprägt − 1977 relative Maxima aufweisen. Eine andere Erklärung liegt darin, daß die Auslastung von betrieblichen Ausbildungskapazitäten am ehesten in jenen Betrieben als spürbares Motiv zur Lehrlingsaufnahme gelten wird, in denen zweckmäßigerweise die Berufsausbildung in speziellen Ausbildungseinrichtungen erfolgen muß, und bei diesen handelt es sich wahrscheinlich in erster Linie um solche, die in Lehrberufen mit mehr als dreijähriger Lehrzeit ausbilden.

Im Jahr 1981 wäre nun im Sinne der beschriebenen Entwicklung ein weiterer „Sprung" zu erwarten gewesen, der jedoch wahrscheinlich deshalb ausgeblieben ist, weil sich unmittelbar vorher

Graphik 3

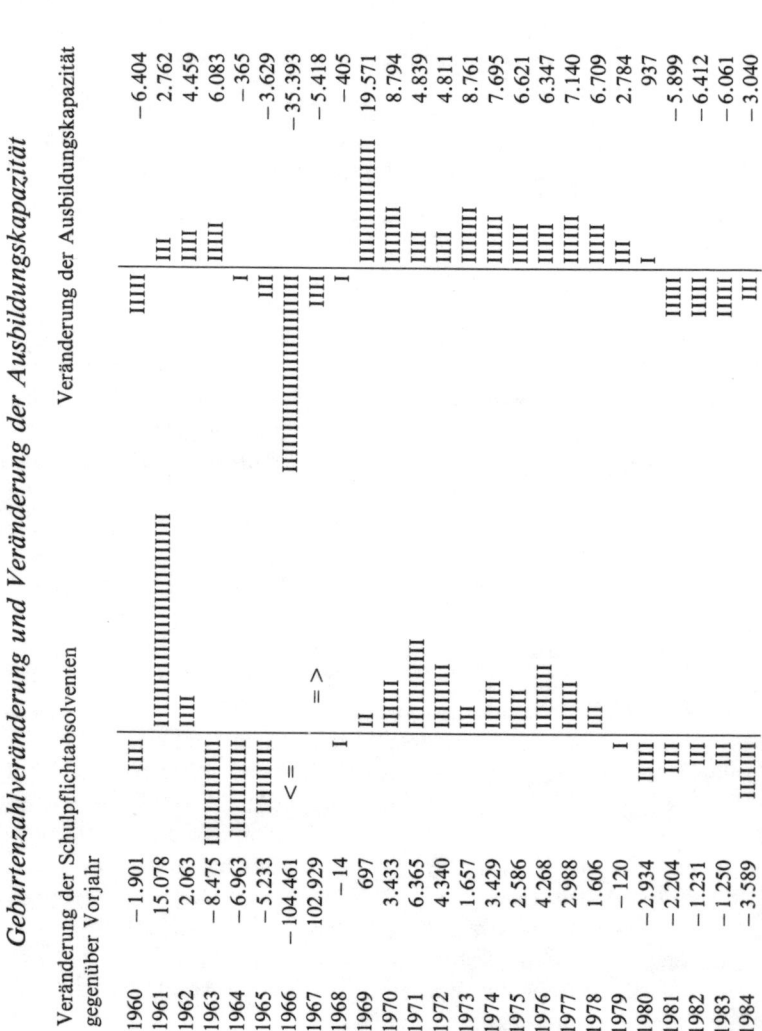

Geburtenzahlveränderung und Veränderung der Ausbildungskapazität

	Veränderung der Schulpflichtabsolventen gegenüber Vorjahr	Veränderung der Ausbildungskapazität
1960	−1.901	−6.404
1961	15.078	2.762
1962	2.063	4.459
1963	−8.475	6.083
1964	−6.963	−365
1965	−5.233	−3.629
1966	−104.461	−35.393
1967	102.929	−5.418
1968	−14	−405
1969	697	19.571
1970	3.433	8.794
1971	6.365	4.839
1972	4.340	4.811
1973	1.657	8.761
1974	3.429	7.695
1975	2.586	6.621
1976	4.268	6.347
1977	2.988	7.140
1978	1.606	6.709
1979	−120	2.784
1980	−2.934	937
1981	−2.204	−5.899
1982	−1.231	−6.412
1983	−1.250	−6.061
1984	−3.589	−3.040

der Trend bei den Absolventen der allgemeinen Schulpflicht umgekehrt hat. Innerhalb der letzten Jahre sind jedenfalls hinsichtlich der Absolventen und der Lehrstellen gleichsinnige Effekte zu
beobachten.
Abschließend soll auf die Entwicklung der Geschlechterproportion eingegangen werden. Hier zeigt die Graphik 4, daß die Vergangenheit im wesentlichen durch drei Perioden gekennzeichnet
war. In der Zeit bis 1963 war ein kontinuierliches Anwachsen des
Anteils weiblicher Lehrlinge feststellbar, der sicherlich im Zusam-

Graphik 4

Jahr	männlich			weiblich	Anteil weibl. Lehrlinge	
1952	71.335	IIIIIIIIII	IIIIIIIII	20.628	22.43	I
1953	79.127	IIIIIIIIIII	IIIIIIIIII	24.572	23.70	III
1954	90.754	IIIIIIIIIIIII	IIIIIIIIIII	30.528	25.17	IIIIII
1955	107.488	IIIIIIIIIIIIIIII	IIIIIIIIIIIIII	37.604	25.92	IIIIIII
1956	114.114	IIIIIIIIIIIIIIIIII	IIIIIIIIIIIIIII	42.509	27.14	IIIIIIIIII
1957	114.441	IIIIIIIIIIIIIIIIII	IIIIIIIIIIIIIII	44.624	28.05	IIIIIIIIIII
1958	110.171	IIIIIIIIIIIIIIIII	IIIIIIIIIIIIII	44.243	28.65	IIIIIIIIIIII
1959	103.455	IIIIIIIIIIIIIIII	IIIIIIIIIIIII	43.935	29.81	IIIIIIIIIIIII
1960	98.113	IIIIIIIIIIIIIII	IIIIIIIIIIIII	42.873	30.41	IIIIIIIIIIIIII
1961	98.867	IIIIIIIIIIIIIII	IIIIIIIIIIIII	44.881	31.22	IIIIIIIIIIIIIIII
1962	101.040	IIIIIIIIIIIIIII	IIIIIIIIIIIII	47.167	31.83	IIIIIIIIIIIIIIIII
1963	104.576	IIIIIIIIIIIIIIII	IIIIIIIIIIIII	49.714	32.22	IIIIIIIIIIIIIIIIII
1964	104.893	IIIIIIIIIIIIIIII	IIIIIIIIIIIII	49.032	31.85	IIIIIIIIIIIIIIIII
1965	102.444	IIIIIIIIIIIIIIII	IIIIIIIIIIIII	47.852	31.84	IIIIIIIIIIIIIIIII
1966	79.328	IIIIIIIIIIII	IIIIIIIII	35.575	30.96	IIIIIIIIIIIIIII
1967	75.555	IIIIIIIIIII	IIIIIIIII	33.930	30.99	IIIIIIIIIIIIIII
1968	75.630	IIIIIIIIIII	IIIIIIIII	33.450	30.67	IIIIIIIIIIIIIII
1969	86.932	IIIIIIIIIIII	IIIIIIIII	41.719	32.43	IIIIIIIIIIIIIIIII
1970	95.452	IIIIIIIIIIIIII	IIIIIIIIII	41.993	30.55	IIIIIIIIIIIIIIII
1971	99.492	IIIIIIIIIIIIIII	IIIIIIIIII	42.792	30.08	IIIIIIIIIIIIIII
1972	102.812	IIIIIIIIIIIIIII	IIIIIIIIIII	44.283	30.11	IIIIIIIIIIIIII
1973	109.563	IIIIIIIIIIIIIIII	IIIIIIIIIIII	46.293	29.70	IIIIIIIIIIIIII
1974	114.967	IIIIIIIIIIIIIIIII	IIIIIIIIIIII	48.584	29.71	IIIIIIIIIIIIII
1975	119.820	IIIIIIIIIIIIIIIIII	IIIIIIIIIIIII	50.352	29.59	IIIIIIIIIIIII
1976	123.577	IIIIIIIIIIIIIIIIII	IIIIIIIIIIIII	52.942	29.99	IIIIIIIIIIIII
1977	127.536	IIIIIIIIIIIIIIIIIII	IIIIIIIIIIIIII	56.123	30.56	IIIIIIIIIIIIII
1978	130.631	IIIIIIIIIIIIIIIIIIII	IIIIIIIIIIIIIII	59.737	31.38	IIIIIIIIIIIIIIII
1979	131.924	IIIIIIIIIIIIIIIIIIII	IIIIIIIIIIIIIII	61.228	31.70	IIIIIIIIIIIIIIII
1980	131.837	IIIIIIIIIIIIIIIIIIII	IIIIIIIIIIIIIII	62.252	32.07	IIIIIIIIIIIIIIIII
1981	127.384	IIIIIIIIIIIIIIIIIII	IIIIIIIIIIIIII	60.806	32.31	IIIIIIIIIIIIIIIII
1982	122.894	IIIIIIIIIIIIIIIIII	IIIIIIIIIIIIII	58.884	32.39	IIIIIIIIIIIIIIIII
1983	119.085	IIIIIIIIIIIIIIIIII	IIIIIIIIIIIIII	56.632	32.23	IIIIIIIIIIIIIIIII
1984	116.179	IIIIIIIIIIIIIIIII	IIIIIIIIIIIII	56.498	32.72	IIIIIIIIIIIIIIIIII

Geschlechterproportion

169

menhang damit zu sehen ist, daß berufliche Vorstellungen über die Hausfrau-und-Mutter-Rolle hinausgingen und verstärkt auch eine berufliche Tätigkeit beinhaltete. Die Lehrlingsausbildung bot sich hiefür als geeigneter Ausbildungsgang an. Die zweite Phase bis 1975 war durch jährlich sinkende Anteile weiblicher Lehrlinge gekennzeichnet, die wahrscheinlich mit der Bildungsexpansion dieser Zeit und den verstärkten Bemühungen des Schulausbaus im Zusammenhang stehen, welche unter anderem zu einer überproportional erhöhten Schulbeteiligung der Mädchen geführt hat, die mittlerweile bis in den Hochschulbereich wirkt. In der dritten Phase ist es in der jüngeren Vergangenheit wieder zu einem langsamen Anwachsen des Anteils weiblicher Lehrlinge gekommen, so daß zur Zeit der Anteil weiblicher Lehrlinge mit 33 % sein vorläufiges Maximum erreicht hat.

Zusammenfassend kann aufgrund dieser wenigen Beispiele aufgezeigt werden, daß die Betrachtung der Lehrlingsausbildung aus dem Blickwinkel des Statistikers nicht allein trockene Zahlenspielerei ist, sondern über formal-statistische Aspekte hinausdeutet. Bildungspolitische Maßnahmen in ihrer Verbindung mit demographischen Entwicklungen bilden sich auch in Teilbereichen unserer Gesellschaft in oft so charakteristischer Weise ab, daß man gut daran tut, bei der Diskussion von Maßnahmen für die Lehrlingsausbildung die Erfahrungen der Vergangenheit gleichfalls zu erwägen, um so den Herausforderungen der Zukunft gewachsen zu bleiben.

WIFI-Veranstaltungen für Lehrlinge und Ausbilder

Peter Kowar

Für die Handelskammerorganisation stehen in bezug auf das Bildungs- und Ausbildungssystem die Sicherung der Freiheit und Förderung der Individualität durch Wahlfreiheit zwischen verschiedenen Bildungswegen und Bildungsträgern und die Gleichheit der Chancen für Gleichbefähigte und Leistungswillige bei Anerkennung des Leistungsprinzips und Förderung der Eigeninitiative im Vordergrund.

Die Wirtschaftsförderungsinstitute der Handelskammern tragen diesem gesellschaftspolitischen Bekenntnis schon seit langem durch ein differenziertes und auf die individuelle Veranlagung des einzelnen abgestimmtes Veranstaltungsangebot auch für Lehrlinge und Lehrlingsausbilder Rechnung. Die Schulungsangebote verstehen sich als Herausforderung zur fachlichen Höherqualifikation, zur Möglichkeit eines umfassenden Erfahrungsaustausches, zur permanenten Weiterbildung und damit verbunden zu einer berufsorientierten Persönlichkeitsentfaltung.

VORBEREITUNGSKURSE AUF DIE LEHRABSCHLUSSPRÜFUNG

Im Jahr 1984 sind österreichweit 63.109 Lehrlinge zur Lehrabschlußprüfung angetreten. 54.081 Kandidaten (85,7 %) haben die Lehrabschlußprüfung bestanden. Dieses Ergebnis dokumentiert erneut eindrucksvoll, daß das duale Ausbildungssystem einen besonders chancenreichen Weg für den einzelnen darstellt. Es zeigt sich aber gleichzeitig auch, daß es der Wirtschaft besser als allen vergleichbaren schulischen Systemen gelingt, den an einem Lehrberuf Interessierten auf seinen zukünftigen Weg vorzubereiten.

Für viele Lehrlinge stellt die Lehrabschlußprüfung einen Markstein in ihrem Ausbildungsweg dar. Deshalb wollen sie die Lehrabschlußprüfung mit einem möglichst guten Erfolg bewältigen. Die Wirtschaftsförderungsinstitute der Handelskammern helfen ihnen dabei, in dem sie in den verschiedensten Gebieten Schulungsangebote zur persönlichen Perfektionierung und Höherqualifizierung bereitstellen. So wurden im abgelaufenen Jahr 728

Vorbereitungskurse auf die Lehrabschlußprüfung mit insgesamt 14.609 Teilnehmern durchgeführt. Dies bedeutet, daß immerhin 23,2 % der Lehrabschlußkandidaten von diesem Angebot auch Gebrauch gemacht haben.

Eine nach Ländern aufgeschlüsselte Darstellung ergibt folgenden Überblick:

Vorbereitungskurse auf die Lehrabschlußprüfung 1984

WIFI	Veranstaltungen	Teilnehmer
Burgenland	32	511
Kärnten	119	2.203
Niederösterreich	18	453
Oberösterreich	205	3.635
Salzburg	16	342
Steiermark	157	4.209
Tirol	31	812
Vorarlberg	34	436
Wien	116	2.008
Gesamt	728	14.609

Die Wirtschaftsförderungsinstitute der Handelskammern bieten für sämtliche Bereiche der Wirtschaft, also Gewerbe, Industrie, Handel, Geld-, Kredit- und Versicherungswesen, Verkehr und Fremdenverkehr solche Schulungsangebote an. Um einen Eindruck zu bekommen, wie vielfältig diesbezüglich das Angebot ist, wird in der Folge das Schulungsangebot alphabetisch gereiht dargestellt. Im abgelaufenen Jahr hat es Vorbereitungskurse für nachstehende Berufe bzw. Bereiche gegeben:

Bauschlosser
Bautechnischer
Zeichner
Bürokaufmann
Büromaschinen-
mechaniker
Chemischputzer
Dreher
Drogist

Einzelhandels-
kaufmann
Elektroinstallateur
Elektromaschinen-
bauer
Elektromechaniker
Fahrzeugfertiger
Fernmelde-
monteur

Flachdrucker
Fleischer
Fotohandel
Fotosatz
Friseur
Gastgewerbe
Gas- und Wasser-
installateur
Glaser

Großhandels-
kaufmann
Handel
Herrenkleider-
macher
Holztechnik
Karrosseur
Kellner
Koch
Konditor
Kfz-Elektriker
Kfz-Mechaniker
Kühlmaschinen-
mechaniker
Landmaschinen-
mechaniker
Lebensmittelhandel
Maschinenbau
Maschinenschlosser
Mechaniker
Metallbearbeitung
Metallfachkunde
Meß- und Regel-
mechaniker
Nachrichtenelektriker
Papierhandel
Radio- und Fernseh-
mechaniker
Schlosser
Schuhmacher
Schweißer
Setzer
Spediteur
Spengler
Sportartikelhandel
Stukateur
Tapezierer und Bett-
warenerzeuger
Textilhandel
Tischler
Vermessung
Wasserleitungs-
installateur
Werkmaschinen-
fachkunde
Werkzeugmacher
Zentralheizungsbau
Zimmerer

SCHULUNGSVERANSTALTUNGEN FÜR LEHRLINGSAUSBILDER

Für die Handelskammerorganisationen war es seit jeher eine wichtige Aufgabe, entsprechend den gesetzlichen Vorschriften die Lehrlingsausbildung zu regeln und zu überwachen sowie für die berufliche Ausbildung der Lehrlinge zu sorgen und ihre Persönlichkeitsentwicklung zu fördern.

Neben den rechtlichen und administrativen Belangen, die im wesentlichen von den Innungen selbst oder von der zuständigen Lehrlingsstelle behandelt werden, gibt es auch durch sogenannte Lehrlingswarte eine Unterstützung in pädagogisch-psychologischen Angelegenheiten. Aufgabe eines Lehrlingswartes ist es, sich um den Lehrling im obgenannten Sinn zu kümmern und allen Betrieben bzw. deren Ausbildern insbesondere in Ausbildungsfragen beratend zur Verfügung zu stehen.

Eine Lehrlingsausbildung ohne fachlich und pädagogisch qualifizierte Ausbilder ist sinnlos. Diesem Aspekt hat die Wirtschaft durch Bereitstellung inner- und überbetrieblicher Schulungsmaßnahmen bereits seit Jahrzehnten Rechnung getragen. Nicht zuletzt haben die Wirtschaftsförderungsinstitute der Handelskammern, insbesondere im pädagogisch-psychologischen Bereich, Schulungsveranstaltungen — seien es Grundlagen- oder Spezialveranstaltungen — laufend durchgeführt.

Den „Ausbilder", so wie ihn das Berufsausbildungsgesetz seit 1978 definiert, hat es immer schon gegeben. Die Betriebe, deren ureigenstes Anliegen es ist, fachlich qualifizierten Nachwuchs heranzubilden, haben dafür gesorgt.

Nunmehr verlangt der Gesetzgeber den Nachweis der pädagogisch-psychologischen und rechtlichen Kenntnisse in Form einer „Ausbilderprüfung". Die Wirtschaftsförderungsinstitute der Handelskammern bereiten auf diese Ausbilderprüfung vor; im abgelaufenen Schulungsjahr 1984/85 wurden insgesamt 617 Veranstaltungen mit 14.273 Teilnehmern durchgeführt. Die Veranstaltungen wurden entweder als separate Ausbildervorbereitungskurse oder als ergänzender Bestandteil zur Vorbereitung auf die Meisterprüfung, Konzessionsprüfung oder den Befähigungsnachweis durchgeführt. Die Inhalte orientieren sich im wesentlichen an den vom Gesetzgeber definierten Prüfungsinhalten.

Pädagogisch-psychologische Inhalte

Die pädagogisch-psychologischen Grundlagen der Lehrlingsausbildung werden in den einschlägigen Vorbereitungskursen in neun Abschnitten vermittelt.

Duales Ausbildungssystem

Wesen des dualen Ausbildungssystems − Ausbildung im Betrieb − Ausbildung in der Berufsschule − Weiterbildungs- und Aufstiegsmöglichkeiten − inner-, über- und zwischenbetriebliche Ausbildung

Lehrlinge aufnehmen und einführen

Werbemöglichkeiten des Betriebes − Vorstellungsgespräch und Auswahl der Lehrlinge − Der erste Lehrtag − Probezeit

Entwicklungspsychologie

Begriffsbestimmung − Relevante Entwicklungsstufen − Körperliche und psychische Veränderungen in der Phase der Pubertät − Hemmende und fördernde Einflüsse auf die Entwicklung der Jugendlichen − Die Führung der Jugendlichen

Methoden der Unterweisung

Grundlagen des Lernens − Vermittlung von Fertigkeiten (4-Stufen-Methode, Fallmethode) − Vermittlung von Kenntnissen (Lehrgespräch) − Vermittlung von berufsspezifischen Verhaltensweisen (Rollenspiel)

Vom Berufsbild zum betrieblichen Ausbildungsplan

Die Notwendigkeit einer Planung − Festlegen der Ausbildungsin-

halte — Reihung der Ausbildungsinhalte — Erstellung der Ausbildungsplanung
Vom betrieblichen Ausbildungsplan zur Unterweisung
Voraussetzungen für eine Unterweisung — Festlegen von Ausbildungszielen — Die Unterweisung
Erfolgskontrolle und Beurteilung
Funktion der Erfolgskontrolle und Beurteilung — Bedingungen der Erfolgskontrolle — Aufgaben des Ausbilders (Kontrolle, Beurteilung, Beurteilungsgespräch)
Die Motivation
Grundlagen der Motivation — Aufbau der Motivation — Motivation und berufliches Verhalten — Einstellung des Ausbilders und Motivation des Lehrlings — Faktoren zur Beeinflussung der Motivation
Verhalten und Fehlverhalten in der Lehrlingsausbildung
Unterschiedliches Verhalten in der Pflichtschule und im Betrieb — Voraussetzungen für richtiges Verhalten — Führungsverhalten des Ausbilders gegenüber dem Lehrling — Fehlverhalten des Lehrlings und daraus entstehende Konflikte — Maßnahmen zur Berichtigung und Vorbeugung

Rechtliche Inhalte

Für den Ausbilder ist auch die Kenntnis einiger gesetzlicher Bestimmungen und Verordnungen für die Bewältigung seiner Aufgaben notwendig. Besonders werden die einschlägigen Bestimmungen des Berufsausbildungsgesetzes, des Arbeits- und Sozialversicherungsrechts sowie des Kinder- und Jugendbeschäftigungsgesetzes vermittelt.
„Duale Berufsausbildung" — Grundsatzinformation
Das System der dualen Berufsausbildung — Die Stellung des dualen Systems im österreichischen Bildungssystem — Rechtliche Grundlagen — Berufsausbildungsgesetz und einschlägige Verordnungen
Vorbereitung der Ausbildung eines Lehrlings
Lehrberufsliste — Lehrling/Lehrberechtigter/Ausbilder: Voraussetzungen und Aufgaben
Aufnahme des Lehrlings
Abschluß des Lehrvertrages — Vorgangsweise zur Protokollierung des Lehrvertrages — Anmeldung bei der Berufsschule und Sozialversicherung — Probezeit — Fristenschema

Die Ausbildung des Lehrlings
Rechte und Pflichten aus dem Lehrvertrag — Ausbildungsvor-
schriften — Berufsschulbesuch
Arbeits- und sozialversicherungsrechtliche Vorschriften
Arbeitszeit — Sonstiger Schutz von Jugendlichen — Lehrlingsent-
schädigung — Urlaub — Arbeitsschutzvorschriften — Sozialver-
sicherungsrechtliche Stellung des Lehrlings
Beendigung des Lehrverhältnisses
Endigung — Vorzeitige Auflösung des Lehrverhältnisses — Lehr-
zeugnis — Weiterverwendungspflicht
Lehrabschlußprüfung
Zulassung — Durchführung der Lehrabschlußprüfung — Prü-
fungstexte — Prüfungsmaterialien — Ausnahmsweise Zulassung
zur Lehrabschlußprüfung
Sonstige wichtige Bestimmungen
Verwaltung des Lehrlingswesens (Lehrlingsstellen) — Arbeitsin-
spektion — Aushang- oder auflagepflichtige Vorschriften — Ju-
gendvertretung im Arbeitsverfassungsgesetz — Dienstnehmer-
haftpflichtgesetz

Neben diesen für die Ausbilderprüfung wichtigen Vorbereitungskurse gibt es in den Wirtschaftsförderungsinstituten der Handelskammern eine Reihe von bewährten Spezialseminaren oder
Workshops, die es qualifizierten Ausbildern ermöglicht, sich intensiv mit pädagogischen Fragen und Problemen der Lehrlingsausbildung auseinanderzusetzen.

Nach Aussage der deutschen Berufsbildungsforschung ist im Bereich der kaufmännischen Ausbildungsberufe auf absehbare Zeit
eine grundlegende Strukturveränderung weder erforderlich noch
zweckmäßig. Dies müßte auch für den Bereich der kaufmännischen Lehrberufe in Österreich als Diskussionsbasis Gültigkeit haben. Somit erschiene es zweckmäßig, über eine Anpassung der Berufsbilder an die wirtschaftliche Entwicklung und die Ausbildungserfordernisse der Praxis in sachlicher und ideologiefreier
Weise weiter zu diskutieren. In einer Diskussion um die Neuordnung der Inhalte ist auch Platz für Überlegungen zu den Lehr-
planinhalten. Aus neugeordneten betrieblichen und schulischen
Ausbildungsinhalten ließe sich sicherlich auch eine Erweiterung
der Lehrberufsverwandschaften im Bereich der kaufmännischen
Lehrberufe positiv beantworten.

Die Lehrlingstage der Steirischen Volkswirtschaftlichen Gesellschaft

Gerhard Nitsche

Allgemeines

Die Steirische Vorlkswirtschaftliche Gesellschaft bietet seit 1965 im Rahmen ihres Bildungsprogramms steirischen Unternehmen und Verwaltungen Veranstaltungen zur Weiterbildung ihrer Lehrlinge an, die Lehrlingstage genannt werden. In diesen werden insbesondere Themen behandelt, die mit dem beruflichen Alltag der Lehrlinge zusammenhängen und in der innerbetrieblichen und schulischen Fachausbildung nur wenig Platz finden. Diese Themen betreffen einerseits

- die persönlichen Bezüge des Lehrlings im Unternehmen (eigenes Verhalten, Zusammenarbeit, Betriebsklima), andererseits
- betriebswirtschaftliche Belange (z. B. Grundtatbestände der Wirtschaft, Betrieb als Organisation, Kostendenken).

Beide Bereiche, gutes Betriebsklima und betriebswirtschaftliche Einsicht der Mitarbeiter, sind von großer Bedeutung für eine erfolgreiche Unternehmensführung. Sicher können diese Themenbereiche auch von Mitarbeitern des lehrlingshaltenden Unternehmens den Lehrlingen nahegebracht werden, doch wird es oftmals aus Gründen des Zeitmangels bei der beruflichen Fachausbildung und der Unabhängigkeit von betrieblichen Sonderumständen als vorteilhaft empfunden, Außenstehende zu bitten, diese Aufgabe zu übernehmen. Lehrlingstage waren und sind ein sinnvolles Anbot im Rahmen der Gesamtausbildung der Lehrlinge.

177

Zielsetzungen

Die Lehrlingstage haben nachstehende Zielsetzungen:

- Pflege eines guten Betriebsklimas, daher Wecken des Verständnisses für die Bedeutung des eigenen Verhaltens (auch Benehmens) für den beruflichen Erfolg des Lehrlings selbst, die innerbetriebliche Zusammenarbeit mit Mitarbeitern und Vorgesetzten und das Ansehen der Unternehmung nach außen hin;
- Darlegung der Organisation eines Unternehmens, deren Gliederung nach Sachaufgaben, der innerbetrieblichen Zusammenhänge und Arbeitsabläufe und schließlich der Leistungsaufgaben der Mitarbeiter im Rahmen der wirtschaftlichen Ziele des Unternehmens;
- Vermittlung von Kenntnissen über volks- und betriebswirtschaftliche Grundtatsachen und die Voraussetzungen für das Bestehen und die Weiterentwicklung einer Unternehmung und die notwendige Beachtung der Erfordernisse einer sich dauernd wandelnden Wirtschaft;
- Aufzeigen der Bedeutung ausreichender gegenseitiger Information und wohlwollender Gesprächsbereitschaft, der Fähigkeit zur Darstellung und Wiedergabe von Sachverhalten und zum aufmerksamen Zuhören zwecks Ermöglichen und Sichern zweckentsprechenden Handelns aller am Unternehmensgeschehen Beteiligten;
- Fördern des Verständnisses für die Verhaltensweisen der in unterschiedlichen Gesellschaftsbereichen Tätigen, besonders bei der Zusammenarbeit von Wirtschaft und Verwaltung;
- Hervorrufen des Bewußtseins für die Notwendigkeit und Nützlichkeit der steten Weiterbildung des einzelnen aus dem Erleben fruchtbarer Zusammenarbeit zwischen gebenden und nehmenden Teilnehmern sinnvoller Bildungsveranstaltungen.

Durchführung

Bei den Lehrlingstagen werden die Zielthemen durch Kurzvorträge von Referenten so vorgetragen, daß die Teilnehmer zu Fragen angeregt werden. Dies ist besonders dann hilfreich, wenn sich die angeschnittenen Probleme aus dem Betriebserleben des Lehrlings ergeben. Es wird versucht, durch sinnvoll gesteuerte Gespräche oder in Gruppenarbeit Lösungsvorschläge zu erarbeiten.

Nur von den Teilnehmern Selbsterarbeitetes führt zu nachhaltiger Aufnahme des Vorgetragenen, zur Entfaltung eines erweiterten Bewußtseins, zur Formung der Willensbildung und Anwendung des Gelernten in der vom Lehrling erfahrenen Wirklichkeit des Unternehmens.

Dienlich ist der Einsatz der von der Steirischen Volkswirtschaftlichen Gesellschaft selbst gestalteten und hergestellten Videofilme über Wirtschaftsvorgänge, so z. B. „Wie funktioniert ein Industriebetrieb".

In der Organisation für den Ablauf der Lehrlingstage wird auf größte Beweglichkeit geachtet. Wünsche der Auftraggeber hinsichtlich Zeit, Ort, Inhalt, Dauer werden so weit als möglich berücksichtigt, ohne die vorher genannten Zielsetzungen aus den Augen zu verlieren.

Die Teilnehmer der Lehrlingstage kommen aus den verschiedensten Berufen, die Auftraggeber gehören fast allen Bereichen der privaten und verstaatlichten Wirtschaft, aber auch den Verwaltungen an.

Arten

Aus der langjährigen Erfahrung heraus ergaben sich nachstehende unterschiedlich gestaltete Lehrlingstage als zweckmäßig:

- für die Gewerbliche Wirtschaft
  a) allgemeine,
  b) fachzugeordnete und
  c) gebietszugeordnete,
- für die Verwaltungsbereiche fachzugeordnete für die
  a) Landesverwaltung und
  b) öffentlich-rechtlichen Körperschaften.

Die Lehrlingstage werden je nach den Wünschen der Auftraggeber oder der Zweckmäßigkeit über- oder innerbetrieblich durchgeführt. Falls die Veranstaltungsdauer einen Tag überschreiten soll, erfolgt die Durchführung in Seminarform, die es gestattet, die gleichen Themen ausführlicher und nachhaltiger zu behandeln.

Die ersten Lehrlingstage wurden 1965 für Lehrlinge der Gewerblichen Wirtschaft überbetrieblich eingerichtet. An ihnen nahmen Lehrlinge mehrerer Unternehmen unterschiedlicher Fachbereiche teil. Bei dieser Teilnehmerzusammensetzung ist es schwierig, unmittelbar auf das Herkunftsunternehmen des Lehrlings bezogene Fragen ausreichend zu behandeln. Es ergab sich daher zunehmend der Wunsch nach innerbetrieblichen Veranstaltungen, an denen

Lehrlinge mit verschieden fortgeschrittener Berufsausbildung und auch aus unterschiedlichen Berufsbildern eines Unternehmens teilnehmen.

Ab dem Jahre 1984 wurden fachzugeordnete Lehrlingstage für Handelslehrlinge und Lehrlinge in Gastronomie- und Fremdenverkehrsberufen entwickelt. Diese Sonderveranstaltungen schließen neben den stets darzustellenden, grundlegenden Inhalten besonders berufsbezogene Themenbereiche ein.

In Zusammenarbeit mit der Kammer der Gewerblichen Wirtschaft für Steiermark konnten bereits ab dem Jahre 1983 gebietszugeordnete Lehrlingstage in den Bezirken des Landes Steiermark durchgeführt werden. Die jeweiligen Bezirksstellen übernehmen die Organisation der Lehrlingstage und stellen ihre Räumlichkeiten zur Verfügung, die Steirische Volkswirtschaftliche Gesellschaft führt die Veranstaltungen durch. Landesdeckende Tätigkeit wird zu erreichen versucht.

Mit den zuständigen Stellen des Landes Steiermark für Fragen der Weiterbildung werden seit Jahren Lehrlingstage für Lehrlinge des Landes Steiermark veranstaltet. In diesen wird angestrebt, den jungen Mitarbeitern in der Verwaltung die Aufgaben und Verantwortungen nahezubringen, die bei der Behandlung jener Sachfragen im Bereiche der Wirtschaftätigkeit der Unternehmen auftreten, die von den Entscheidungen der öffentlichen Verwaltung abhängen. Damit soll Hilfestellung bei der Beurteilung wirtschaftlicher Anliegen geboten werden.

Die Lehrlingstage für Lehrlinge der Kammer der Gewerblichen Wirtschaft für Steiermark, die gemeinsam mit dem Lehrbeauftragten dieser öffentlich-rechtlichen Körperschaft eingerichtet wurden, haben zum Ziel, den Lehrlingen in der Verwaltung der steirischen Wirtschaft einführenden Einblick in wirtschaftliche Zusammenhänge und Abläufe zu geben und diese auf ihre Verantwortung hinzuweisen, die sie im Rahmen ihrer Dienstleistungstätigkeit gegenüber den Mitgliedern der Kammerorganisation zu tragen haben.

Schließlich ergab sich die Möglichkeit, in Zusammenarbeit mit dem Raiffeisenverband Lehrlingstage für dessen Lehrlinge zu veranstalten, womit auch die Verbindung zum Wirtschaftsbereich der Landwirtschaft hergestellt werden konnte.

Aufbau

Die allgemeinen Lehrlingstage werden in drei Stufen angeboten,

die aufeinander aufbauen. Die Inhalte bestehen in den Stufen eins und zwei aus den Teilbereichen
- Zusammenarbeit im Betrieb und
- betriebswirtschaftliche Grundbegriffe,

in der Stufe drei aus den Teilbereichen
- Weiterführung der betriebswirtschaftlichen Grundbegriffe und
- Darlegung der wichtigsten Wirtschaftskennzahlen und ihre Beurteilung aus der Sicht eines Unternehmens.

Die fachzugeordneten Lehrlingstage werden vorerst in zwei Stufen ausgeschrieben. Deren Inhalte sind jedoch um kundenorientierte Teilbereiche erweitert. Diese sind für
- Lehrlinge im Handel „Das optimale Verkaufsgespräch" und für
- Lehrlinge in Gastronomie und Fremdenverkehr „Das optimale Gespräch mit dem Gast".

Befragung steirischer Lehrlinge

Aus der praktischen Arbeit der Lehrlingstage ergaben sich zwei Fragen grundsätzlicher Art:
- Wie groß ist die Bereitschaft der jungen Menschen, sich freiwillig auch außerhalb und nach der Berufsschule weiterzubilden?
- Auf welchen Gebieten liegen schwerpunktmäßig die Wünsche der Lehrlinge an zusätzlicher Ausbildung?

Im Jahre 1981 veranstaltete daher die Steirische Volkswirtschaftliche Gesellschaft eine Befragung von 1.310 Lehrlingen zu diesen Themen. Die Ergebnisse wurden in einer Studie „Lehrlinge in der Steiermark, Einstellungen, Meinungen und Vorstellungen zu Ausbildung, Betrieb, Schule sowie berufliche und wirtschaftliche Zukunft" im Mai 1982 veröffentlicht, die wichtige Hinweise für die Ausgestaltung des Bildungsanbotes für Lehrlinge erbrachte. Neben jenen Aussagen, die die Güte der gegenwärtigen Lehrlingsausbildung im Betrieb und in der Berufsschule bestätigen, ist jene besonders wichtig, die aufzeigt, daß Lehrlinge, die noch keine Veranstaltungen für zusätzliche Weiterbildung erleben konnten, zu dieser noch kaum Bezug haben, jene aber, die an solchen Veranstaltungen bereits teilgenommen haben, Fortbildung anstreben.

Stellungnahmen der Teilnehmer

Nach Abschluß einer Veranstaltung werden von den Teilnehmern Beurteilungen ohne Namensnennung erbeten, welche wichtige Hinweise für die Gestaltung der Lehrlingstage geben. Die Stellungnahmen sind überwiegend zustimmend und zeigen, was von den gebotenen Inhalten erfaßt wurde und vermutlich dauernd wirksam bleibt. Es kann jedoch hier nicht verschwiegen werden, daß sprachliche Ausdrucksfähigkeit und Rechtschreibung vielfach ungenügend beherrscht werden – Umstände, die Weiterbildungsbemühungen nachteilig beeinflussen können.

Inanspruchnahme

Das Arbeitsgebiet „Lehrlingstage" der Steirischen Volkswirtschaftlichen Gesellschaft hat sich im Zuge der langjährigen Erfahrung zu einem vielfältigen Angebot für die Weiterbildung von Lehrlingen entfaltet. Die behandelten Themen schließen eine Lücke der übliche Ausbildung im Unternehmen und in der Schule. Unternehmen, die dieses Angebot annehmen, schätzen den Nutzen dieser Arbeit und machen die Lehrlingstage zu einer immer wieder beanspruchten Einrichtung. Dies ist die beste Erfolgskontrolle für die Leistung der Veranstaltungen.

In den Jahren 1974 bis 1984 schwankten die jährlichen Teilnehmerzahlen zwischen ungefähr 750 und 1.350 mit Neigung zur Zunahme. Seit dem Jahre 1965 konnten insgesamt rund 12.000 Lehrlinge angesprochen werden.

Ausblick

Der Ansatz „Bildungseinrichtung Lehrlingstage" war und ist äußerst fruchtbar. Bei der Weiterführung und weiteren Ausgestaltung dieser Weiterbildungsmaßnahme für Lehrlinge sind
- die sich wandelnde Organisation der wirtschaftlichen Gebilde zu berücksichtigen,
- die sich verändernde innere Gestaltung der Unternehmen zu beachten,
- fachzugeordnete Veranstaltungen zunehmend zu entwickeln,
- neue Formen der Zusammenarbeit, die durch die Einführung neuer Techniken in den Unternehmen gestaltet werden müssen, zu erkennen und zu fördern,
- das Fortschreiten in der Unterrichtslehre einzubeziehen,

- der Umfang angebotener Inhalte mit der Aufnahmefähigkeit der Teilnehmer zur Sicherung nachhaltigen Wissens in Einklang zu bringen,
- den Wünschen nach anhaltender Weiterbildung durch Anschlußbildungsangebote in Richtung Erwachsenenbildung zu entsprechen.

Die Lehrlingstage, von Unternehmensleitungen wegen ihres das Betriebsklima fördernden Einflusses und von den Lehrlingen wegen des dargebotenen Wissens gerne in Anspruch genommen, sind somit ein wichtiges Glied in der Kette des das ganze Leben begleitenden Bemühens um Bildung.

ibw-Eignungsfeststellungsverfahren — eine Hilfe für Betriebe und Lehrlinge

Monika Thum-Kraft

Jeder Betrieb ist — unabhängig von der Beschäftigtenzahl — mit der Frage von Auswahl und Aufnahme von Personal konfrontiert, stellt doch das Personal eine entscheidende Voraussetzung für Erfolg, Sicherung und Weiterentwicklung des Unternehmens dar.

Neben den bewährten Beurteilungskriterien — wie Nachweis der Fähigkeit durch Zeugnisse, persönliche Gespräche, Lebensläufe usw. — werden immer häufiger Eignungsverfahren (Tests) eingesetzt.

Zwei Arten von Testverfahren kommen hiebei meist zur Anwendung: Persönlichkeitstests und Leistungstests.

Die *Persönlichkeitstests* versuchen, Persönlichkeitsmerkmale wie Kontaktfähigkeit, Extra/Introversion, Aggressivität usw. mit Hilfe von Fragenkatalogen, Aufgabenreihen und Reaktionsmustern auf indirektem Wege festzustellen.

Leistungstests sind für die Überprüfung ganz bestimmter, definierter Fähigkeiten und Kenntnisse gedacht.

Alle diese Eignungsverfahren streben einen Vergleich der persönlichen Fähigkeiten, Fertigkeiten und Kenntnisse des Bewerbers mit den Anforderungen eines bestimmten Berufes bzw. Arbeitsplatzes an.

Das ibw-Eignungsverfahren, das für Burschen und Mädchen, die eine Lehre beginnen wollen, konzipiert wurde, hat dagegen zwei neue, bisher in Testverfahren kaum berücksichtigte Zielsetzungen.

Feststellung von Fähigkeiten, unabhängig von einem bestimmten Lehrberuf

Eignungsfeststellungen für einzelne Lehrberufe, so praktisch sie erscheinen mögen, sind nicht das Ziel dieses Verfahrens, denn sie entsprechen weder der Problemlage der Betriebe noch jener der Schulaustretenden.

Die Anforderungen verschiedener Berufe unterscheiden sich vielfach in so geringem Ausmaß voneinander, daß es unmöglich ist, die Eignung für einen bestimmten Beruf eindeutig festzustellen. Andererseits ergeben sich bei ein und demselben Beruf in Abhängigkeit von Betriebsgröße, Produktionsverfahren, technischer Ausstattung und anderen betriebsbestimmenden Faktoren jeweils individuelle Eignungsstrukturen für konkrete Arbeitsplätze.

Das ibw suchte daher ein Verfahren zu finden, das von den „Stärken" (Fähigkeiten) der Bewerber ausgeht und sich an den aktuellen Anforderungen des Berufes unter Berücksichtigung betrieblicher Gegebenheiten orientiert.

Fort von Papier- und Bleistift-Test

Das Ziel des ibw-Eignungsverfahrens − nämlich Fähigkeiten von Facharbeiter-Berufen abzutesten − legt es nahe, praxisorientierte Aufgabenstellungen zur Feststellung dieser Fähigkeiten zu verwenden. Damit werden die häufig verwendeten Papier-und-Bleistift-Tests ersetzt.

Das ibw-Verfahren bedient sich solcher Aufgaben und Geräte, die Arbeitsvorgänge bzw. Lösungswege erfordern, die der Tätigkeit eines Facharbeiters im Betrieb angepaßt sind.

Was wird bewertet?

In Zusammenarbeit mit Experten aus Betrieben wurden 14 Fähigkeiten definiert, die für alle Lehrberufe, allerdings in unterschiedlichem Ausmaß, wichtig sind.

− *Anpassung an ungewohnte Arbeitsbedingungen*
  Grad der Anpassung an ungewohnte Arbeitsbedingungen beim Ausführen einer Tätigkeit
− *Erfassen von Formen und Farben*
  Formgefühl und Farbensehen
− *Kontaktfähigkeit*
  Antwortverhalten in verschiedenen zwischenmenschlichen Situationen
− *Belastbarkeit*
  Fähigkeit, Arbeiten trotz Störungen auszuführen
− *Reaktionsvermögen*
  Fähigkeit, auf akustische und optische Signale rasch und richtig zu reagieren

- *Konzentrationsfähigkeit*
  Ausmaß von Aufmerksamkeit und Reaktionsvermögen bei längerer Beanspruchung
- *Genauigkeit, Sorgfalt*
  Exaktheit der ausgeführten Tätigkeit
- *Armgeschicklichkeit*
  Ruhige Handhaltung und Handbeweglichkeit
- *Fingergeschicklichkeit*
  Fähigkeit, mit kleinen Gegenständen umzugehen
- *Arm-Hand-Finger-Geschicklichkeit*
  Präzise und sichere Handführung
- *Technisches Verständnis*
  Fähigkeit, technische Zusammenhänge zu erkennen
- *Arbeitseinteilung*
  Fähigkeit, Arbeiten zeit- und arbeitsparend zu planen
- *Arbeiten mit schriftlichen Informationen*
  Fähigkeit, Informationen aufzunehmen und umzusetzen
- *Instruktionsverständnis*
  Fähigkeit, unbekannte Fertigkeiten anhand von schriftlichen Anweisungen zu erlernen.

Was bringt das ibw-Eignungsfeststellungsverfahren dem Betrieb?

Der Betrieb kann das Eignungsfeststellungsverfahren ausleseunterstützend einsetzen. Dabei bildet das Orientierungsblatt (es enthält den erreichten Wert des jeweiligen Bewerbers und den Mittelwert aller bisher getesteten Jugendlichen für jede der 14 Fähigkeiten) eine Grundlage bzw. Entscheidungshilfe für den Betriebsinhaber, Ausbildungsleiter, Personalchef, Meister usw. bei der Aufnahme neuer Lehrlinge.

Der Einstellende muß aufgrund seiner Erfahrung mit dem auszubildenden Beruf entscheiden, welches Ausmaß der einzelnen Fähigkeiten er für erforderlich hält bzw. auf welche Kombinationen von Fähigkeiten er, ausgehend von den spezifischen betrieblichen Gegebenheiten, Wert legt.

Dieses ibw-Verfahren ermöglicht somit eine Fähigkeitsfeststellung beim Lehrstellenbewerber, wobei die Möglichkeit besteht, Betriebs- und Berufsspezifika zu berücksichtigen.

Weiters erlaubt das Eignungsfeststellungsverfahren einen Vergleich mehrerer Bewerber untereinander einerseits, und andererseits ist aus dem Vergleich des markierten Mittelwertbereiches und den erreichten Werten der Bewerber zu ersehen, ob sie über oder unter dem Durchschnitt der Alterskollegen* liegen.

Nicht zuletzt zeigt das Fähigkeitsgefüge, auf welche Stärken oder Schwächen beim jeweiligen Jugendlichen während der Ausbildung zu achten ist.

Was bringt das Verfahren dem Lehrstellensuchenden?

Der lehrstellensuchende Jugendliche erhält einen Überblick über seine Fähigkeiten und kann von seinen Stärken ausgehend in der Berufswelt Umschau halten. Dies ist der große Vorteil gegenüber anderen „Berufstests", die nur feststellen, ob ein Jugendlicher für einen bestimmten Beruf geeignet ist oder nicht.

Der Jugendliche kann das Orientierungsblatt des ibw-Eignungsfeststellungsverfahrens bei der Vorstellung in mehreren Betrieben vorlegen.

Hat der Lehrstellensuchende sich noch für keinen bestimmten Beruf entschieden, wird ihm empfohlen, mit dem Orientierungsblatt den Weg zur Berufsberatung einzuschlagen, die mit Hilfe des Orientierungsblattes leichter einen geeigneten Lehrberuf finden und eine entsprechende Lehrstelle vermitteln kann.

Grenzen des Verfahrens

Das ibw-Eignungsfeststellungsverfahren ist als Entscheidungshilfe gedacht, es stellt einen weiteren Faktor − neben dem Einstellungsgespräch, den Schulnoten usw. − bei der Urteilsbildung dar. Jedes Ergebnis kann nur eine Momentaufnahme sein. Beim heranwachsenden Jugendlichen sind die Ergebnisse zumeist in einem gewissen Ausmaß noch änderbar, wobei jedoch die Grundtendenzen der einzelnen Fähigkeiten bestehen bleiben.

Entwicklung des ibw-Eignungsfeststellungsverfahrens und bisherige Erfahrungen damit

Im Jahr 1980 waren die Entwicklungen des Eignungsfeststellungsverfahrens soweit abgeschlossen, daß in Wien mit dem Einsatz begonnen werden konnte. Zuerst wurden die Jugendlichen am ibw getestet, als jedoch der Andrang die personelle Kapazität des In-

---

*   Der Mittelwert wurde aus den Testergebnissen von ca. 2.500 bisher getesteten Burschen und Mädchen im Alter von 14 bis 16 Jahren errechnet.

stitutes überschritt, wurde die Durchführung des Eignungsfeststellungsverfahrens von den Lehrlingsstellen übernommen.

Derzeit sind in den Lehrlingsstellen Wien, Linz und im Wifi St. Pölten „ibw-Teststrecken" in Betrieb. In einzelnen Fällen wird das Verfahren nach wie vor von geschulten Mitarbeitern des ibw am Institut oder im Betrieb selbst durchgeführt.

Am Ende des vergangenen Jahres wurde eine Überarbeitung des Eignungsverfahrens durchgeführt. Die Werte von ca. 2.500 bisher getesteten Burschen und Mädchen aus ganz Österreich bildeten die Grundlage. Nach dieser inzwischen 3. Adaptierung, wo jeweils kleine Änderungen an den Aufgaben bzw. Standardwerten durchgeführt werden mußten, die große Linie des Verfahrens jedoch stets bestätigt wurde, kann das ibw-Eignungsfeststellungsverfahren auch von verfahrenstechnischer Sicht her als wertvolle Entscheidungshilfe bei der Feststellung von Fähigkeiten, die für das Erlernen eines Lehrberufes notwendig sind, angesehen werden.

Dies wird auch durch das rege Interesse der Betriebe an diesem ibw-Verfahren bestätigt.

Welche Betriebe machen von der Möglichkeit Gebrauch, das ibw-Eignungsfeststellungsverfahren bei der Aufnahme von Lehrlingen einzusetzen?

Der Großteil der Betriebe, die das ibw-Eignungsfeststellungsverfahren in Anspruch nehmen, sind kleine bis mittlere Betriebe, für die das Verfahren ja vorwiegend konzipiert wurde. Aber auch große Unternehmungen verwenden das ibw-Eignungsfeststellungsverfahren als Entscheidungshilfe bei der Aufnahme von Lehrlingen. Andererseits schließen sich Firmengruppen wie z. B. die Textilfirmen in Vorarlberg oder Berufsgruppen wie die Kellner und Köche im Burgenland zusammen, um ihre Bewerber der Beurteilung durch das ibw-Verfahren zu unterziehen. So wird es auch möglich, einen Vergleich in einer Berufsgruppe zu ziehen.

Auch in speziellen Fällen, z. B. bei behinderten Jugendlichen, konnte durch Einzeltestungen am Institut mit Hilfe der Ergebnisse die Suche nach einer passenden Lehrstelle wesentlich erleichtert werden.

Viele Betriebe sind bereits seit Jahren „Stammgäste", und die Zahl der pro Jahr getesteten Jugendlichen nimmt stetig zu.

Daraus und aus vielen persönlichen Reaktionen dürfen wir schließen, daß das ibw-Eignungsfeststellungsverfahren sowohl für die Betriebe als auch für die Jugendlichen eine bedeutende Hilfe darstellt.

Hilfe für die Lehrlingsausbildung im technisch-gewerblichen Sektor

Hubert Hejkrlik

DIE LEHRABSCHLUSSPRÜFUNG

Der Gesetzgeber hat für die Durchführung der Lehrabschlußprüfung gemäß dem Berufsbild in der Prüfungsordnung entsprechende Kriterien vorgegeben.

Aufgrund dessen wurden am ibw entsprechende Prüfungsunterlagen ausgearbeitet. Erstmals konnten in Arbeitskreisen Grundlagen erarbeitet werden, die es ermöglichen, das Niveau der Lehrabschlußprüfung im positiven Sinn zu verändern.

Als Beispiel für die Zielrichtung dieser Bemühungen seien hier angeführt:

- Etwa gleicher Zeitaufwand für die Ausführung der einzelnen Fertigkeiten.
- Verhältnisgleichheit der einzelnen Bewertungsgruppen (Maßhaltigkeit, Winkeligkeit, Ebenheit, Sauberkeit ...)

Ziel dieser Arbeiten war es, bundeseinheitlich gleichwertiges Niveau unter Berücksichtigung regionaler Gegebenheiten und praxisverwandte Prüfarbeiten herzustellen, was jedoch mit der zur Verfügung stehenden Prüfarbeitszeit nicht immer leicht war. Diese Vorgaben erschwerten es, Prüfarbeiten für die Lehrberufe zu entwickeln. Dies konnte dessenungeachtet durch die Beiziehung von Experten und Erprobung außerhalb und während des Prüfungsablaufes erreicht werden.

Es wurden bisher folgende Unterlagen zur Durchführung der Lehrabschlußprüfung hergestellt:

Praktische Prüfarbeit

- Herstellung der Fertigungszeichnungen nach dem letzten Stand der Normung.

189

- Verwendung von einer Garnitur Rohmaterial für die Herstellung von mindestens drei und mehr Prüfstücken.
- Erstellung von Bewertungslisten nach den im vorstehenden erläuterten Kriterien.
- Werkstoff- und Werkzeuglisten und in bestimmten Fällen Hinweise für mitzubringende Norm- bzw. vorgearbeitete Teile für den Prüfling.
- Nicht zuletzt für den Prüfungsort Listen, um eine ordnungsgemäße Ausstattung und Durchführung der Lehrabschlußprüfung zu gewährleisten.
- Weiters die Beschaffung von Meß- und Prüfeinrichtungen, speziellen Werkzeugen, und im besonderen die Beistellung von Prüflehren an unregelmäßig geformten Werkstückteilen und -flächen.

Hier ein besonderes Beispiel der Ausarbeitung von Prüfungsunterlagen zur Lehrabschlußprüfung im Lehrberuf „Radio- und Fernsehmechaniker": Um eine zeitgemäße und zukunftweisende Durchführung der praktischen Prüfarbeit zu gewährleisten, wurde ein Prüfgerät (siehe Bild 1) entwickelt, dessen Funktion hier kurz geschildert wird:

RFM-Prüfgerät

Das Gerät wird im praktischen Büro-Ordner-Format hergestellt. Netzanschluß 220 V ~ mit Schnittbandkern-Trafo, Ein- und Ausschalter, schutzisoliert.
Der Prüfling kommt nicht mit der Netzspannung in Berührung.
Die maximale Belastbarkeit ist bei 5 Volt Ausgangsspannung 400 mA.
Der Innenwiderstand ist kleiner 100 mΩ.
Auf einer Busplatine befinden sich 9 elektronische Steckmodule in entsprechender Grundausführung für universelle Aufgabenstellungen. Derzeit sind folgende Module vorhanden:

- Für die Schaltaufnahme:
  Regelnetzteil für positive Ausgangsspannung
  Regelnetzteil für negative Ausgangsspannung
  Elektronische Sicherung (löst bei 35 mA aus)
  RC-Generator mit Hochpässen
  Astabiler Multivibrator
  Schmitt-Trigger
  RC-Generator mit Tiefpässen
  Wien-Brücken-Oszillator

Rechteckimpuls- und Sägezahn-
generator
- Für den Schaltungsaufbau:
RC-Generator mit Hochpässen
Astabiler Multivibrator
Schmitt-Trigger
Wien-Brücken-Oszillator
Rechteckimpuls- und Sägezahn-
generator

Es ist hier erstmals gelungen, durch die Universalität des Gerätes auch im zukünftigen elektronischen Bereich durch den Austausch der Steckmodule eine Vielfalt von Variationen zu erreichen.
Des weiteren kann dieses Gerät nach entsprechender Modifizierung in anderen Lehrberufen wie z. B. Nachrichtenelektroniker, Elektromechaniker für Schwachstrom etc. Verwendung finden.
Es ist auch daran gedacht, das Grundgerät mit eigens dafür entwickelten Arbeitsmodulen für Ausbildungs- bzw. Schulungszwecke zu adaptieren.

Das Fachgespräch

Die Nervosität der Prüflinge bringt es immer wieder mit sich, daß die Prüfer große Schwierigkeiten haben, das tatsächliche Wissen der Prüflinge festzustellen.
Die ibw-Arbeiten verfolgten das Ziel, Hilfestellungen zum anschaulichen Gespräch zu bieten und eine große Variationsbreite von Prüfungsfragen zu ermöglichen. Auch hier wurden, wie sich erfreulicherweise herausstellte, mit Erfolg einige Gedanken und Ideen verwirklicht und zur Ausführung gebracht.
Themenlisten
Es wurden Themenlisten mit Stichworten ausgearbeitet, die den gesamten Fachbereich des jeweiligen Berufes umfassen (z. B. für den Elektromechaniker und Maschinenbauer: Werk- und Hilfsstoffe, Eigenschaften und ihre Verwendung; Arbeits- und Werkzeugkunde inkl. Messen; Technologie oder allgemeine Arbeitskunde und Maschinenelemente; Grundlagen der Elektrotechnik; Maschinen- und Gerätekunde; Elektrische Meßkunde; Elektro- und Schaltpraxis; Unfallverhütung und Schutzmaßnahmen).
Demonstrationskoffer und Demonstrationsmappe
Dem immer wieder von Experten und Prüfern vorgebrachten Wunsch nach einem Anschauungsmaterial konnte Rechnung ge-

tragen werden. Dieses Material ermöglicht ein praxisgerechtes Fachgespräch ohne Belastung durch mangelndes Verstehen.

Inhalt und Ausstattung des ibw-Demonstrationskoffers: Im Koffer befinden sich in vier Etagen (siehe Bilder 2 bis 5) leicht herausnehmbare Einsätze mit Materialien. Die einzelnen Teile sind in den Einsatz eingelassen und durch das Stapeln der Einsätze gegen Verrutschen und Herausfallen gesichert. Die vorliegende Ausstattung des Metall-Koffers mit 126 Einzelteilen gestattet die Verwendung für folgende Lehrberufe: Maschinenschlosser, Betriebsschlosser, Blechschlosser, Stahlbauschlosser, Schlosser, Modellschlosser, Dreher, Werkzeugmaschineur, Mechaniker.

In der ibw-Demonstrationsmappe sind über 100 verschiedene Bilddarstellungen (Photographien, Zeichnungen) zum Großteil mehrfarbig enthalten, sie bieten für die in der Themenliste mit Stichworten angeführten Bereiche, wie z. B. Messen und Prüfen, Gewindeschneiden, Bohren und Reiben, Hobeln, Drehen, Hartmetall, Fräsen, Schleifen, Lager, Antriebe, Verschraubungen und Ventile, Dichtungen, Autogenschweißen, Elektroschweißen, Pneumatik, Hydraulik, Wellendichtungen, Federn, eine weitere Bereicherung des Fachgespräches.

Zusätzliche Blätter können jederzeit ergänzt werden.

Abschließend sei noch angeführt, daß bisher 60 Koffer und Mappen hergestellt und an Lehrlingsstellen, Erwachsenenbildungsinstitutionen, Berufsschulen und Betriebe geliefert wurden. Das beweist die Vielseitigkeit und Verwendbarkeit nicht nur im Bereich der Lehrabschlußprüfung.

In Ausarbeitung befindet sich zur Zeit der Demonstrationskoffer und die -mappe für Elektroberufe, die von der Systematik und vom Aufbau her ident mit dem „Metall-Koffer" und der „-Mappe" sind (siehe Bild 6).

ERLÄUTERUNGEN

Gemäß § 8 des Berufsausbildungsgesetzes legt das Bundesministerium für Handel, Gewerbe und Industrie für die einzelnen Lehrberufe Ausbildungsvorschriften fest, diese enthalten Berufsbilder, die nach Lehrjahren gegliedert sein müssen.

Die Berufsbilder haben die wesentlichen Fertigkeiten und Kenntnisse, die während der Ausbildung zu vermitteln sind, anzuführen.

Da das Berufsbild nicht alle denkbaren Fertigkeiten und Kenntnisse des Berufes enthält, wurden Erläuterungen ausgearbeitet.

Bild 1   *Prüfgerät zur Lehrabschlußprüfung für Radio- und Fernsehmechaniker, Prüfarbeit elektrischer Teil*

193

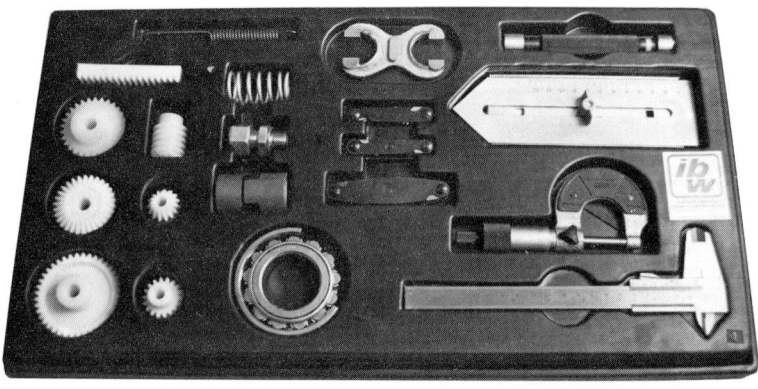

Bild 2   Demonstrationskoffer Metallberufe Einsatz 1, Meß-
und Prüfgeräte, verschiedene Arten von Zahnrädern,
Zug- und Druckfedern etc.

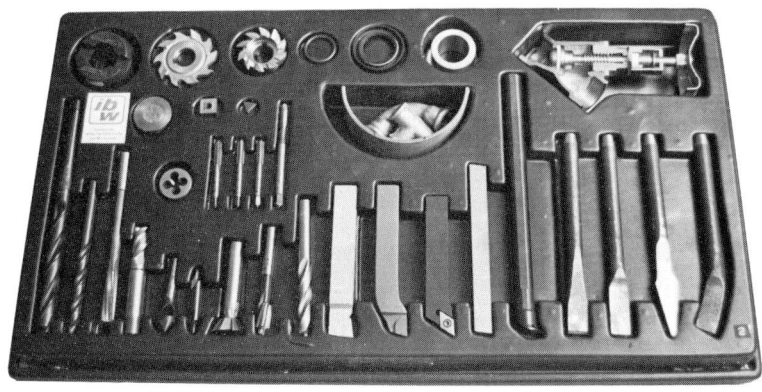

Bild 3   Demonstrationskoffer Metallberufe Einsatz 2, Werkzeuge für die mechanische Bearbeitung (Bohren, Drehen, Fräsen), Fittings und Ventile, Gleitlagerteile

194

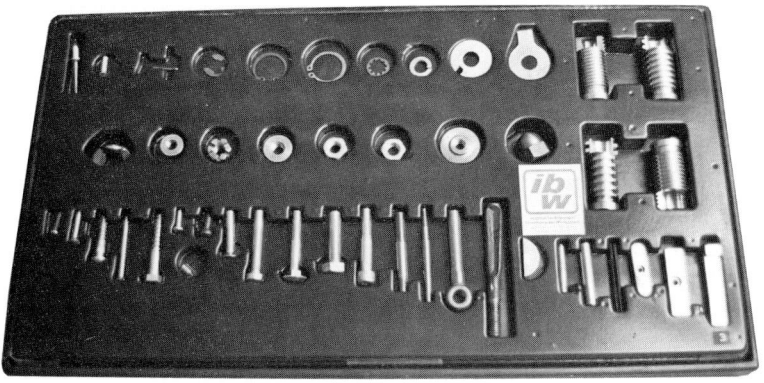

Bild 4   *Demonstrationskoffer Metallberufe Einsatz 3, Norm-*
teile, Schrauben, Muttern, Sicherungen, Paßfedern,
Keile, Stifte, Gewindemuster

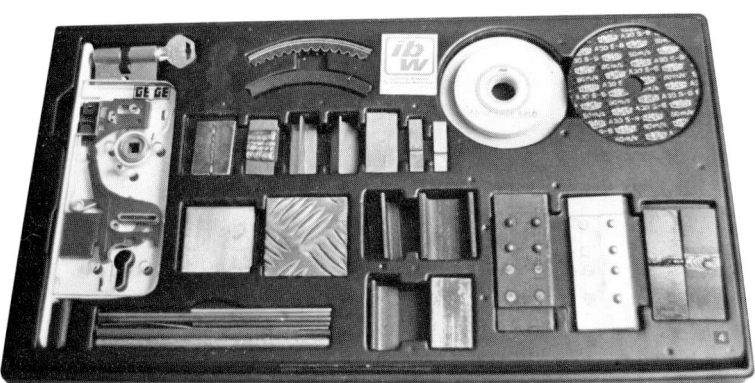

Bild 5   *Demonstrationskoffer   Metallberufe   Einsatz 4,*
Schleif- und Trennscheiben, Schweiß- und Lötpro-
ben, Profile, Bleche, Schweiß- und Lötstäbe, Schnitt-
modell eines Schlosses, Keilriemenmuster

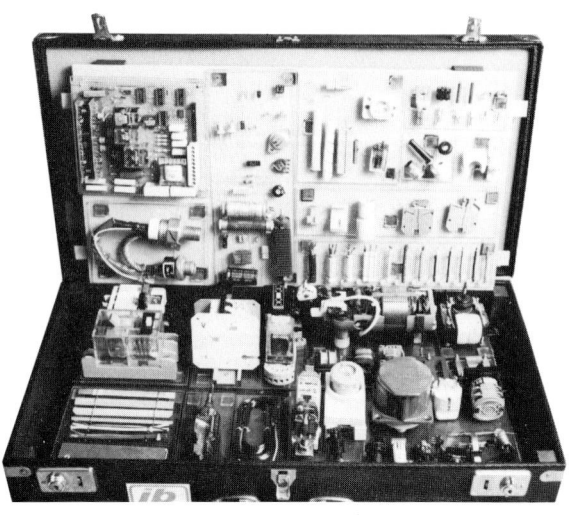

Bild 6
Demonstrations-
koffer
Elektroberufe,
Gesamtansicht

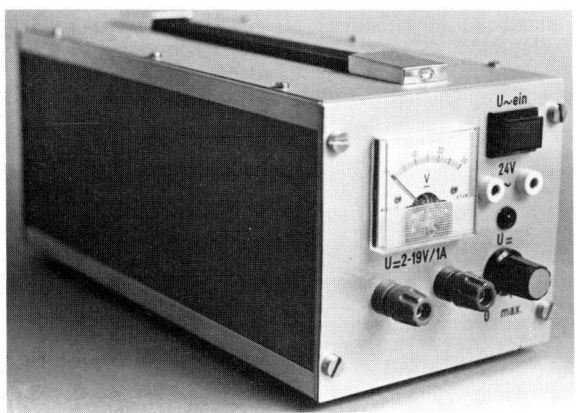

Bild 7
Netzgerät
Gesamtansicht

Bild 8
Netzgerät
Innenansicht

Für den Inhalt und Umfang der angeführten Fertigkeiten und Kenntnisse gelten die in der Praxis allgemein üblichen Anforderungen, die sich aus der Art, der Durchführung und der notwendigen Qualität ergeben.

Sie beschreiben die einzelnen Berufsbildpositionen und versuchen so, die betriebliche Ausbildungsplanung zu erleichtern.

Für folgende Berufe wurden bereits Erläuterungen ausgearbeitet:

Bäcker
Bandagist
Bauschlosser
Bautechnischer Zeichner
Bergwerkschlosser-Maschinenhäuer
Betonbauer
Betriebselektriker
Betriebsschlosser
Blechschlosser
Bürokaufmann
Büromaschinen-mechaniker
Chemielaborant
Chemiewerker
Dreher
Elektroinstallateur
Elektromechaniker f. Schwachstrom
Elektromechaniker f. Starkstrom
Elektromechaniker, -maschinenbauer
Fahrzeugfertiger
Feinmechaniker
Feinoptiker
Fernmeldemonteur

Fleischer
Formenbauer
Formschmied
Friseur und Perückenmacher
Gas- und Wasserleitungs-installateur
Gold- und Silberschmied und Juwelier
Hüttenwerk-schlosser
Industriekaufmann
Karosseur
Kraftfahrzeug-elektriker
Kraftfahrzeug-mechaniker
Kühlmaschinen-mechaniker
Landmaschinen-mechaniker
Maschinenschlosser
Maurer
Mechaniker
Meß- und Regelmechaniker

Nachrichten-elektroniker
Optiker
Orthopädie-mechaniker
Radio- und Fernseh-mechaniker
Rauchfangkehrer
Rohrleitungsmonteur
Schlosser
Schmied
Stahlbauschlosser
Starkstrommonteur
Technischer Zeichner (Maschinen-, Stahlbau-, Heizungs- oder Elektrotechnik)
Uhrmacher
Universalschweißer
Vulkaniseur
Wasserleitungs-installateur
Werkstoffprüfer
Werkzeugmacher
Werkzeugmaschineur
Zahntechniker
Zentralheizungsbauer

AUSARBEITUNG VON ibw-AUSBILDUNGSHEFTEN

Sie haben das Ziel, unter verstärkter Mitarbeit des Lehrlings die Selbständigkeit und Verantwortlichkeit für das Erarbeitete zu erreichen.

Ausbildungshefte
„Gelernt — Geübt — Gekonnt — Metallbearbeitung"

Diese Serie beschreibt einen Weg, Lehrlingen die wichtigsten Fertigkeiten der Metallbearbeitung erfolgreich zu vermitteln, und zwar

- auch ohne Lehrwerkstätte (es reicht die Ausstattung jeder Metallwerkstätte),
- durch Herstellung eines einfachen Parallelschraubstockes (siehe Abb. 1 — die angeführten Fertigkeiten werden hiebei in steigendem Schwierigkeitsgrad, nach Unterweisung, geübt und angewendet),
- zu Beginn der Lehrzeit (etwa 1. bis 3. Monat),
- während des 1. Lehrjahres
- oder verteilt über die Lehrzeit.

(Die erforderliche Stundenanzahl beträgt insgesamt etwa 120 — 170 Stunden, die je nach den betrieblichen Erfordernissen aufgeteilt werden können.)

Die Durchführung erfolgt mittels 8 Heften und Beilagen für den Lehrling.

Im Heft 1 werden die Ziele des Behelfs erläutert:

- Erläuterungen der Fertigkeiten der angeführten Berufsbildposition;
- Planungsüberlegungen, Vorgangsweise, Hinweise, Vorschläge und Materialien zu den Abschnitten 2 bis 8, mit Planung und Verarbeitung, Eingangsvoraussetzungen, Arbeitsbesprechung, Anwendungsübungen;
- Arbeitsvorbereitung (Arbeitsplatz, Meßgeräte, Werkzeuge).

In den Heften 2 bis 8 wird die Herstellung der Einzelteile vermittelt, und zwar entsprechend dem Wissensstand des Lehrlings im steigenden Schwierigkeitsgrad.

Die Hefte enthalten Unterlagen, wie Ausbildungsinhalte über Werkzeuge, Maschinen, Materialien; Fragen, Aufgaben und Arbeitsproben zur Feststellung des Ausbildungsstandes; Unterweisungen, Arbeitsbesprechungen etc. Die Beilagen für den Lehrling sind so aufgebaut, daß eine verstärkte Mitarbeit und Erziehung zur Selbständigkeit erreicht wird. Sie beinhalten

- Arbeitsblätter zum Ausbildungsstand,
- die Arbeitsbesprechung
- und die erforderlichen Fertigungszeichnungen.

Fertiggestellt sind folgende Ausbildungshefte:

Heft 12/1 bis 8 + Beilagen zum Lehrberuf Kfz-Mechaniker

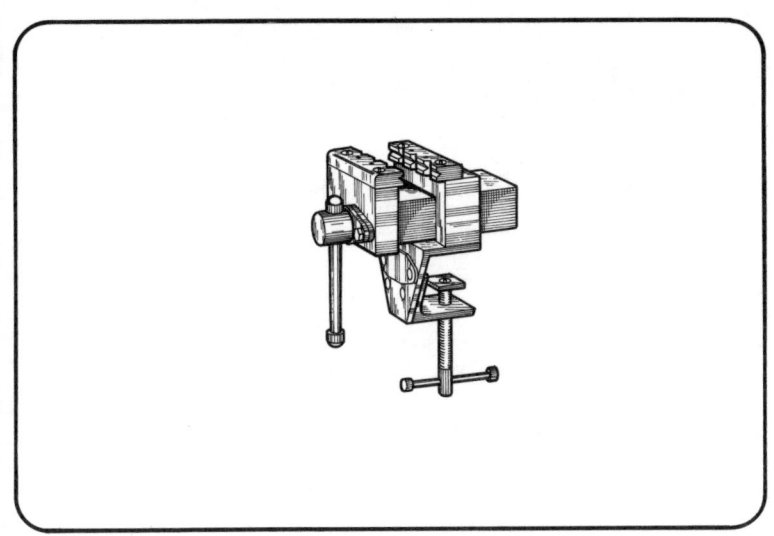

Abb. 1.   *Parallelschraubstock, Gesamtansicht und Explosionszeichnung*

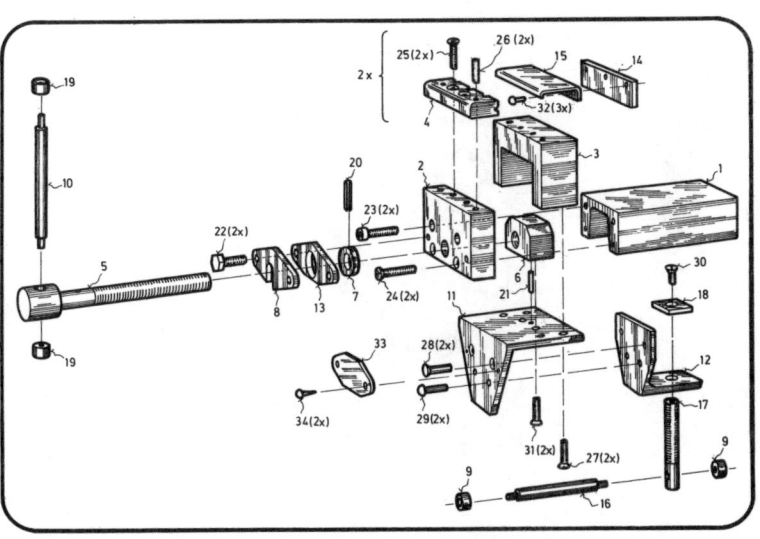

Heft 13/1 bis 8 + Beilagen zum Lehrberuf Maschinenschlosser
In Ausarbeitung befinden sich folgende Ausbildungshefte:

- Lehrberuf Mechaniker (Parallelschraubstock selbsteinstellend)
- Elektroberufe „Netzgerät" (siehe Bilder 7, 8)
- Elektroberufe „Klingel 220 V" (siehe Abb. 2)

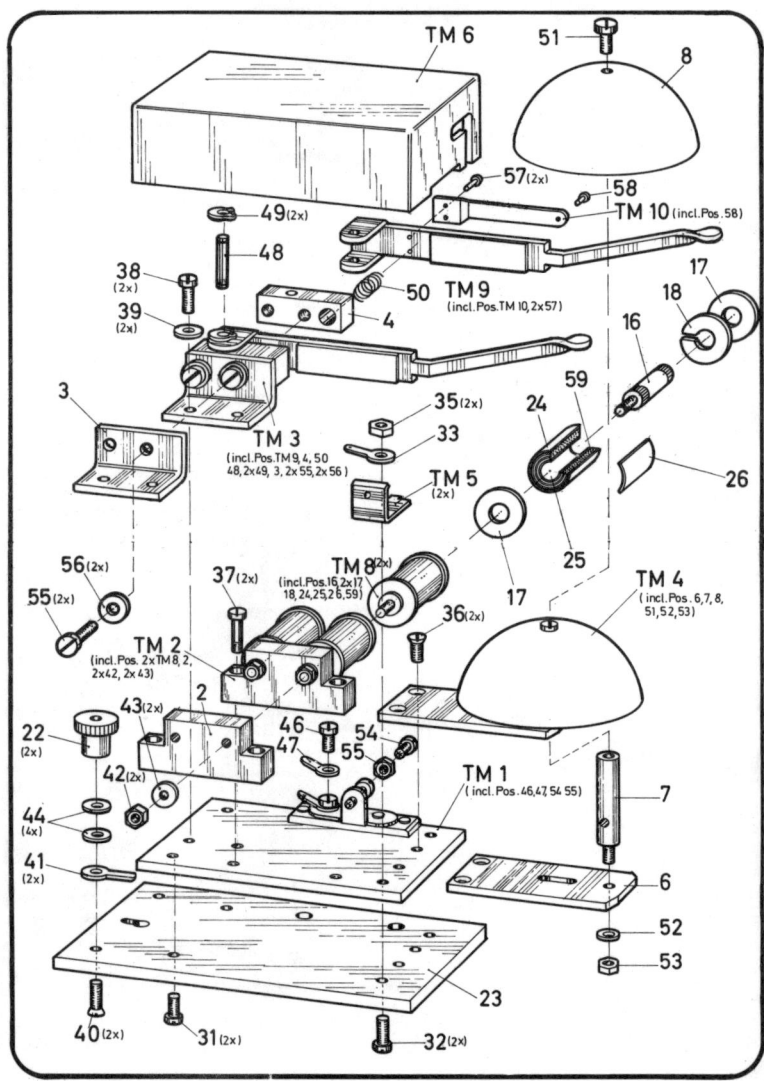

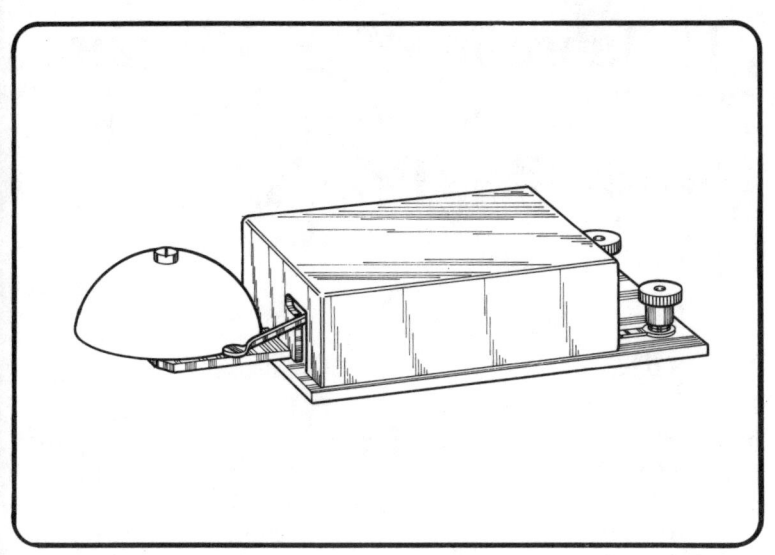

Abb. 2. *Elektrische Klingel*
oben: Gesamtansicht
links: Explosionszeichnung

„10 Jahre ibw" — 10 Jahre Berufsbildungsforschung im Dienste der Praxis

Herbert Reiger

Dieses Jahr feiert das INSTITUT FÜR BILDUNGSFOR-SCHUNG DER WIRTSCHAFT — nicht nur Insidern längst auch unter der Kurzbezeichnung **ibw** bekannt — seinen 10jährigen Bestand. Schon seit langem zeichnet sich das Institut durch eine Vielfalt von Aktivitäten, die es seit seiner Gründung auf dem Gebiet der Bildungsforschung, -information und -innovation gesetzt hat, aus. Eine kurze Zusammenfassung von Zweck und Tätigkeiten des ibw soll eine Art Bilanz, vor allem einen informativen Überblick bringen.

Was ist das ibw und welche Aufgaben hat es?

Das Institut wurde im Dezember 1975 von der Bundeskammer der gewerblichen Wirtschaft und der Vereinigung Österreichischer Industrieller als ein nicht auf Gewinn gerichteter Verein gegründet, dem Forschungs- und Dokumentationsarbeiten auf den Gebieten der Berufskunde, der Bildungs- und Berufsinformation, der Bildungs- und Berufsberatung, der Aus- und Weiterbildung in Schulen, Betrieben und der Erwachsenenbildung, kurz gesagt im gesamten Bereich der Bildungsforschung, obliegen. Vornehmlichste Zielgruppen sind vor allem Mittel-, Klein- und Kleinstbetriebe, bei denen Bildung im täglichen Arbeitsablauf integriert ist bzw. die selten über Personen verfügen, die sich ausschließlich mit Bildungsfragen beschäftigen. Jedoch wird das Leistungsangebot des ibw längst auch von in- und ausländischen Forschungsstellen, Ministerien, Schulen und Berufsberatungsstellen geschätzt. Es erstreckt sich von der Erarbeitung von Forschungsberichten und Broschüren über die Schaffung medialer Ausbildungsunterlagen und Erläuterungen zur Berufsbildern bis hin zu Dokumentationsarbeiten und Bildungsveranstaltungen.

Im folgenden sollen einige Beispiele bisheriger Tätigkeit des Instituts eine konkrete Vorstellung bringen:

Seit seiner Gründung hat das ibw über 170 Forschungsprojekte erarbeitet. Genereller Schwerpunkt aller Forschungsarbeiten waren und sind Themen, die den Konnex von Bildung und Wirtschaft betreffen. Dabei handelt es sich keineswegs ausschließlich um Grundlagenforschung, sondern vor allem um die Umsetzung eigener wissenschaftlicher Erkenntnisse zu in der Praxis direkt anwendbaren Ergebnissen. Als Beispiel sei hier unter anderem die Ausarbeitung von Ausbildungshilfen genannt.

Auf dem Gebiet der Berufskunde, Bildungs- und Berufsinformation verdienen folgende Projekte ganz besondere Erwähnung:

- Es wurde eine Reihe von Berufsinformationsbroschüren nach einem neuartigen, das heißt auf den Interessengebieten der Schüler aufgebauten Schema erarbeitet. Jedem Interessengebiet wurden Wege im Studium, in der berufsorientierten Ausbildung oder in den unmittelbaren Berufseintritt nach der Matura zugeordnet.

- Speziell für die Anliegen der Bildungsinformation wurde der „Österreichische Bildungsfahrplan" erarbeitet, der von den Wirtschaftsförderungsinstituten kostenlos verteilt wird und Berufs- und Bildungsinformation für über 300 Berufe enthält.

- Weiters wurde die Konstruktion einer Teststrecke zur Überprüfung von Fertigkeiten und Verhaltensweisen – von Betrieben angeregt – vom ibw in die Tat umgesetzt. Diese Teststrecke weicht von den üblichen Papier-Bleistift-Tests ab und mißt psychische und psychomotorische Variablen. Die in verschiedenen Bundesländern durch die Handelskammern eingerichteten Teststrecken werden vom ibw betreut.

- Zur Ermittlung kaufmännischer Fähigkeiten wurde eine Aufgabensammlung („Büropraxistest") erstellt.

- Nach einer Betriebserhebung zum Thema Betriebsbesuche und Schnupperlehre wurde eine Broschüre „Betriebserkundung – Anregungen zur erfolgreichen Gestaltung von Betriebsbesuchen für Unternehmen und Schulen" verfaßt.

- Studien zur Qualifikationsforschung für diverse Bildungsebenen sowie Studien zur Theorie der Berufswahlentscheidung wurden erarbeitet.

Im Forschungsbereich Aus- und Weiterbildung in Schulen, Betrieben und in der Erwachsenenbildung zeigt sich die Kooperation des ibw mit Schule und Wirtschaft besonders stark. Neben den oben erwähnten Arbeiten auf den Gebieten der Berufs- und Bildungsinformation wurden auch Studien erstellt, die sich mit der Situation und Qualifikation von Schülern, Studenten und Absolventen befassen. Als Beispiele seien nur erwähnt: Berufsvorbildung von Pflichtschulabsolventen, Einstellung der Lehrlinge zur Berufsschule, Fremdsprachenkenntnisse bei Pflichtschulabsolventen, Erfahrungen von Betrieben mit Kolleg-Absolventen usw.

Als Serviceleistungen für Betriebe wurden unter anderem ibw-Ausbildungshefte, ibw-Erläuterungen und Broschüren wie „Lehrling – Start in den Beruf", „Viel Erfolg nach der Lehre", „Berufspraktische Woche", das „Ausbilderhandbuch" oder „Tips für Lehrberechtigte und Ausbilder" erarbeitet. Besonders erwähnenswert in diesem Zusammenhang sind die für die Lehrabschlußprüfung in 19 Lehrberufen erstellten Prüfungsbeispiele und Prüfungshilfen wie der „ibw-Demonstrationskoffer" und die „ibw-Demonstrationsmappe".

Studien zur Aus- und Weiterbildung in der Wirtschaft betrafen den Zufriedenheitsgrad ehemaliger Lehrlinge mit der Lehrlingsausbildung, die Mobilität jüngerer Berufstätiger, Mädchenlehrberufe, Lehrlingsausbilder in der Industrie, Motive der Berufswahl, die Geschichte der österreichischen Erwachsenenbildung, die Motive zur Lehrlingseinstellung, die Schulversuche in den Berufsschulen, die Bildung als Führungsaufgabe des Unternehmens, die betriebliche Bildungsarbeit, die Gründe für den Abschluß von Doppellehrverträgen, den Ersatz der Lehrabschlußprüfung und Lehrzeit, die Probleme der 19- bis 25jährigen usw. Nicht zu vergessen sind auch Arbeiten zur Vorbereitung bildungspolitischer Entscheidungen. Durch seine Forschungsarbeiten hat das ibw die Reform der sozial- und wirtschaftswissenschaftlichen Studien beeinflußt und hat Akzente für die laufende Diskussion um die Reform der technischen Studien gesetzt.

All diese Beispiele verdeutlichen die Vielfalt möglicher Aufgabenstellungen des ibw und die Bereiche, in denen das Institut zum Problemlösungshelfer werden kann. Vor allem aber veranschaulichen sie in besonderer Weise die wesentlichste und vornehmste Aufgabe des Instituts: die Erfüllung einer Brückenfunktion zwischen

Theorie und Praxis,
Bildung und Wirtschaft,
Schule bzw. Universität und Betrieb.

In dieser Eigenschaft ist das ibw eine nicht mehr wegzudenkende Einrichtung in der österreichischen Bildungslandschaft geworden. Die nachfolgende Dokumentation soll einen Überblick über Veröffentlichungen und Mitarbeiter geben und damit diese Arbeiten einem größeren Benützerkreis öffnen.

Forschungsberichte

1 I. SPEISER: Duale Berufsausbildung im Rückblick. Studie im Auftrag der Bundeswirtschaftskammer. ibw-Forschungsbericht Nr. 1. Wien 1976.

2 C. GASPARI, E. H. PRAT DE LA RIBA: Die Unternehmer und die Jugend im Betrieb. Studie im Auftrag der VÖI. ibw-Forschungsbericht Nr. 2. Wien 1976.

3 W. CLEMENT, L. W. CHINI: Entwicklungsstand der Personalplanung in der Industrie und im Großgewerbe Österreichs. Studie im Auftrag der Bundeswirtschaftskammer. ibw-Forschungsbericht Nr. 3. Wien 1976.

4 I. SPEISER: Mobilität junger Berufstätiger. Studie im Auftrag der Bundeswirtschaftskammer. ibw-Forschungsbericht Nr. 4 (2 Bde). Wien 1976.

5 G. KIENAST: Analyse der Tätigkeiten der Kfz-Mechaniker und ihre Ausbildung im Betrieb. Studie im Auftrag der Bundeswirtschaftskammer. ibw-Forschungsbericht Nr. 5. Wien 1976.

6 E. HACKL: Zur Situation der Berufsberatung in Österreich. Studie im Auftrag der Bundeswirtschaftskammer. ibw-Forschungsbericht Nr. 6. Wien 1976.

7 Ch. BADELT; W. CLEMENT; D. LUKESCH; St. TITSCHER: Quantitative und qualitative Aspekte der Beschäftigung von Sozial- und Wirtschaftswissenschaftern in der Wirtschaft. Studie im Auftrag der Bundeswirtschaftskammer. ibw-Forschungsbericht Nr. 7. Wien 1977.

8 IBW (Hrsg.): Das vergessene Potential – Die berufliche Beschäftigung von Frauen der verschiedenen Ausbildungsstufen. Studie im Auftrag der Bundeswirtschaftskammer. ibw-Forschungsbericht Nr. 8. Wien 1977.

9 ARBEITSWISSENSCHAFTLICHES INSTITUT DER TU WIEN; IBW (Hrsg.): Analyse von Berufsbeschreibungen. Studie im Auftrag der Bundeswirtschaftskammer. ibw-Forschungsbericht Nr. 9. Wien 1977.

10   M. THUM-KRAFT: Lehrgangmäßige und ganzjährige kaufmännische Berufsschulen im Vergleich. Studie im Auftrag der Bundeswirtschaftskammer. ibw-Forschungsbericht Nr. 10. Wien 1977.

11   H. KIRCHMAYR, M. THUM-KRAFT: Mädchen vor der Berufswahl — Gründe für die Konzentration von Mädchen auf bestimmte Lehrberufe. Studie im Auftrag der Bundeswirtschaftskammer. ibw-Forschungsbericht Nr. 11. Wien 1977.

12   E. HACKL: Berufsberatung und Berufsinformation — Aspekte und Anregungen. Studie im Auftrag der Bundeswirtschaftskammer. ibw-Forschungsbericht Nr. 12. Wien 1977.

13   A. JANES; A. WEISZ: Beschreibung von Berufstätigkeiten — Theorie und Modellentwicklung. Studie im Auftrag der Bundeswirtschaftskammer. ibw-Forschungsbericht Nr. 13. Wien 1978.

14   K. KARLBERGER, M. THUM-KRAFT: Motive der Berufswahl Jugendlicher. Studie im Auftrag der Bundeswirtschaftskammer. ibw-Forschungsbericht Nr. 14. Wien 1978.

15   E. HACKL: Nachfrage nach Elektrotechnikern — Möglichkeiten und Grenzen von Prognosen. Studie im Auftrag des Fachverbandes der Elektroindustrie und des Wirtschaftsförderungsinstitutes der Bundeswirtschaftskammer. ibw-Forschungsbericht Nr. 15. Wien 1978.

16   G. GROHOTOLSKY: Berufspraktische Wochen in Österreich. Studie im Auftrag des BMHGI. ibw-Forschungsbericht Nr. 16. Wien 1979.

17   IBW (Hrsg.): Modell einer Berufsbeschreibung, dargestellt an den Lehrberufen Industriekaufmann und Kellner. Studie im Auftrag der Bundeswirtschaftskammer. ibw-Forschungsbericht Nr. 17. Wien 1979.

18   P. SLAMA: Bildung als Führungsaufgabe des Unternehmers. Studie im Auftrag der Bundeswirtschaftskammer. ibw-Forschungsbericht Nr. 18. Wien 1980.

19   F. SCHUMY: Verfahren zur Feststellung von Fähigkeiten, die für Lehrberufe bedeutsam sind. Studie im Auftrag der Bundeswirtschaftskammer. ibw-Forschungsbericht Nr. 19. Wien 1980.

20   E. HACKL; E. SZTANKOVITS: Meister in der Industrie. Studie im Auftrag der Bundeswirtschaftskammer und von VÖI. ibw-Forschungsbericht Nr. 20. Wien 1980.

21 K. SCHEDLER: Schulversuche in Berufsschulen — Wirkungen auf die betriebliche Ausbildung. Studie im Auftrag der Bundeswirtschaftskammer. ibw-Forschungsbericht Nr. 21. Wien 1980.

22 K. SCHEDLER: Motive zur Lehrlingseinstellung — Berufsausbildung im Spannungsfeld betrieblicher Erfordernisse. Studie im Auftrag von Bundeswirtschaftskammer und VÖI. ibw-Forschungsbericht Nr. 22. Wien 1980.

23 G. PISKATY; F. PLASSER; K. SPITZENBERGER; P. ULRAM: Jugend und Politik — Auffassungen österreichischer Jugendlicher gegenüber Staat, Gesellschaft und Politik. Studie im Auftrag von Bundeswirtschaftskammer und VÖI; gefördert aus Mitteln des Jubiläumsfonds der ÖNB. ibw-Forschungsbericht Nr. 23. Wien 1980.

24 R. RICHTER; M. TAUER-ANGERER; P. GEIGER: Lernen im Betrieb aus pädagogischer und psychologischer Sicht. ibw-Forschungsbericht Nr. 24. Wien 1980.

25 P. BECK; K. SCHEDLER: Auswirkungen der Mikroelektronik. Studie im Auftrag von Bundeswirtschaftskammer und VÖI. ibw-Forschungsbericht Nr. 25. Wien 1980.

26 G. HARTL; K. SCHEDLER; M. THUM-KRAFT: Betriebliche Bildungsarbeit. ibw-Forschungsbericht Nr. 26. Wien 1981.

27 J. SALAT: Die Aus- und Weiterbildung der AHS-Lehrer für Sozial- und Wirtschaftskunde. Studie im Auftrag der VÖI. ibw-Forschungsbericht Nr. 27. Wien 1981.

28 K. SCHEDLER; N. WILLENPART: Theorien der Berufswahlentscheidung. Studie im Auftrag der Bundeswirtschaftskammer; gefördert aus Mitteln des Jubiläumsfonds der ÖNB. ibw-Forschungsbericht Nr. 28. Wien 1982.

29 H. MRKVICKA; M. THUM-KRAFT: Der Betrieb als Berufswahlhelfer — Betriebserkundung und Berufspraktische Woche. Studie im Auftrag der VÖI; gefördert aus Mitteln des Jubiläumsfonds der ÖNB. ibw-Forschungsbericht Nr. 29. Wien 1983.

30 P. TAVERNARO: Jugendarbeit in österreichischen Betrieben. Studie im Auftrag der Bundeswirtschaftskammer. ibw-Forschungsbericht Nr. 27. Wien 1981.

31 J. STEINRINGER (Hrsg.): Wirtschaftswissen im Schulbuch. Studie im Auftrag der VÖI. ibw-Forschungsbericht Nr. 31. Wien 1984.

32 F. GLOCK: Studienförderung in ausgewählten Staaten. Studie im Auftrag der Bundeswirtschaftskammer. ibw-Forschungsbericht Nr. 32. Wien 1984.

33 K. SCHEDLER: Lehrberufe mit geringen Lehrlingszahlen. Studie im Auftrag der Bundeswirtschaftskammer. ibw-Forschungsbericht Nr. 33. Wien 1984.

34 N. KAILER; M. HORVAT; R. SCHAWARZ: Technikstudium und Wirtschaft. Studie im Auftrag der Bundeswirtschaftskammer. ibw-Forschungsbericht Nr. 34. Wien 1985.

35 N. KAILER; E. BIEHAL; W. KALCHER; H. PIBER; P. SCHNEDLITZ: Hemmende und fördernde Faktoren des Selbständigwerdens. Studie im Auftrag von Bundeswirtschaftskammer, VÖI und BMHGI. ibw-Forschungsbericht Nr. 35. Wien 1985.

36 M. THUM-KRAFT: Kenntnisse von Pflichtschulabsolventen. Studie im Auftrag der Bundeswirtschaftskammer. ibw-Forschungsbericht Nr. 36. Wien 1985.

37 M. THUM-KRAFT: Das ibw-Eignungsverfahren, Studie im Auftrag der Bundeswirtschaftskammer, ibw-Forschungsbericht Nr. 37. Wien 1985.

ibw-Reihe: Bildung und Wirtschaft Nr. 1. „Zehn Jahre danach" -- Berufslaufbahn ehemaliger Lehrlinge. Im Auftrag der BWK, Wien 1977.

ibw-Reihe: Bildung und Wirtschaft Nr. 2. „Berufliche Weiterbildung" – Leistungen österreichischer Betriebe. Im Auftrag von BWK und VÖI, Wien 1981.

ibw-Reihe: Bildung und Wirtschaft Nr. 3. „Berufsschulzeitverlängerung" – Standpunkt österreichischer Betriebe. Im Auftrag von BWK und VÖI, Wien 1985.

Vorstand und Mitarbeiter des IBW 1975–1985

Präsidenten:

Sallinger, Komm.-Rat. Ing. Rudolf
1975 – 1979
Schönbichler, Komm.-Rat. Carl Hans
seit 1979

Vizepräsidenten:

Heiss, Konsul Komm.-Rat Dipl.-Ing. Fritz
seit 1981
Igler, Dr. Hans
1975 – 1979
Tessmar-Pfohl, Dkfm. Dr. Werner
1979 – 1981

Mitglieder des Vorstandes:

Deifel, Dr. Peter
seit 1982
Fuchshuber, Dkfm. Dr. Gerhard
seit 1975
Jedina-Palombini, Prof. Dr. Auguste*
seit 1975
Kehrer, DDr. Karl*
1975 – 1979
Mayer, Ing. Fritz
1975 – 1981
Meches, Dr. Martin
seit 1975
Nitsche, Komm.-Rat DI. Dr. Gerhard*
seit 1975
Reiger, Dr. Herbert*
seit 1975
Reithmayr, Dr. Kurt*
1979 – 1982
Schmidbauer, Dr. Herwig*
seit 1984
Weiss, Komm.-Rat Hanno
seit 1981

---

* Mitglieder des Exekutivkomitees

Wessely, Dr. Robert*
1975 – 1984
Winkler, Prof. Dr. Gottfried*
seit 1975

Institutsleiter:

Piskaty, Dr. Georg
seit 1975

Institutsleiter-Stellvertreter

Riemer, Dr. Gerhard
seit 1979
Wedorn, Dr. Friedrich
1975 – 1979

Geschäftsführer:

Richter, Prof. Dipl.-Phys. Rudolf
1975 – 1981
Steinringer, Dr. Johann
seit 1981

Wissenschaftliche Referenten des Instituts:

Götz, Dr. Eva-Maria
1977 – 1981
Hackl, Dr. Elsa-Maria
1976 – 1980
Hejkrlik, Ing. Hubert
seit 1979
Kailer, Dr. Norbert
seit 1983
Kienast, Dr. Günther
1976 – 1979
Mrkvicka, Dkfm. Helga
seit 1978
Schedler, Dr. Klaus
seit 1979
Schumy, Dr. Fritz
1978 – 1980
Sztankovits, Mag. Elisabeth
1978 – 1981
Thum-Kraft, Dr. Monika
seit 1976

DIE AUTOREN

Blum, Egon
Technischer Leiter der Firma Egon Blum, Höchst / Vorarlberg

Fink, Mag. Hans
Referent in der wissenschaftlichen und bildungspolitischen Abteilung der Bundeswirtschaftskammer, Wien

Hegelheimer, Dr. Armin
Ordentlicher Universitätsprofessor für Bildungsplanung und Bildungsökonomie an der Universität Bielefeld / BRD

Hejkrlik, Ing. Hubert
Wissenschaftlicher Referent des ibw — Institut für Bildungsforschung der Wirtschaft, Wien

Horner, Reinhard
Berufsschuldirektor in Wien

John, Dipl.-Ing. Werner
Sektionschef im Bundesministerium für Unterricht, Kunst und Sport, Wien

Kehrer, DDr. Karl
Generalsekretär der Bundeswirtschaftskammer, Wien

Kinscher, Min.-Rat Mag. Walter
Leiter der Gruppe Gewerbe und betriebliche Berufsausbildung im Bundesministerium für Handel, Gewerbe und Industrie, Wien

Kowar, Dr. Peter
Referent im Wirtschaftsförderungsinstitut der Bundeswirtschaftskammer, Wien

Krabiell, Dieter
Prokurist der Firma Thermoplast / Linz

Krejci, Prof. Herbert
Generalsekretär der Vereinigung Österreichischer Industrieller, Wien

Meches, Dr. Martin
Sozialpolitischer Referent und Referent für Berufsausbildung der Bundessektion Handel der Bundeswirtschaftskammer, Wien

Neuwirth, Dr. Friedrich
Leiter der Lehrlings- und Jugendschutzabteilung der Kammer für Arbeiter und Angestellte, Wien

Nitsche, Komm.-Rat. Dr. DI Gerhard
Mitglied des Vorstandes des ibw — Institut für Bildungsforschung der Wirtschaft, Wien

Paul, Dr. Heinz
Leiter der Lehrlingsstelle der Handelskammer Wien

Piskaty, Dr. Georg
Leiter des ibw, Referent der wissenschaftlichen und bildungspolitischen Abteilung der Bundeswirtschaftskammer, Wien

Pribich, Ing. Kurt
Ausbildungsleiter der ITT-Austria, Wien

Reiger, Dr. Herbert
Generalsekretär-Stellvertreter der Bundeswirtschaftskammer, Wien

Riemer, Dr. Gerhard
Institutsleiter-Stellvertreter des ibw, Leiter der Abteilung Bildungspolitik der Vereinigung Österreichischer Industrieller, Wien

Schedler, Dr. Klaus
Geschäftsführer-Stellvertreter des ibw − Institut für Bildungsforschung der Wirtschaft, Wien

Steinringer, Dr. Johann
Geschäftsführer des ibw − Institut für Bildungsforschung der Wirtschaft, Wien

Thum-Kraft, Dr. Monika
Wissenschaftliche Referentin des ibw − Institut für Bildungsforschung der Wirtschaft, Wien

Verzetnitsch, Friedrich
Leitender Sekretär des Österreichischen Gewerkschaftsbundes, Wien

Winkler, Dr. jur. Gottfried
Hon.-Prof., Leiter der wissenschaftlichen und bildungspolitischen Abteilung der Bundeswirtschaftskammer, Wien

Wolf-Laudon, Ing. Gottfried A.
Direktor der Siemens Aktiengesellschaft Österreich